KB146998

하늘을 꿰매고 해를 씻기다

하늘을 꿰매고 해를 씻기다

리더라면 이순신처럼

ⓒ 노병천 2024

초판 1쇄	2024년 4월 26일			
지은이	노병천			
출판책임	박성규		펴낸이	이정원
편집주간	선우미정		펴낸곳	도서출판 들녘
기획이사	이지윤		등록일자	1987년 12월 12일
디자인진행	한채린		등록번호	10-156
편집	이동하·이수연·김혜민		주소	경기도 파주시 회동길 198
디자인	하민우·고유단		전화	031-955-7374 (대표)
마케팅	전병우			031-955-7376 (편집)
경영지원	김은주·나수정		팩스	031-955-7393
제작관리	구법모		이메일	dulnyouk@dulnyouk.co.kr
물류관리	엄철용		홈페이지	www.dulnyouk.co.kr

ISBN   979-11-5925-863-3 (03190)

| 리더라면 이순신처럼 |

하늘을 꿰매고
해를 씻기다

노병천 지음

들녘

들어가는 말_하늘을 꿰매고 해를 씻기다

"이순신은 천지를 주무르는 재주와 하늘을 꿰매고 해를 씻긴 공로가 있는 인물입니다(경천위지지재 보천욕일지공 經天緯地之才 補天浴日之功)."

이순신이 전사(戰死)하자 함께 싸웠던 명나라 도독 진린(陳璘)이 선조 임금을 만났을 때 했던 말이다. 또한 이 말은 명의 황제 신종(神宗)에게 올린 보고서에도 나온다. '경천위지(經天緯地)'라는 말은 하늘을 날줄로 삼고 땅을 씨줄로 삼는다는 뜻이다. 이는 천지를 주무르듯, 그럴 만한 탁월한 식견과 재능이 있음을 가리킨다. '보천욕일(補天浴日)'이라는 말은 찢어진 하늘을 꿰매고 흐린 해를 씻긴다는 뜻이다. 중국의 여와(女媧)와 희화(羲和)의 신화에 나온다. 천지를 주무르는 일이나, 찢어진 하늘을 꿰매고 흐린 해를 씻기는 것은 사람이 할 수 있는 일이 아니다. 이는 신(神)만이 할 수 있다. 진린이 이순신을 두고 이런 찬사를 했다는 것은 그가 이순신을 사람이 아니라 신과 같은 존재라고 보았음을 말하는 것이리라. 이순신을 누구보다도 가까이 봤던 진린에게 이순신은 바로 그런 존재였다. 진린은 이순신에게 사람에게 할 수 있는 최고의 찬사를 한 것이다. 이순신의 위패를 모시고 있는 남해 충렬사에 가면 '보천욕일(補天浴日)'의 현판을 볼 수 있다. 오른쪽부터 읽어 '일욕천보(日浴天補)'라 하지 말기 바란다. 전혀 다른 뜻이 되어버린다.

어떤가? 여러분은 과연 이순신을 얼마나 알고 있는가? 진린의 말에 얼마나 공감하는가? 이순신 하면 그저 거북선을 만들어 일본군을 무찔렀던 장군 정도로 알고 있지는 않은가? 더 이상 무슨 말을 할 수 있는가?

우리는 의외로 이순신을 잘 모른다. 몰라도 너무 모른다.

더욱 심각한 것은, 이순신을 생각하면 최근에 상영된 일련의 이순신 영화나 드라마에서 그려진 왜곡된 이미지를 진짜인 양 생각하고 있다는 것이다. 이순신을 말할 때 흔히 징기스칸의 어록에 빗대는 표현이 있다. "집안이 나쁘다고 탓하지 마라. 나는 몰락한 역적의 가문에서 태어나 가난 때문에 외갓집에서 자랐다." 과연 이순신이 역적의 가문에서 태어났는가? 아니다. 역적의 가문이 아니다. 할아버지 이백록이 기묘사화와 연관이 되어 역적으로 몰렸다고 말하지만, 실상은 그렇지 않다. 이백록의 막내아들 이귀의 혼인잔치를 하필이면 중종의 국상 때 벌였기 때문에 괘씸죄에 걸렸을 뿐이다.

이백록은 파직을 당하였고, 관리의 범죄사실을 적은 「녹안(錄案)」에 기록되었다. 그러나 다행히 이순신의 아버지인 이정(李貞)이 올린 상소가 받아들여져서 「녹안」에서 삭제되었다. 이때가 1546년이었고 이순신이 태어난 지 1년이 되던 해였다. 그러니 이순신의 집안이 역적 가문은 아니었던 것이다. 만약에 역적 가문이었으면 이순신은 무과에 응시도 하지 못했을 뿐 아니라 오늘날 우리가 아는 이순신이 되지도 못하였을 터다. 이렇게 이순신에 관하여서는 여러 가지 잘못된 이야기가 많다. 이순신을 몰라도 한참 모른다. 이 책을 통해서 이순신이 어떤 인물인지 제대로 알 수 있으면 좋겠다.

중요한 질문을 하나 하자. 이순신이 몇 번의 해전을 하고 몇 번을 이겼는가? 23전 23승인가? 그렇다. 지금까지 우리는 이순신 하면 자동적으로 23전 23승을 떠올린다. 이 또한 잘못된 드라마나 소설 때문이다. 23전 23승이 아니다. 창원시 진해구 충장로 633에 '이순신리더십국제센터'가 있다. 이순신을 제대로 알리기 위하여 2018년에 건립된 센터이다. 나도 이 센터의 전문교수로서 후학을 양성하고 있다. 이순신리더십국제센터에서는 오래전부터 23전 23승의 오류를 바로 잡기 위하여 여러 전문가들이 모여서 논의를 하였다. 나와 함께 이순신리더십국제센터에서 전문교수로 있는 순천향대학교 이순신연구소 제장명 교수는 임진왜란 당시 해전을 분석하여 발표하였다. 제장명 교수가 일목요연하게 정리한 해전의 일람표는 이 책의 부록에 실어두었다. 그에 따르면 23전 23승이 아니라 적어도 34

전 34승이라야 맞다. 물론 공식적으로 확정된 것은 아니다. 횟수에 관한 연구는 여러 전문가에 의해 지금도 진행 중이다. 그러나 지금까지의 연구 결과로 볼 때 적어도 23전 23승이 아니라는 것은 확실하다.

일단 이순신의 해전을 세부 해전을 기준으로 34전 34승으로 해두자. 34전 34승! 보다 세분화된 해전으로 보면 52전 무패의 기록이다. 당시 조선의 열악한 환경을 고려해볼 때 놀라운 기록이 아닐 수 없다.

진린이 이순신의 무엇을 보고 '경천위지(經天緯地) 보천욕일(補天浴日)'이라고 극찬하였을까? 아마도 이순신이 34번이나 되는 그의 모든 해전에서 단 한 번도 지지 않고 이겼다는 것과, 그 열악한 상황에서도 사람들의 마음을 진심으로 움직였다는 데 있지 않았을까? 그렇다! 바로 이것이다. 전략(戰略)과 리더십(leadership)이다. 이순신을 제대로 알려면 어떻게 싸워 이겼는지를 말하고 있는 이순신의 '전략'과 사람의 마음을 움직이는 근본인 '리더십'을 제대로 알아야 하는 것이다.

이 책은 이순신의 전략과 리더십을 다룬 책이다. 그런데 전략과 리더십을 다룬다는 것은 결코 쉬운 일이 아니다. 전략이라는 분야와 리더십이라는 분야가 본질적으로 다루기 어렵기 때문이다. 운이 좋게도 필자는 전략과 리더십을 현장에서 오랫동안 연구하고 공부할 기회가 있었다. 합동참모본부에서 실제 전략을 담당하였고, 미국 캔자스(Kansas)에 있는 지휘참모대학(CGSC)에서 미국, 영국, 프랑스, 일본 등 세계 90개 나라의 고급장교를 대상으로 그리고 육군대학에서 소령을 대상으로 오랫동안 가르치기도 하였다. 이 과정을 통하여 전략의 이론과 실제를 균형 있게 갖출 수 있었다.

그리고 『손자병법』을 거의 50년간 공부하고 연구하였다. 그중 30년은 군대 현장에서 실제로 『손자병법』을 적용해본 독특한 경험이 있다. 대대장을 할 때는 부대원이 한마음이 되기를 바라는 마음에서 『손자병법』의 명구 '도(道)'를 큰 비에 새겨서 세워두기도 하였고, 대대의 이름을 『손자병법』에 나오는 가장 이상적인 부대인 '솔연(率然)'으로 지었다. 계룡대의 삼군(三軍) 본부를 지키는 솔연대대는 지금도 그 자리에 존재하고 있다. 연대장을 할 때도 『손자병법』에 나오는 "위와 아래가 하고자 하는 것이 같으면 승리한다."라고 하는 '상하동욕(上下同欲)'의 글씨를 큰 비에 새겨 세워두었고, 연대의 이름도 『손자병법』에 나오는 '불패(不敗)'로 지었다. 불패연대는 지금도 존재하며 절대로 지지 않는 불패의 태세로 대한민국 동해안 최북단 휴전선을 든든하게 지키고 있다. 손자가 실제로 활동하였던 중국의 산둥성과 장쑤성 등 『손자병법』의 현장도 수차례 답사하였다. 중국에는 『손자병법』을 천 번 읽으면 신(神)과 통한다고 하는 '손자천독달통신(孫子千讀達通神)'이라는 말이 있다. 천 번을 읽으면 신과 통하다니! 그런데 나는 이미 천 번을 읽었다. 그것도 20여 년 전에 읽었다. 한자 원문(原文)을 중심으로 본다면 지난 50여 년 동안 십만 번 이상 읽었다. 아니 지금도 읽는 중이니 그 횟수는 가히 짐작할 수 없다. 조선 중기의 유명한 시인이자 독서광이었던 김득신(金得臣)은 그의 독수기(讀數記: 읽은 책의 수를 기록한 문서)에 『사기(史記)』에 나오는 백이열전(伯夷列傳)을 무려 1억 1만 1,000번을 읽었다고 적었다. 당시의 억(億)은 지금의 10만을 의미하는 것이니 11만 3,000번을 읽었다는 것이다. 사람들은 이런 김득신을 두고 독서 끝판왕이라고 칭송하고 있다. 물론 대단하다. 그런데 잘 알 필요가 있다. 사기열전 70편 중 맨 처음 나오는 백이열전은 별로 두껍지 않다. 한자 원문으로 보면 불과 800자(字)에 지나지 않고, 백이가 등장하는 내용만 본다면 겨우 215자이다. A4 용지에 넣는다면 1쪽에 다 들어가는 분량이다. 그것도 백이와 숙제가 지조를 지키기 위해 수양산에서 고사리만 캐먹다가 죽었다고 하는 단순한 이야기이다. 그러니 그냥 부담 없이 술술 읽어나갈 수 있다. 빨리 읽으면 5분 정도 걸릴까? 그런데 내가 읽고 있는 『손자병법』은 백이열전과는 확연하게 다르다. 판형에 따라 차이가 있지만 한자가 6,109자이다. 백이열전의 거의 8배 분량이다. 그리고 한 글자 한 글자가 고도의 집중력이 요구되며 매우 이해하기 어려운 병법(兵法)이다. 나는 이 『손자병법』을 무려 10만 번 이상 읽고 있다. 그렇다면 내가 신의 경지에 이르렀을까? 물론 말도 안 되는 소리다. 당연히 그렇지 않다. 『손자병법』은 읽으면 읽을수록 그 깊이를 알 수 없다. 신비함과 오묘함이 더해진다. 읽을 때마다 그 느낌이 달라진다. 똑같은 문장이라 할지라도 20대 때 읽었을 때와 40대 때 읽었을 때 달랐다. 그리고 지금 70대에 읽었을 때 그 느낌이 또 다르다. 깨달아지는 깊이 또한 그렇다. 그저 많이 읽는 것이 중요한 것이 아니다. 어떤 깊이로 어떤 눈으로 읽느냐 하는 것이 중요하다. 나의 경우, 이제 겨우『손자병법』이 눈에 들어오고 손에 잡히기 시작한다. 계속 읽어나가야겠다. 이렇게 내게 있어서『손자병법』은 분신(分身)과도 같은 존재이다. 내 혈관에는『손자병법』이 흐르고 있다는 생각이 들 때가 있다.

전략과 리더십을 제대로 알기 위해서는 전략과 리더십이 적용된 여러 전쟁사를 잘 알지 않으면 안 된다. 나는 배낭 하나를 달랑 메고 역사가 바뀐 결정적인 전쟁 지역을 탐방하였다. 나폴레옹이 싸운 전쟁의 현장, 한니발이 싸운 전쟁의 현장, 고대의 전쟁과 현대의 여러 전쟁 현장을 찾아다녔다. 거의 40개 나라를 다니면서 전쟁이 어떤 것인지, 그 전쟁을 지휘하였던 장수의 전략과 리더십이 무엇이었는지를 세밀하게 연구하였다. 그리고 관련된 많은 전쟁사 책을 집필하였다. 리더십학 박사 과정을 하면서 이론적으로 배운 여러 지식도 유용했지만 실제로 현장에서 배운 지식이 살아 있는 지식이 되었다. 책상 위에서만 머무는 지식은 힘이 없다. 이론과 현장 그리고 실제의 경험으로 얻은 지식이 강력한 것이다.

이렇게 내가 평생을 바쳐 연구한 분야는 전략과 리더십 그리고

『손자병법』과 전쟁사의 네 분야이다. 그동안 내가 집필한 저서 47권은 주로 이 네 분야에 관한 것들이다. 사람의 일에 우연은 없다. 어쩌면 이 모든 것이 이순신의 전략과 리더십을 분석하기 위하여 하늘이 오랜 세월에 걸쳐 나를 준비시킨 것이 아닌가 싶다. 이순신의 전략과 리더십은 너무나 무겁고 부담이 되는 주제라서 어지간한 내공(內功)이 뒷받침되지 않고서는 섣불리 접근할 수 없다. 물론 나도 많이 미치지 못하지만 언제까지 그저 준비만 할 수는 없지 않은가. 그래서 더 늦기 전에 도전한 것이다. 무엇보다도 이순신의 전략과 리더십을 『손자병법』으로 풀어보겠다고 마음먹었다는 것이 여간 다행스러운 일이 아니다.

이 책을 쓰면서 많은 분의 도움을 받았다. 우리나라에는 평생 이순신을 연구하고 훌륭한 업적을 남긴 분들이 많다. 제장명, 이봉수, 방성석, 임원빈, 최두환, 노승석 등이다. 특히 방성석 박사는 이순신의 장인 방진(方震)의 직계 후손이다. 방진이 없었다면 아마도 오늘날의 이순신은 존재하지 못했을 것이다. 일일이 이름을 거론하지 않았지만 이들 외에 이순신 연구의 고수(高手)들이 많다. 나도 오랫동안 이순신 연구에 매달렸지만 이들에 비하면 나의 수준은 큰 바다 속의 좁쌀 하나(창해일속 滄海一粟) 정도라 할 수 있다. 이 모든 분의 피땀 어린 연구 결과물에 많은 도움을 받았다. 일일이 인사는 못 드리고 이 지면을 빌려 감사의 말씀을 드린다. 이제 이 책을 세상에 내놓았으니 가차 없는 채찍과 가르침을 기다린다. 완벽한 책은 존재하지 않는다. 잘못된 부분이 발견되면 바로 시정하겠다.

이순신의 전략과 리더십은 420여 년이 지난 오늘날에도 여전히 유효하다. 왜냐하면 아무리 시대가 변한다 해도 싸움에서 이기는 원리인 전략, 그리고 인간의 마음을 움직이는 원리인 리더십의 본질은 변하지 않기 때문이다. 그런 면에서 볼 때 이순신의 전략과 리더십은 치열한 경쟁을 이겨내며 뭔가 성과를 창출해야만 하는 우리 모두에게 많은 통찰력과 혜안을 줄 것이라 확신한다.

이 책은 중학생도 쉽게 읽을 수 있도록 최대한 노력하였다. 비록 『손자병법』 인용 때문에 어렵게 느껴지고 한문 또한 많지만 그 앞에 한글을 먼저 넣었고 바로 이해가 되도록 설명을 달아두었다. 그러니 실제로 읽다 보면 이해하는 데 무리가 없고 의외로 재미도 있을 것이다. 그리고 공부는 너무 쉬운 것보다는 조금 어려운 것을 하는 것이 지적(知的)인 만족 면에서도 좋다. 뭔가 이루고 나면 뿌듯하기 때문이다. 지적인 만족뿐만 아니라 지력(智力: 사물을 헤아리는 능력)을 높이는 면에서도 그렇다.

나의 사랑하는 손녀 유은이와 하은이와 이들의 친구들이 이 책을 읽고 모두 작은 이순신이 되면 좋겠다. 우리는 이순신의 자랑스러운 후예들이다. 자부심을 가졌으면 한다. 절망의 구렁텅이에 빠져 끝이 보이지 않을지라도 잘 이겨내기를 바란다. 포기하지 않는다면

하늘을 꿰매고 해를 씻기다

반드시 길이 있다. 의로운 일이라면 결코 포기하지 않는 정신, 반드시 죽고자 하면 살 수 있다는 필사즉생(必死卽生)의 정신, 모든 일에 '죽을힘(死力)'을 하는 정신, 이러한 '이순신 정신'은 오늘날에도 여전히 유효하다.

　무한 경쟁의 시대이다. 『손자병법』 제2 작전 편에 전쟁은 승리를 귀하게 여긴다고 하는 '병귀승(兵貴勝)'이 나온다. 그렇다. 이기는 것이 중요하다. 전쟁을 안 하면 몰라도 일단 전쟁을 하게 되면 무조건 이겨야 한다. 마치 전쟁과도 같은 오늘날의 경쟁 환경에서도 마찬가지이다. 이겨야 한다. 이기되 지혜롭게 이겨야 한다. 이기되 이순신처럼 이겨야 한다. 모쪼록 이 책을 가능한 한 여러 번 읽고 이순신의 전략과 리더십을 완전히 여러분의 것으로 만들어 어떠한 상황에서도 거뜬히 이겨나가기 바란다. 분명히 그렇게 될 것이다. 더불어 이순신이 그의 장검(長劍)에 친히 새긴 글처럼 산과 물이 떠는 '산하동색(山河動色)'의 호쾌한 기상이 여러분의 삶과 함께하기 바란다. 이사 갈 때 다른 책은 몰라도 이 책만큼은 버리지 말고 두고두고 간직하는 소장품이 되면 좋겠다. 욕심인가? 나아가 주변의 사랑하는 사람들에게 선물하면 더할 나위 없겠다.

　내 어머니는 이순신의 후손인 덕수이씨(德水李氏)이다. 그렇다 보니 내 안에도 이순신의 피가 흐르고 있다. 그래서인지 이순신을 이렇게나마 세상에 드러낼 수 있어서 감격스럽다. 이를 가능하게 한

들녘의 이정원 대표에게 감사드린다. 하루에도 밀물처럼 쏟아져 나오는 수많은 신간 중에 하필 이 책을 손에 든 독자 여러분은 분명히 남다른 사람이며, 행운아들이다. 남들이 보지 못하는 것을 보며, 시대를 앞서가며, 시대를 끌어가는 사람이 될 것이기 때문이다. 이순신의 전략과 리더십을 제대로 알게 되면 그렇게 된다. 부디 그 힘으로 "찢어진 하늘을 꿰매고 흐린 해를 씻기는" 여러분이 되길 바란다.

2024년 4월 28일
이순신 탄신일 479주년을 맞아

하늘을 꿰매고 해를 씻기다

차례

2부 이순신의 리더십

_어떻게 이순신은 모든 사람의 마음을 움직였을까

1부

이순신의 전략
_어떻게 이순신은
모든 해전에서 승리했을까

아주 간단한 전략 게임

우선, 재미는 있지만 골치 아픈 전략을 다루기 전에 아주 간단한 전략 게임을 하나 해보자. 일종의 워밍업이다. 지금 경마 시합을 앞두고 있다. 실력이 상(上), 중(中), 하(下)인 말이 있는데 이 말들을 어떻게 상대방과 붙여야 이길 수 있겠는가? 독자 여러분이 지금 한번 해보라. 어떤 말을 어떤 말과 붙이겠는가?

이 경주마 이야기는 그냥 지어낸 것이 아니다. 실제로 있었던 이야기이다. 2천여 년 전, 제(濟)나라에 유명한 전기(田忌) 장군이 있었다. 그는 종종 왕과 귀족들을 상대로 경마를 하였는데, 어찌 된 일인지 거의 이길 듯하다가 약간의 차이로 져서 돈을 잃고 있었다. 어느 날 왕이 약을 올리듯 전기를 부추겼다. "듣자 하니, 자네가 최근에 몇 필의 좋은 말을 샀다고 하던데, 우리 다시 한번 겨루어보는 것이 어떤가?"

　전기는 자기 말이 훌륭하다고는 하나 왕의 말에는 미치지 못함을 알고 있었다. 뒤로 빼는 전기 장군을 자극하면서 왕은 경마를 하자고 재차 독촉하였다. 그래서 전기는 어쩔 수 없이 경주를 하게 되었다. 그때 그동안 구경만 하던 손빈(孫臏)이 전기에게 왔다. 그러고는 반드시 이길 수 있는 전략이라며 넌지시 뭔가 귀띔해주었다. 손빈이 누구인가? 위나라에서 동문수학한 방연의 배신으로 무릎뼈를 제거하는 빈형(臏刑)을 당하고 겨우 제나라로 피신해 온 사람이다. 전기가 그의 능력을 알아보고 식객으로 대접하고 있었던 터였다. 손빈 입장에서는 적어도 밥값은 해야 했다. 그래서 반드시 이길 수 있는 전략을 전기에게 말해준 것이다. 자, 다시 한번 독자 여러분에게 기회를 주겠다. 여러분이라면 상, 중, 하의 말들을 어떻게 왕의 말들과 붙이겠는가?

　하늘을 꿰매고 해를 씻기다

손빈의 필승전략

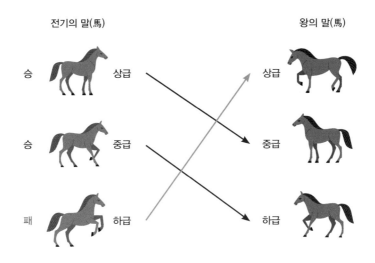

손빈은 전기 장군에게 다음과 같은 전략을 제안했다.

"상급 말을 왕의 중급 말과 붙이십시오. 중급 말을 왕의 하급 말과 붙이십시오. 하급 말과 왕의 상급 말을 붙이십시오. 그렇게 하면 반드시 2대 1로 승리하게 되실 것입니다."

어떤가? 아주 간단하지 않은가? 손빈이 말한 대로 하면 반드시 2대 1로 이기게 되어 있다. 아주 간단하게 보이지만 실제로 이런 상황에 부닥치면 판단이 잘 서지 않는다. 평소에 전략적인 마인드를 갈고닦지 않으면 이런 전략이 즉시 나올 수 없다. 전략이 있으면 이기고, 전략이 없으면 진다. 전략은 이렇게 경쟁 상황에서 결정적으로 중요한 역할을 한다. 손빈의 전략을 따랐던 전기 장군은 당연히

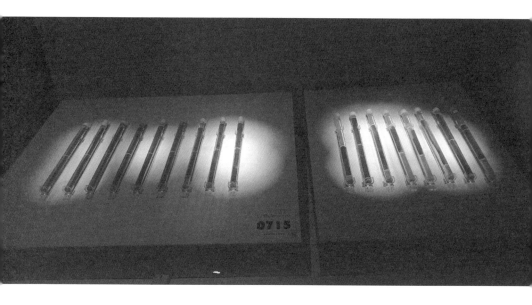

하늘을 꿰매고 해를 씻기다

왕을 보기 좋게 이겨버렸다. 물론 돈도 땄다. 손빈의 능력을 재확인한 전기 장군은 그를 왕에게 천거하였고, 왕은 즉시 그를 왕의 군사(軍師)로 삼았다.

손빈이 누구인가? 바로 그 유명한 손무(孫武)의 후손이다. 대략 5대손이라고 말하며, 150여 년 후의 사람이다. 손빈은 손무의 후손답게 병법에 능통하였다. 오랫동안 사람들은 '손빈병법'과 '손자병법'을 혼동하여 같은 병법으로 여겨왔다. 그런데 1972년 4월에 산동성 임기시 은작산의 한나라 묘에서 엄청난 양의 죽간들이 출토되면서 모든 것이 밝혀졌다. 손무가 지은 『손자병법』이 따로 있고, 손빈이 지은 『손빈병법』이 따로 있었던 것이다.

왼쪽 사진은 은작산에서 발굴되어 산둥성 박물관에 전시되어 있는 대나무 죽간이다. 훼손을 막기 위하여 대나무 죽간을 비커에 넣어두었다. 오른쪽이 『손자병법』이고, 왼쪽이 『손빈병법』이다. 어떤 사람들은 '도망가는 게 최고다(走爲上, 주위상)'가 포함된 36계병법을 『손자병법』이라고 말하기도 하는데, 실은 그렇지 않다. 36계병법은 별도로 있다.

이제 여러분은 전략이 왜 중요한지를 알게 되었다. 머리를 살짝 회전시켰으니, 지금부터 전략에 대하여 하나씩 알아보자.

전략의 두 축

전략(戰略)이란 무엇인가? 한자 풀이로 보면 '싸울 전(戰)'과 '다스릴 략(略)'으로 되어 있다. 즉 싸움을 다스리는 것을 말한다. 그러니까 어떻게 해야 전쟁을 성공적으로 수행할 수 있는가를 말한다. 전략이란 '개념'은 기원전 1,200여 년 전에 강상(姜尙) 즉 강태공이 사용했던 병법에서 발견할 수 있고, 약 600년 뒤에 강태공의 땅인 제나라에서 태어나 그의 영향을 받았던 손무에게서 발견할 수 있다. '전략'이라는 '용어'는 중국 서진(西晉) 시대에 사마표(司馬彪, ?~306?)가 『전략(戰略)』이란 책을 저술한 데서 기인한다.

기원전 6세기 말부터 고대 그리스에서는 10명의 장군이 1년씩 돌아가며 군대를 지휘하였다. 그리스어로 장군을 스트라테고스(strategos)라 불렀는데, 스트라테고스(strategos)는 군대를 의미하는

하늘을 꿰매고 해를 씻기다

스트라토스(stratos)와 지도자를 의미하는 아고스(agos)가 결합하여 만들어진 단어이다. 이들 장군이 군대를 다스리는 것을 스트라테지아(strategia)라 하였는데, 여기서 전략이라는 단어인 스트라테지(strategy)가 나왔다. 동로마 제국의 황제 마우리키우스(582~602)는 『장략(將略)』(strategicon)이라는 군사 교본을 발간하여 장군들의 교육용으로 사용하였다. 이는 그리스어로 '장군의 길'이라는 뜻이다.

이렇게 어원을 따지니 복잡해졌다. 도대체 전략이 무엇이란 말인가? 영국의 유명한 군사 이론가인 리델 하트(B. Liddell Hart)는 "어떤 용어도 전략만큼 많은 의미 변화를 겪거나, 표준적인 정의에 도달하려고 시도하거나, 다양하게 해석된 적이 없었다."라고 말하고 있다. 리델 하트는 세계의 군사학도들에게 많이 알려진 『전략론(戰略論)』을 집필하였다. 『손자병법』을 깊이 연구했던 그는 책의 많은 부분에 『손자병법』의 명구를 인용하여 넣었고, 전략의 핵심 사상을 『손자병법』의 '우직지계(迂直之計)'에서 찾아 '간접 접근 전략(indirect approach strategy)'을 발표하였다. 리델 하트가 말한 것처럼 전략이라는 용어를 한마디로 정의하기가 어려워졌다. 사람마다 그가 사용하는 용도에 따라 다양한 의미로 사용되기 때문이다.

『전쟁론(戰爭論)』이라는 명저를 집필한 클라우제비츠는 전략을 "전쟁의 목적을 달성하기 위한 여러 전투의 사용이다."라고 정의하였다. 하버드 대학의 몽고메리 신시아 교수는 "전략이란 기업에 유리한 포지션을 확보하는 방법이다. 그러나 변하지 않는 고정된 것으로 생각할 수 없으며, 발전하고 움직이고 변화하는 시스템이다."라고 말하였다. 경영학의 대부 피터 드러커는 "전략은 자기 기업의 현재 위치를 바탕으로 미래에 어느 곳으로 가려고 하는지, 그리고 어떻게 하면 그곳에 도달할 수 있는지를 이해하는 것이다."라고 하였다. 이렇게 전략이란 용어는 누가 사용하느냐에 따라 그 정의가 달라진다. 군인은 군인의 입장에서, 경영인은 경영인의 입장에서 정의하기 때문이다.

본래 전략이란 용어가 전쟁에서 승리를 목적으로 한 군사적인 용도에서 출발했기 때문에 여기서는 대한민국 합동군사대학교에서 가르치는 전략의 정의를 중심으로 알아보자.

"전략이란 어떤 목표를 달성하기 위하여 가용자원을 준비하고, 활용하는 술(術, art)과 과학(科學, science)이다."

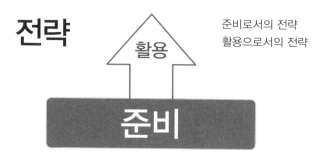

전략
활용

준비로서의 전략
활용으로서의 전략

준비

하늘을 꿰매고 해를 씻기다

앞의 정의를 보면 전략에는 두 가지 영역이 존재한다. **'준비'라는 영역과 '활용'이라는 영역이다.** 가용자원을 '준비'하는 축이 있고, 준비된 자원을 '활용'하는 축이 있다. 이 두 가지 축을 준비하는 것이 바로 전략이다.

두 축을 군사적으로 준비하는 것이 '군사전략'이고, 정치적으로 준비하는 것이 '정치전략'이고, 경제적으로 준비하는 것이 '경제전략'이다. 전략의 이름은 준비하는 주체에 따라 얼마든지 다르게 붙일 수 있다. 선거에 적용하면 '선거전략'이 될 것이고, 투자에 적용하면 '투자전략'이 될 수 있다. 그 어떤 전략이라도 그 근간은 '준비'와 '활용'이다.

'준비'에는 시간이 필요하다. 그래서 단기전략, 중기전략, 장기전략을 세워 자원을 확보하고 준비해야 한다. 준비도 마찬가지겠지만 **'활용'에서는 무엇보다도 사람의 '지혜'가 중요하다.** 상대방과의 경쟁에서 더 좋은 전략을 내야 하기 때문이다. 상대방의 전략보다 훨씬 뛰어나야 이긴다. 결국 머리싸움이다. 어느 편의 머리가 더 전략적인가에 승패가 달려 있다.

합동군사대학교에서 말하는 전략의 정의 마지막 부분에 조금 어려운 말이 나왔다. "술(術, art)과 과학(科學, science)"이라는 말이다. '술(術, art)'이 무엇인가? 한마디로 어떤 기술, 예술과 같은 것이냐. 기술과 예술은 얼마든지 인간의 창의력에 따라 변할 수 있다. 더 좋게, 더 아름답게 변한다는 것이다. 어떤 물건을 만드는 기술자와 그림이나 음악을 하는 예술가를 떠올리면 이해가 빠를 것이다. 전략도 이와 같은 성격이 있다. 정의에 나오는 '준비'와 '활용' 두 축 중에서 대체로 준비보다는 활용 측면에서 이러한 '술(術, art)'의 영역이 더 적용될 것이다. 전략의 '활용'은 일정한 형태로 고정되어 있지 않고 얼마든지 상황에 따라, 또 창의력에 따라 더 나은 것으로 변하고 발전될 수 있다.

그다음에 나오는 '과학(科學, science)'은 무엇인가? 과학은 사전적으로 보면, 보편적인 진리나 법칙의 발견을 목적으로 한 체계적인 지식을 말한다. 과학은 여러 실험의 결과로 얻어낸 보편적인 결론이다. 반복해도 대체로 같은 결과가 나온다. 전략의 정의와 연계해보면 어떤 의미가 있는가? '술(術, art)'이 자유자재로 마음껏 상상력을 펼쳐나가는 영역이라면, '과학(科學, science)'은 어느 정도 고정된 불변의 원칙이라 할 수 있다. 예를 들어 군인들이 보는 전투 교범과 같은 것이다. 이른바 FM(Field Manual)이다. 정의에 나오는 '준비'와 '활용' 두 축 중에서 대체로 활용보다는 준비 측면에서 이러한 '과학(科學, science)'의 영역이 더 적용된다. 주먹구구식으로 하는 것이 아니라 과거의 여러 경험과 연구에서 나온 검증된 결과에 근거해서 '준비'를 하는 것이다.

『손자병법』제5 병세 편에 보면 '이정합(以正合) 이기승(以奇

勝)'이라는 말이 나온다. 정(正)으로 합하고, 기(奇)로 승리한다는 뜻이다. 정이 무엇인가? 바로 근본을 말한다. 변하지 않는 원칙을 말한다. 이러한 정을 바탕으로 해서 기로 승리한다는 것이다. 기는 새로운 아이디어, 창의력을 말한다.

'과학(科學, science)'은 정(正)에 해당되고, '술(術, art)'은 기(奇)에 해당된다. 이러한 정과 기는 서로에게 영향을 주어 또다시 새로운 것으로 나온다. 이를 '기정상생(奇正相生)'이라 한다. 이 역시 제5 병세 편에 나온다. 기와 정이 서로에게 영향을 주어 자꾸 새로운 것으로 만들어진다는 것이다. 전략도 이와 같다. 전략의 정의에 나오는 것처럼 '준비'하고 '활용'하는 과정에서 '술'과 '과학'이 서로에게 영향을 주어 더 새롭고 발전된 것으로 나아간다는 것이다. 어떤 경우에는 변하지 않는 원칙을 지켜야 하고, 어떤 경우에는 상황에 따라 창의력을 발휘하여 변해야 한다. 전략을 네 글자로 압축하면, '준비' '활용' '술(術, art)' '과학(科學, science)'이다.

이순신은 탁월한 전략가였다. 이순신은 전략의 정의에 맞게 미래를 대비한 '준비'도 잘하였고, 일본군이 쳐들어왔을 때 준비된 자원을 효과적으로 '활용'하였다. 활용할 때는 상황에 따라 변화를 꾀하는 '술'과 원칙을 고집하는 '과학'을 아주 적절히 적용하였다. 34전 34승의 비밀은 바로 여기에 있다.

『손자병법』 제8 구변 편에는 전략에 관계되는 중요한 말이 나온다. "용병의 법은 적이 오지 않으리라는 것을 믿지 말고, 나에게 적이 올 것에 대한 대비가 되어 있음을 믿어야 하며, 적이 공격하지 않으리라는 것을 믿지 말고, 나에게 적이 감히 공격하지 못하게 할 만한 준비가 되어 있음을 믿을 수 있어야 한다(용병지법 무시기불래 시오유이대야 무시기불공 시오유소불가공야 用兵之法 無恃其不來 恃吳有以待也 無恃其不攻 恃吳有所不可攻也)." 즉 언제 적이 올 것인가를 걱정하지 말고 평소에 적이 공격해 오지 못할 정도로 완전하게 준비하라는 것이다. 이것은 평소에 충분한 자원을 '준비'하는 것과, 유사시에 즉각 '활용'할 수 있도록 하는 것을 말하고 있다. 평소에 이 둘을 잘 준비하는 것이 바로 '유비무환(有備無患)'이다. 전략가는 『사마법(司馬法)』에 나오는 것처럼 "세상이 비록 평안하더라도 전쟁을 잊으면 반드시 위기를 맞는다(천하수안 망전필위 天下雖安 忘戰必危)."라는 경구를 늘 새겨야 한다.

전략의 중요성은 아무리 강조해도 지나치지 않다. 전략은 비단 군인뿐만 아니라 혹독한 경쟁 환경에 노출된 모든 사람에게 꼭 필요한 것이다. 경영인, 사업가, 비즈니스맨, 그리고 청소년에게도 필요하다. 대체로 한국 사람은 당장에 닥친 눈앞의 문제를 해결하는 전술적인 조치는 아주 잘한다. 그런데 멀리 보고, 큰 그림을 그리며, 미리 준비하고, 유리한 판을 조성하는 전략에는 약한 편이다. 전략에 눈을 뜬다면 시야가 넓어져서 미래를 선도하는 위치에 서게 될 것이다. 전략을 알면 차원이 달라진다. 지금부터 이순신의 전략을 보면서 34전 34승의 미스터리를 풀어보자.

하늘을 꿰매고 해를 씻기다

이순신의 준비

전략의 첫 번째 영역인 준비를 살펴본다. 이순신은 전쟁을 대비하여 무엇을, 어떻게 준비하였을까?

이순신은 무엇보다 준비 면에서 철저하였다. 임진왜란이 일어나기 약 14개월 전인 1591년 2월, 전라 좌수사로 부임한 이순신은 다른 것보다 우선해서 전쟁 준비에 들어갔다. 무너진 성을 보수하고 무기고를 점검하였는데 이때 관리에 소홀한 책임자에 대해서는 엄격하게 처벌하였다. 무엇보다 이순신의 전쟁 준비의 백미는 거북선이다. 임진왜란 발발 하루 전인 4월 12일에 거북선에 지자총통(地字銃筒, 불씨를 손으로 점화하여 발사하는 화포. 크기에 따라 천자문의 순서로 이름을 붙인 것 가운데에 천자총통 다음으로 큰 것)·현자총통(玄字銃筒, 임진왜란 때에 차대전次大箭이란 화살 끝에 화약 주머니를 매달아 쏘던 작은 대포)을 싣고 나가 사격훈련을 마쳤다. 이를 보면 이순신은 부임하자마자 거북선부터 건조했음을 알 수 있다. 이때 나대용은 이순신을 도와 거북선을 만들었다. 1591년의 『나대용약사』에 보면 이런 기록이 있다.

왜란이 일어나기 1년 전 전라좌수사 이순신 장군 막하에서 거북선 건조 및 각종전구감조군관이 되어 그 소임을 다함.

거북선이 처음으로 등장한 1592년 5월 29일 사천 해전을 마친 후 조정에 보낸 장계(狀啓, 왕명을 받고 지방에 나가 있는 신하가 자기 관하管下의 중요한 일을 왕에게 보고하던 일, 또는 그런 문서)를 보면 '일찍이 왜적의 난리'를 예상했다는 대목이 나온다. 그래서 '미리' 거북선을 준비하였다고 보고하였다.

……신이 일찍이 왜적의 난리가 있을 것이 염려되어 특별히 거북선을 만들었습니다. ……비록 왜선이 수백 척이라도 그 속을 뚫고 들어가 대포를 쏘는데 이번에는 돌격장이 탔습니다. 그래서 먼저 거북선에 명하여 왜선 진형 속으로 뚫고 들어가 천·지·현·황 등 각종 대포를 쏘게 하였습니다.

과연 선견지명이 있었던 이순신이다. 전략은 미리 앞을 내다보고, 큰 그림을 그리며, 방향을 잡고, 준비하는 것이다. 이순신이 『난

하늘을 꿰매고 해를 씻기다

중일기』를 맨 처음 쓴 1592년(임진년) 1월 1일의 기록을 보자.

맑음. 새벽에 아우 여필(汝弼)과 조카 봉, 맏아들 회가 와서 이야기를 하였다. 다만 어머니를 떠나 두 번이나 남쪽에서 설을 쇠니 간절한 회한을 가눌 수가 없다. 병사(兵使: 병마절도사 이광)의 군관 이경신이 병사의 편지와 설 선물, 그리고 장전(長箭), 편전(片箭) 등 여러 가지 물건을 가지고 와서 바쳤다.

어떤 글을 쓸 때 처음 쓰는 글이 중요하다. 그 뒤에 이어지는 글들은 대체로 맨 처음 포맷을 따라가기 때문이다. 그리고 글을 보면 어떤 분야에 관심이 있는지를 유추할 수 있다. 이순신의 일기를 보면, 날씨가 먼저 나왔다. 날씨에 관심이 많다는 의미이다. 날씨는 전쟁 준비와 전쟁 수행에 결정적인 영향을 미치기 때문이다. 그리고 가족과 어머니 이야기, 전쟁과 관련된 선물들이 언급되었다. 장전(長箭, 싸움에 쓰는 긴 화살)은 무게가 1냥 5~6전으로 활을 쏘는 궁수가 사용하였다. 편전(片箭, 작고 짧은 화살로 아기살이라고도 한다. 날쌔고 촉이 날카로워 갑옷이나 투구도 잘 뚫는다)은 독이 있으며 가볍고 빨라서 적에게 치명적인 피해를 주는 화살이다. 일본군은 이러한 조선의 편전을 매우 두려워하였다. 이렇게 이순신의 관심 분야가 무엇이었는지 『난중일기』를 보면 금방 알 수 있다.

이제부터 이순신이 전라좌수영 여수에 부임 이후 전란에 대비한 주요 내용을 살펴보자. 아래 내용은 나주문화관광 사이트의 자료를 참고로 하였고, 나의 연구 내용을 종합하였다. 이순신을 도와 거북선을 만든 일등 공신 군관이 바로 나주 출신 나대용이다. 크게 보면 거북선 건조 외에 수군 충원, 전선(판옥선) 건조, 수리 및 화포와 무기 정비, 군기(軍紀) 확립과 군사훈련, 각종 방어시설 설치, 그리고 바다에 쇠사슬을 설치하는 것이었다.

수군 충원

전란에 대비한 가장 중요한 일은 수군 충원이었다. 조선 초기 이후 육군과 수군은 독립된 병종이었는데 수군은 육군에 비하여 기피 현상이 심하였다. 수군은 1년에 6개월이나 배를 타고 근무하는 반면에 육군은 1년에 3개월만 근무하면 되었다. 따라서 수군은 신분은 양인이지만 일은 천민과 다름이 없다는 이른바 '신량역천'(身良役賤, 양인良人의 신분으로 천인의 일을 하던 일, 또는 그런 사람. 양인과 천인 사이의 특이한 계급을 이루었다) 인식이 조선 사회 전반에 퍼져 있었다.

하늘을 꿰매고 해를 씻기다

임진왜란 당시의 조선 수군	
충청수영(보령)	13관 5포
전라우수영(해남)	12관 15포
전라좌수영(여수)	5관 5포
경상우수영(거제)	8관 16포
경상좌수영(동래)	18관 16포

그래서 이순신은 수군 충원을 직접 챙겼다. 1592년 1월부터 4월 까지의 『난중일기』에 그 내용이 여러 군데 나온다. 워낙 많기에 일일이 열거할 수는 없으니 그중 몇 군데만 보자.

1월 3일

맑음. 동헌에 나가 별방군(別防軍)을 점고(點考)하고 각 관아와 진영에 공문을 작성하여 보냈다.

1월 19일

맑음. 공무를 본 뒤 각 부대를 점검하였다.

2월 16일

맑음. 동헌에 나가 공무를 본 뒤 활 여섯 순(1순은 화살 5대임, 6순은 30발)을 쏘았다. 새로 들어온 군사와 임무를 마친 군사(新舊番)들을 검열하였다.

3월 2일

승군 1백 명이 돌을 주웠다.

3월 4일

승군들이 돌 줍는 일을 게을리하므로 우두머리 승려를 잡아다가 매를 때렸다.

4월 1일

흐림. 새벽에 망궐례를 했다. 공무를 본 뒤에 활 열다섯 순을 쏘았다. 별조방군(別助防軍)을 점고(點考)하였다.

4월 19일

군역을 하러 온 군사 7백 명이 검열을 받고 일을 하였다.

이처럼 이순신은 상비 병력을 직접 챙겼다. 실무를 맡은 군관 나대용의 공로도 컸다. 여기에서 전라좌수군의 형태를 보면 별방군 외에 포작(鮑作), 토병(土兵, 일정한 지역에 붙박이로 사는 사람으로 조직된 그 지방의 군사), 사노(私奴, 권문세가에서 사적私的으로 부리던 노비), 관노, 승군 등 여러 신분의 하층민이 광범위하게 수군으로 근무하고 있었다.

포작은 해상을 떠돌면서 고기잡이를 하는 천민층으로서 이순신이 5월 4일에 옥포로 출전한 배 85척 중 포작선(고기잡이배) 46척이 동원되었다. 나머지 39척은 판옥선(板屋船, 명종 때 개발한 것으로, 널빤지로 지붕을 덮은 전투선)이 24척, 협선(挾船, 조선시대 대형전투함의 부속선으로 활용된 소형정小型艇)이 15척이었다.

전라좌수영의 지휘체제는 제승방략(制勝方略)이었다. 제승방략은 외적이 침략하면 그 주변의 진에 있는 병사들이 일정한 거점으로 집결하여 합동작전을 벌이는 분군법(分軍法, 중요한 곳에 군사를 분산하여 주둔시키는 제도)으로, 평시에는 예하 군사들이 5관(순천·보성·광양·낙안·흥양) 5포(방답·사도·발포·여도·녹도)에 머물지만 전시에는 전라좌수사의 명에 따라 전라좌수영으로 집결하여 좌수사(左水使, 좌수영의 정3품직인 수사水使를 말함. 수사는 수군절도사水軍節度使의 약칭이다)의 지휘를 받게 되어 있었다.

전선 보수·건조, 무기 제조·보수

각도의 수군절도사와 첨사(僉使, 각 진영鎭營에 속한 종3품의 무관으로, 첨절제사僉節制使의 약칭이다), 만호(萬戶, 무관 관직으로 지방 진영의 장수, 즉 진鎭의 영장營將이며, 품계는 종4품이었다. 육군은 병마만호兵馬萬戶, 수군은 수군만호水軍萬戶인데, 병마만호는 평안도, 함경도에 일부 설치되어 있었고 대부분의 만호 직책은 수군만호로 운영되었다)가 거느리는 전선은 각각 4척, 2척, 2척으로 정해졌다. 이 원칙은 5관 5포에도 적용되었던 것으로 보인다.

이순신은 전라좌수영 본영과 휘하 5관 5포에 전선을 철저히 관리하도록 하였다. 또한 이순신은 좌수영 본영 선소(여수 진남관 아래 이순신 광장)에서도 전선을 건조했는데 대표적인 것이 본영 거북선이었다.

1592년 3월 12일의 『난중일기』이다.

식후에 배 있는 곳(본영 선소)으로 가서 경강선(서울 한강에 근거를 두고 지방을 오가는 배)을 점검하였다. 배를 타고 소포(여수시 종화동 종포)로 나가는데 때마침 동풍이 세게 불고 격군(格軍, 보조 사공)도 없어 다시 돌아왔다.

이순신은 활과 화살, 화약과 화포, 창과 칼을 일일이 살펴 병사들이 언제든지 사용할 수 있도록 하고, 부족한 것은 새로 만들어 채우도록 하였다. 돌산 금오도, 경도 등에서 베어낸 목재와 여수 오동도에서 잘라낸 화살용 시누대 등은 전함과 무기 정비에 큰 도움이 되었다.

하늘을 꿰매고 해를 씻기다

군기(軍紀) 확립

당시 상황을 보면 7단계나 뛰어넘는 승진으로 이른바 벼락출세한 이순신을 보는 휘하 장수들의 시선이 그리 곱지는 않았을 것이다. 수군들도 적당히 시간이나 때우려고 했을 것이다. 이런 여건 속에서 이순신은 발로 뛰고 눈으로 확인하는 현장 중심의 리더십을 발휘하였고, 신상필벌(信賞必罰, 공이 있는 자에게는 반드시 상을 주고, 죄가 있는 사람에게는 반드시 벌을 준다는 뜻으로, 상과 벌을 공정하고 엄중하게 하는 일을 이른다)을 통해 군기를 확립하였다.

1592년 1월부터 4월까지의 『난중일기』를 보면 이순신이 얼마나 군기를 엄격하게 확립하였는지 알 수 있다.

1월 16일
맑다. 동헌에 나가 공무를 보았다. 각 고을 전 현직 관리들과 색리(아전)들이 인사차 왔다. 방답진의 병선 군관과 색리들이 병선을 고치지 않았기에 곤장을 때렸다. 우후, 가수(假守, 임시지휘관)들이 제대로 감독하지 않아 이 지경까지 이르렀으니 괘씸하기 짝이 없다. 자기 한 몸 살찌울 일만 하고 병선을 돌보지 않으니, 앞일도 알 만하다.

2월 15일
새로 쌓은 해자(垓字, 성 밖으로 둘러 판 못)가 많이 무너졌으므로 석수장이들에게 벌을 주고 나서 다시 쌓게 하였다.

3월 6일

맑다. 아침밥을 먹은 뒤에 동헌에 나가 무기를 검열하였다. 활·갑옷·투구·화살통·환도 등이 깨어지고 낡아서 볼품없이 된 것이 많았다. 담당 아전과 활을 만드는 궁장(弓匠), 감고(監考, 물품 출납원) 등을 처벌하였다.

3월 23일

아침밥을 먹은 뒤 동헌에서 일을 하였다. 보성에서 보내와야 할 판자를 아직도 납부해 오지 않았기 때문에 다시 공문을 띄워 아전을 잡아들였다. 순천에서 잡아 보낸 소국진에게 매 80대를 때렸다.

이처럼 이순신은 신상필벌 원칙을 엄격하게 적용하였다. 『난중일기』를 읽다 보면 가혹하리만큼 처벌하는 이순신의 엄격한 모습을 종종 볼 수 있다.

수군 훈련과 활쏘기 훈련

이순신은 여수 오동도에서 수군 훈련을 하였다. 이순신을 비롯한 장수들은 전술 훈련과 활쏘기 등을 하였다. 또한 군관(軍官, 각 군영과

하늘을 꿰매고 해를 씻기다

지방 관아의 군무에 종사하던 낮은 벼슬아치)과 진무(鎭撫, 각 진의 실무책임자)에게 병법을 숙지시켰다.

『난중일기』에는 활쏘기 기록이 270회로 가장 많이 나온다. 활쏘기는 조선 수군의 필수 전투 방식이었다. 이순신은 활쏘기를 자주 하였고, 군관들에게도 활쏘기 시합을 하게 했다.

1월 12일
본영과 각 진포의 진무들이 활쏘기 시합을 하였다.

1월 18일
지난 12일의 활쏘기 대회 성적 우수자에 대한 장계와 포상자 명단을 봉해 전라감영에 보냈다.

2월 2일
동헌에서 공무를 보았다. 활 10순(화살 5대가 1순이다. 즉 50발)을 쏘았다.

2월 8일
거북선에 쓸 돛배 29필을 받았다. 정오에 활쏘기를 하였다. 조이립과 변존서가 시합을 겨루었는데 조이립이 졌다.

2월 12일

아침밥을 먹은 뒤 동헌에 나가 일을 하다가 해운대(海雲臺)로 가서 활
쏘기를 하였다.

4월 12일

아침밥을 먹은 후 배를 타고 거북선에서 지자포(地字砲)와 현자포(玄
字砲)를 쏘아보았다. 순찰사의 군관 남한이 살펴보고 갔다. 정오에 동
헌으로 가서 활 10순을 쏘았다. 관아에 올라갈 때 노대석을 보았다.

이순신은 전쟁을 준비하기 위하여 활쏘기를 많이 하였다. 병중이
거나 제사 또는 나라의 특별한 일 외에는 거의 빠지지 않고 활을 쐈
다는 것이다. 특히 임진왜란 발발 전까지의 일기를 보면 집중적으로
활을 쏘는 기록이 나온다. 심지어 술자리를 하면서도 활을 쏘는 일
을 멈추지 않았다. 1592년 임진년 3월 16일의 일기를 보면 이렇다.

순천부사가 환선정(喚仙亭)에 술자리를 베풀었다. 겸하여 활도 쏘
았다.

이순신은 술을 좋아하여 자주 마시기도 하였지만, 술을 마시는
데서 그치지 않고 항상 그 기회를 이용해서 활을 쏘았다. 참고로 이
순신의 활 솜씨를 알아보자. 3월 28일의 일기다.

하늘을 꿰매고 해를 씻기다

동헌에 나가 공무를 보았다. 활 10순(巡)을 쏘았는데, 다섯 순은 연달아 맞고, 2순은 네 번 맞고, 3순은 세 번 맞았다(十巡卽 五巡連中 二巡四中 三巡三中).

이해를 돕기 위해 조금 풀어보자. 1순(巡)은 5발(矢)이다. 처음 다섯 순은 모두 맞혔으니 25발 명중이다. 이를 몰기(沒技, 유엽전柳葉箭, 편전片箭, 기추騎蒭 등 정한 화살의 수를 다 맞히던 일)라 부른다. 2순은 각각 4발을 맞혔으니 총 8발 명중이다. 3순은 각각 3발을 맞혔으니 총 9발 명중이다. 이를 합하면 25+8+9=42가 된다. 즉 50발 중 42발이 명중한 것이니 84%의 명중률이다. 이 정도의 실력이면 현재 대한궁도협회에서 정한 8단의 기준인 82%를 넘는 수준이다. 물론 이날의 기록만으로 이순신의 활 수준을 평가하기는 성급하다. 신궁이라 불렸던 장인 방진에게 배웠던 이순신의 활 솜씨는 아마도 준 신궁쯤은 될 것이다.

병서 숙지

1592년 3월 5일의 『난중일기』를 보자.

3월 5일에 저녁에 서울 갔던 진무가 돌아왔다. 좌의정 류성룡이 편지와 함께 『증손전수방략(增損戰守方略)』이란 병서를 보내왔다. 수륙전

(水陸戰)과 화공전법(火攻戰法) 등 갖가지 전술이 낱낱이 설명되어 있다. 참으로 만고에 보기 드문 뛰어난 전술이다.

『증손전수방략(增損戰守方略)』은 중국에서 들어왔다고 보는 『전수도』를 류성룡이 조선의 실정에 맞게 재편집한 병서이다. 이순신은 군관과 진무들에게 이 병서를 실제 상황에 응용할 수 있도록 숙지시켰다. 아쉽게도 이 병서는 전하여지지 않는다. 이순신이 『증손전수방략』뿐만 아니라 『손자병법』 『오자병법』 등 각종 병서에 통달하였음은 이미 알려진 사실이다.

이렇게 이순신은 임진왜란이 일어나기 전에 이미 많은 '준비'를 하였다. 이순신이 참으로 대단한 사람이라는 점은, 그가 자신의 직책상 무엇을 해야 할지 잘 알고서 누가 보지 않더라도 평소에 열심히, 성실히, 묵묵히 그 일을 수행했다는 데서 다시 한번 확인할 수 있다. 장수는 전쟁을 대비해야 하는 사람이기에 틈만 나면 활을 쏘고, 성벽을 수리하고, 무기를 점검하고, 병사들을 강하게 훈련하고, 이기기 위한 병법을 연구해야 한다. 이순신은 자신의 높은 직책을 이용해서 음주가무를 즐기지도 않았고 딴짓하지도 않았다. 참으로 성실하고 정직한 사람이었다.

적보다 압도적인 '준비'를 하면 유사시에 승리를 거둘 수 있다. 『손자병법』 제4 군형 편에 나오는 유명한 어구인 "먼저 이겨놓고 싸

하늘을 꿰매고 해를 씻기다

움을 구한다(선승이후구전 先勝而後求戰)."라고 하는 의미는 바로 압도적인 '준비'의 중요성을 말하고 있다. 준비를 많이 하면 싸우기 전에 이미 이긴 것과 같다는 것이다. 이런 면에서 이순신만큼 전략적인 사람은 없을 것이다.

실제로 전쟁이 일어났을 때 이순신은 확보된 자원을 바탕으로, 마음껏 그 자원을 '활용'하여 전쟁을 승리로 이끌었다. 전략은 '준비' 그리고 '활용'에 관한 것이다.

이순신은 미리 앞을 본 사람이다. 모두가 현실에 안주하고 앞을 보지 못하고 있을 때 그는 미리 앞을 본 것이다. 그리하여 준비를 하였고, 때가 되자 그에게 맡겨진 사명을 죽음으로 감당하였다. 이런 의미에서 이순신은 선각자(先覺者)요 선지자(先知者)이다.

이순신과 『손자병법』

준비된 자원을 어떻게 '활용'하는가에 대하여 지금부터 알아보자. 이를 위해서는 필연적으로 『손자병법』을 알아야 한다. 왜냐하면 이순신의 전략과 리더십은 그 원리 면에서 볼 때 『손자병법』의 원리와 거의 일치한다고 볼 수 있기 때문이다. 이렇게 말하는 근거는 거의 50년 동안 『손자병법』을 연구하고, 원문을 10만 번 이상 읽으면서, 동시에 이순신의 전략과 리더십을 연구하는 과정에서 발견한 결론이다. 이순신의 전략과 리더십을 『손자병법』이라는 도구로 풀어나가면 이해하는 데 별로 무리가 없을 것이다.

그렇다면 이순신은 『손자병법』을 읽었는가?

『무경칠서(武經七書)』라고 들어봤는가? 『무경칠서』는 1084년 8월, 송나라 신종 때 기존에 나와 있던 병법서 중 7권을 뽑아 한 권으로 묶은 것이다. 7권은『손자병법』『오자병법』『육도』『삼략』『사마법』『위료자』『이위공문대』이다.

고려에 전해진『무경칠서』는 이성계가 조선을 건국하자 즉위 교서에 무학(武學)교육과 무과의 시험과목으로 명시되었다. 조선의 첫 무과가 시행된 1393년에는『무경칠서』와 마보(馬步), 무예(武藝)에 출중한 사람을 1등으로 삼기도 하였다. 이렇게『무경칠서』는 조선시대 내내 병법서의 골격이 되었다.

무과를 준비한 이순신도 당연히『무경칠서』를 공부했을 것이다. 이순신은 이 중에 특별히『손자병법』『오자병법』을 많이 읽은 것으로 보인다.

이순신이『손자병법』을 공부한 것에 대해서는 곧이어 알아볼 것이고, 우선『오자병법』에 대해서 알아보자.

이순신의 그 유명한 명량 해전 당시의 '필사즉생(必死卽生) 필생즉사(必生卽死)'의 연설은『오자병법』치병(治兵) 편에 나오는 '필사즉생(必死卽生) 행생즉사(幸生卽死)'를 인용한 것이다. 그리고 이어지는 "한 사람이 목을 지키면 천 명도 두렵게 할 수 있다(일부당경 족구천부 一夫當經 足懼千夫)."라는 말은『오자병법』여사(勵士) 편에 나오는 말이다. 이런 것을 볼 때 이순신은『오자병법』을 읽었다는 것을 짐작할 수 있고, 읽은 것에 그치지 않고 현실에 맞게 응용했다는 것도 알 수 있다. 가히 하나를 알면 열을 만들어내는 출중한 재주가 있었던 것이다.

그렇다면 『손자병법』은 어떤가?

이순신 연구가 노승석 박사에 따르
면, 임진왜란과 관계된 『손자병법』 판본
은 중국 명나라 때 만력(萬歷) 연간에 간
행된 3종이 있다고 하였다. 3종의 판본
중에 조선에 들어온 판본은 남경의 병부
우시랑(兵部右侍郞)이었던 형개(刑玠)가
그 간행을 감독하였던 판본으로 보고 있다. 이 판본은 남경의 국자
감(國子監)에서 간행한 것으로 1594년(갑오) 10월 이후 조선에 들
어왔고, 이순신이 1597년 고하도로 본영을 옮긴 후에 민가에서 수
백 권이 재간되어 읽혔다고 한다. 이때 조선의 모든 장수도 읽었다
고 한다.

그런데 이순신이 읽었을 『손자병법』이 꼭 이 명나라 판본이라 못 박
을 수는 없다. 왜냐하면 『무경칠서』는 이미 고려를 거쳐 조선 개국
때부터 무관들에게 애독되었기 때문이다. 그러니 이순신이 어느 판
본의 『손자병법』을 읽었는지는 정확히 알 수 없다. 단지 우리가 확
인할 수 있는 것은 1594년(갑오)의 『난중일기』에 두 번이나 남긴 기
록뿐이다.

하늘을 꿰매고 해를 씻기다

첫 번째는 1594년(갑오) 9월 3일의 일기이다. 앞의 주장에 따르면 『손자병법』이 조선에 들어온 시기가 갑오년 10월 이후라고 하였는데 이순신은 10월 이후가 아니라 더 일찍 9월 3일에 이미 『손자병법』 어구를 기록하였다.

나를 알고 적을 알아야만 백 번 싸워도 위태하지 않다고 하지 않았던가(知己知彼 百戰不殆)!

두 번째는 1594년(갑오) 11월 28일 바로 뒤에 있는 메모에 있다.

나를 알고 적을 알면 백 번 싸워 백 번 이기고, 나를 알고 적을 모르면 한 번 이기고 한 번 질 것이다. 나를 모르고 적도 모르면 매번 싸울 때마다 반드시 질 것이다. 이것은 영원히 변할 수 없는 이론이다(知己知彼 百戰百勝 知己不知彼 一勝一負 不知己不知彼 每戰必敗 此萬古不易之論也).

이 내용을 『손자병법』에서 찾아보면 이렇다.

적을 알고 나를 알면 백 번 싸워도 위태하지 않고, 적을 모르고 나를 알면 한 번은 이기고 한 번은 질 것이다. 적을 모르고 나도 모르면 매번 싸울 때마다 반드시 위태할 것이다(知彼知己 百戰不殆 不知彼知己 一勝一負 不知彼不知己 每戰必殆). (제3 모공 편)

이순신이 쓴 글과 『손자병법』의 글은 차이가 있다. 이순신이 몰라서 그렇게 했을 수도 있고, 아니면 알면서도 자신의 생각을 글에 심기 위해 의도적으로 그렇게 썼을 수도 있다. 사실 이순신이 아닌 다음에는 아무도 알 수 없다.

이제 서로 비교해보자. 처음부터 지피(知彼)와 지기(知己)의 위치가 바뀌었다. 『손자병법』은 적을 먼저 아는 것을 앞으로 내세웠지만 이순신은 나를 먼저 아는 것을 앞세웠다. 적보다 나를 먼저 아는 것이 중요하다고 판단한 것이다. 내 부대, 내 부하의 안위가 중요했던 것이니 이순신의 관심사를 알 수 있다. 그리고 『손자병법』에서는 백전불태(百戰不殆)라고 표현하였는데 이순신은 백전백승(百戰百勝)으로 표현하였다. 이 차이는 실로 크다. 『손자병법』에서 이 어구의 위치는 제3편 모공이다. 꾀로 공격한다는 편이다. 적과 나에 대한 정보의 중요성을 강조하고 있다. 그런데 그 정보라는 것은 늘 불완전하다. 특히 전쟁 때는 더욱 그렇다. 적과 나를 아는 정보가 있다고 해서 백 번 싸워서 백 번 이긴다는 것은 사실상 불가능하다.

그래서 손자는 이 어구를 사용할 때 '백전백승'이라는 표현 대신에 '백전불태'라는 표현을 쓴 것이다. 백 번 싸워 백 번 위태하지 않을 수준이지 백 번 싸워 백 번 다 이길 수 있다는 것은 아니라고 한 것이다.

하늘을 꿰매고 해를 씻기다

그런데 이순신은 '백전백승'을 사용하였다. 의도적인가? 아니면 아직 손자를 제대로 이해하지 못해서인가? 그리고 그 뒤에 이어지는 어구에도 여전히 적(彼)과 내(己)가 서로 바뀌어 있다. 내가 우선이다. 적이 아니라 나에 대한 정보가 우선임을 강조한 것이다.

그리고 마지막에도 『손자병법』은 '매전필태(每戰必殆)'로 표현하였지만, 이순신은 '매전필패(每戰必敗)'로 썼다. '반드시 위태하다'와 '반드시 질 것이다'의 차이는 매우 크다. 과연 이순신은 어떤 마음으로 이 어구를 재해석했는지 궁금하다.

다시 말하거니와 이순신의 마음에 들어가기 전에는 정확히 알 수가 없다. 그런데 이 글에 영향을 준 것으로 추정되는 류성룡에 대해 잠시 살펴보자. 류성룡은 병법에 무지해 패전하는 장수들을 위해 자신이 과거에 정리한 『증손전수방략』을 복기하고 다시 정리해 1594년 6월 선조에게 『전수기의십조』라는 이름의 병법 요약집을 올려 장수들에게 배포하도록 하였다. 바로 그 『전수기의십조』에 『손자병법』과는 다른 '지기지피'가 나온다.

병법에 이르기를, '나를 알고 적을 알면 백 번 싸워서 백 번 이기고, 나를 알지 못하고 적을 알지 못하면 백 번 싸워서 백 번 진다'라고 했다. 이른바 나를 알고 적을 안다는 것은 적과 나의 장단점을 비교해 헤아린다는 뜻이다. (『전수기의십조』)

류성룡을 통해『진수기의십조』를 읽은 이순신은 바로 이 대목에 주목했고, 나름대로 생각을 정리해서 글로 옮겼을 가능성이 크다. 근원을 따지자면 류성룡도『손자병법』을 정확히 옮기지 못했든지 아니면 고의로 그렇게 했는지 알 수 없다.『손자병법』에서 일반적으로 가장 많이 알려진 이 어구는 류성룡 혹은 이순신에 의해 살짝 다른 방향으로 사용되었음을 알 수 있다.

그러나 이순신이『손자병법』을 읽었다는 것만은 분명한 사실이다. 그가 7년 전쟁에서 보여준 전략과 리더십을 들여다보면『손자병법』의 원리가 그대로 녹아 있기 때문이다. 하지만 이순신은『손자병법』에 갇혀 있지 않았다. 이게 무슨 말인가 하면,『손자병법』의 원리에 충실하되 상황에 따라 융통성 있게 적용하고 행동했다는 뜻이다. 이 점은 매우 중요하다.『손자병법』이라고 해서 모든 상황에 다맞는 것은 아니다. 상황은 늘 변한다. 변하는 상황에 가장 적합한 병법을 사용해야 이길 수 있다. 이순신은 이것을 잘했고, 이미『손자병법』을 뛰어넘는 수준까지 도달해 있었다.

이 책에는『손자병법』의 중요 어구가 많이 등장한다. 소개된 어구만 잘 이해해도『손자병법』의 핵심 내용을 거의 다 알게 될 것이라 보아도 좋다. 이 책을 통하여 이순신도 알게 되고,『손자병법』도 알게 되니 그야말로 꿩 먹고 알 먹기, 일석이조(一石二鳥)가 아닌가.

하늘을 꿰매고 해를 씻기다

이순신의 전략 프레임

이순신의 전략을 단순화시키는 데는 한계가 있다. 이 책에서 제시하는 이순신의 전략은 『손자병법』을 중심으로 풀었다. 혹자는 말한다. "왜 『손자병법』이냐, 이순신 병법은 없느냐?" 그렇다. 이순신 병법은 없다. 분명히 말하지만 없다. 이순신이 "이것이 나의 병법이다."라고 직접 쓴 '이순신 병법'을 그 자신이 남기지 않았다. 그래서 아쉽지만 '이순신 병법'은 존재하지 않는다. 다만 그의 모든 해전을 분석하면서 비록 이순신 병법은 아닐지라도 『손자병법』으로 거의 그의 모든 전략을 해석할 수 있다는 점에서 이 책에서는 『손자병법』으로 접근한 것이다.

물론 이 책에서 제시하는 이순신 전략 프레임(frame)으로 이순신의 전략을 모두 설명할 수는 없다. 이 외에도 얼마든지 다른 것이 있을 수 있고, 또한 다른 관점에서도 살펴볼 수 있다. 당연히 이것이 또한 이순신의 전략이라고 '확정'할 수는 없다. 그러나 유추가 가능한 여러 개의 전략 모델 중에 일목요연하게 정리된 하나의 모델은 될 듯싶다.

이순신은 그의 모든 전쟁을 완전한 승리로 마무리하였다. 크고 작은 52여 회의 해전을 치르는 동안 적어도 지지 않았다는 것에 방점이 있다. **여기에는 그만의 독특한 전략이 존재한다.** 그냥 이런 전과가 나올 리는 없다. 전략의 프레임을 알게 될 때 비로소 이순신의 전략을 전체적으로 이해할 수 있다. 프레임이라는 것은 뼈대, 틀을 말한다. 이 뼈대를 알면 이순신 전략의 전체를 아주 쉽게 이해할 수 있다.

흠을 잡기 좋아하는 어떤 사이비 연구가들은 이순신이 **"이길 수 있는 전장만을 택했다."**라는 이유로 이순신을 평가절하하기도 한다. 지는 전쟁은 하지 않았다는 말이다. 하지만 결코 지지 않고 이길 수 있는 전장을 택하는 것은 아무나 할 수 있는 일이 아니다. 최고의 전략가에게만 가능하다. 전장은 지리와 기상 등 수많은 변수가 있고, 유불리가 시시각각 바뀌는 곳이고, 완벽히 유리한 장소가 있다 하더라도 적장이 지도도 볼 줄 모르는 바보가 아닌 이상 그런 곳에 가줄 이유가 없다. 고도의 전략을 갖춘 최고의 장수만이 전장을 주도할 수 있다. 이순신은 그런 면에서 정말 탁월한 전략가이다. 절대로 지는 전

하늘을 꿰매고 해를 씻기다

쟁은 하지 않았고, 반드시 이길 수 있을 때 전쟁하는 것을 원칙으로 하였다. 물론 어쩔 수 없이 전쟁을 치러야 할 상황도 있었다. 그러나 그런 때에도 절대로 지지 않도록 모든 노력을 다하였고, 그것이 결과로도 나타났다.

이순신에게 당하는 것만 보면 일본의 장수들을 저평가하기 쉽지만, 결코 그래서는 안 된다. 그들은 바보가 아니었다. 오히려 대단한 장수들이었다. 거의 100년 동안 이어온 센코쿠 시대 동안 무수한 전투를 경험하였고, 수십 년간 해적질도 해온 전투의 베테랑들이다. 도도 다카토라, 도쿠이 미치유키, 모리 무리하루, 와키자카 야스하루, 구키 요시타카, 가토 요시아키, 구루시마 미치후사, 아리마 하루노부, 타치바나 무네시게 등 바로 그러한 쟁쟁한 일본 장수를 상대했던 이순신이다.

오히려 이순신에게는 전투 경험이 없었다. 녹둔도에서의 전투 외에는 없었고, 더구나 바다에서의 전투 경험은 한 번도 없었다. 임진 왜란이 일어나자 비로소 처음으로 옥포에서 해전에 임했던 이순신이다. 물론 임진왜란이 나기 전에 이순신은 훈련을 많이 했지만, 훈련과 실전은 엄연히 다른 것이다.

이렇듯이 일본의 장수들은 이순신보다 해전 경험이 많으면 많았지 결코 적은 자들이 아니다. 이런 노련한 장수들을 상대로 '이길 수

있는 전장만을 택하는 것', 이것만으로도 이순신의 장수로서의 천재성은 충분히 입증된다. 만일 이길 수 없는 전장에서 싸움을 택했더라면 이기더라도 그 피해가 얼마나 컸을 것인가! 설사 승리한다고 하더라도 그 승리가 무슨 의미가 있겠는가! 그래서 『손자병법』에서 싸우기 전에 이기는 것이 가장 좋다고 강조한 것이다. 이런 관점을 염두에 두고 지금부터 이순신의 전략을 본격적으로 알아보자.

이순신의 전략을 두부 자르듯이 어느 하나의 특정한 전략으로 설명할 수는 없다. 서로 연결이 되어 있기도 하고, 동시에 섞여 있는 부분도 많다. 특정 상황에서는 지배적으로 적용된 전략도 있다. 당연히 여기에 제시된 전략 말고도 얼마든지 또 다른 전략을 도출할 수도 있다.

하늘을 꿰매고 해를 씻기다

이순신 전략 프레임은 집으로 비유할 수 있다. **한산도에서 승리의 전략을 짰던 제승당과 비슷하다.** 먼저 '자보전승(自保全勝)'이라는 기반(基盤)이 있고, 그리고 그 위에 일곱 개의 기둥이 있다. 마지막으로 졸속(拙速)이라는 지붕이 있다. '자보전승'의 기반은 근본이 되는 '정(正)'이며, 정을 기반으로 현장에서 마음껏 전략을 발휘하여 승리를 거두는 일곱 기둥을 '기(奇)'라 한다. 기는 얼마든지 다양하게 새롭게 창출할 수 있다. 기정상생이요, 기정전략이다.

오해하면 안 되는 영화의 장면들

우선 이순신의 전략을 알아보기 전에 제대로 살필 점이 있다. 영화〈명량〉〈한산〉〈노량〉을 거치면서 얻은 정보 중 자칫 오해할 만한 내용을 바로잡는 일이다. 내용을 정확하게 똑바로 알지 못하면 지금부터 보게 될 이순신의 전략에 대하여 오해할 수도 있기 때문이다.

"발포하라!"

영화를 보면 흔히 조선의 판옥선에서 총통을 발사하는 장면이 자주 나온다. 날아간 포탄이 일본 배에 닿으면 **마치 오늘날의 K-9 포탄처럼 터져서 불바다를 이루는 장면이 있다. 당연히 잘못된 것이다.**

오늘날처럼 화약이 폭발하는 대포를 쏘는 것이 아니다. 당시 조선함대에 있는 천자총통(天字銃筒, 화약을 사용하여 불화살을 발사하는 데 쓰던 대포. 세종 때 만들어 임진왜란 때 유용하게 썼다)은 사거리

가 약 1.1킬로미터, 지자총통과 현자총통은 약 0.9킬로미터, 개인 화기인 황자총통(黃字銃筒, 조선 태종 때 창안된, 불씨를 손으로 점화하고 발사하는 유통식有筒式 화포)은 약 1.3킬로미터이다.

이들 총통에서 발사되는 것은 돌을 둥글게 만든 석환(石丸), 즉 돌포탄이나 철을 둥글게 만든 철환(鐵丸), 즉 쇠포탄이다. 물론 화약의 힘으로 이 포탄들이 날아간다. 그러나 폭발하는 것이 아니고 세차게 날아서 일본 전선의 옆구리나 갑판을 뚫는 것이다. 천자총통에서 발사되는 대장군전(화살)이나 철환 또는 석환도 일본 배에 닿으면 갑판이 부서지고 망루가 부서지는 것이다. 다음의 대장군전에 맞

하늘을 꿰매고 해를 씻기다

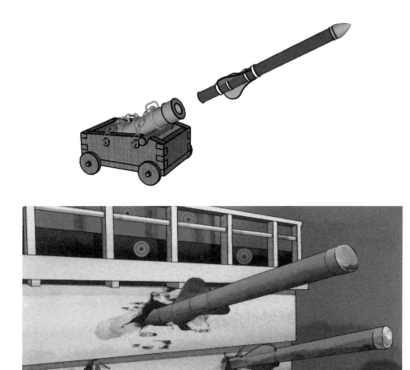

아 뚫린 배를 보라.

　배가 뚫리고 물이 새 들어오면, 그 위에 불화살을 쏘아 배를 태워 분멸(焚滅)시키는 것이 조선 수군의 대표적인 전투 방식이다. 분멸이란 불로 태워 없애버린다는 뜻이다.

조란탄(鳥卵彈)이라고 있다. 마치 새알 처럼 생겼다고 해서 붙여진 이름이다. 사진은 2017년에 문화재청 국립해양박물관이 명량 해전 현장에서 발굴한 돌로 된 조란탄이다.

지름의 길이가 대략 2.5센티미터로 아주 작다. 조란탄은 본래 철로 만들지만 명량 해전 당시 급박한 상황에서 돌로 만들었다. 조란탄은 화약 20냥에 잰 지자총통으로 50~400발가량을 한꺼번에 쐈다. 조란탄도 자체적으로 폭발하는 것이 아니라 세차게 날아 공중에서 퍼져 왜군의 머리를 맞히거나 몸을 때려 치명상을 입히는 것이다.

일본 수군의 주요 전술은 배에 올라타서 육박전을 벌이는 등선육박(登船肉薄)전술이다.

하늘을 꿰매고 해를 씻기다

조선 수군은 가까이 가지 않고
거리를 두고 총통을 사격해서 배를
깼다. 이를 당파(撞破)전술이라 한다.
당파를 다른 말로는 충파(衝破)라고
도 한다. 배끼리 서로 부딪치는 것이
아니다. 영화에서처럼 긴장감과 재미를 주기 위해 수시로 등장하는 육
박전은 실제로는 없었다. 육박전은 백병전이라 부르기도 한다. 명량
해전 당시에 안위의 배에 근접했던 일본 수군이 있었는데 이때도 이
들이 배에 올라타지 못하도록 수마석을 던지고 몽둥이로 내리쳐서
떼어놓은 장면이 있다. 노량 해전에서도 이와 비슷한 장면이 있었
다. 다시 말하지만, 영화의 끝 무렵에 주로 나오는 치열한 육박전은
없었다.

거북선도 잘 알 필요가 있다. 영화에서처럼 포탄을 쏘지 않는다.
이렇게 한꺼번에 포탄을 쏘면 반동에 의해 배가 깨진다. 그리고 거
북선은 사실 어떻게 생겼는지도 정확히 알 수 없다. 분명한 것은 철
갑선은 아니라는 것이다. 그리고 용머리 입에서도 포탄을 쐈다는 것
이다. 잘 알아야 하는 것은, 거북선은 영화에서처럼 빨리 가지 못한다.
조선의 판옥선도 마찬가지다. 배가 크고 무겁기 때문이다. 판옥선보
다 더 무거운 거북선은 어쩌면 걷는 속도보다 조금 더 빠를 수 있다. 이
상하게 생긴 것이 느릿느릿 돌아다니니까 일본군이 그것 때문에 공
포를 느꼈다. "아니! 저게 뭐야!" 하고 말이다.

　조총(鳥銃)에 대해서도 너무 과대평가해서는 안 된다. 임진왜란 당시 일본군이 사용했던 조총은 유효사거리가 70~80미터이고 치명적인 살상 거리는 40~50미터였다. 그러니 충분히 거리를 두면 조총도 별것 아니다. 문제는 조총에 대한 공포심이다. 원리를 잘 알면 공포심도 사라진다. 그런데 조선의 육군은 조총에 대한 공포심 때문에 겁을 먹고 단숨에 무너져내렸다.

　조선에는 조총보다 더 강력한 활이 있다. 이순신은 자신은 물론 수군에게 활 쏘는 훈련을 많이 시켰다. 활은 145미터 거리에서도 치명적이다. 그래서 오늘날 국궁의 사거리가 145미터이다. 조선은 활의 민족이다. 활을 주 무기로 싸웠지만 소형 화약 무기, 승자총통과 같은 소형 총통 무기도 동시에 사용하였다.

　　　　　　　　　　　　　하늘을 꿰매고 해를 씻기다

이순신 전략의 기반 '자보전승'

이순신의 전략 프레임에서 가장 중요한 기반은 무엇인가? 이 기반이 되는 전략에 의하여 나머지 전략의 방향이 결정된다. 기반이 튼튼해야 집이 제대로 선다. 이순신 전략의 기반을 제대로 이해하게되면 그의 전략을 올바로 이해했다고 말할 수 있다. **이순신 전략의 기반은 '자보전승(自保而全勝)'이다.** 나를 보존하며, 온전하게 승리한다는 뜻이다.

자보전승(自保全勝)

『손자병법』제4 군형 편에 나오는 유명한 어구로 "잘 지키는 자는 깊은 땅 아래에 숨으며, 잘 공격하는 자는 높은 하늘 위에서 움직이니, 그러므로 스스로를 보존하여 온전히 승리를 거둘 수 있다(선수자장어구지지하 선공자 동어구천지상 고능자보이전승야 善守者 藏於九地之下 善攻者 動於九天之上 故能自保而全勝也)."라는 문장이 있다. 여기서 '자보이전승(自保而全勝)'을 줄여서 '자보전승(自保全勝)'이라 부른다.

지금부터 이순신 전략의 기반인 '자보전승'에 대하여 차근차근 알아보자. 먼저 '자보(自保)'이다. 나를 보존한다는 뜻이다. 전쟁을 하든 경쟁을 하든, 어떤 무엇을 하든 '내가 보존'되는 것이 우선이다. 내가 깨지고, 내가 다치고, 내가 피 흘리며 어떤 일을 이루는 것은 좋지 않다. 성공하더라도 내가 아프지 않고, 내가 골병들지 않고, 내 가족이, 내 부대가, 내 나라가 고스란히 보존된 상태에서 이루는 것이 가장 좋다는 말이다. 무엇보다도 '나를 보존'하는 것을 우선해야 한다. 나를 지켜야 한다.

다음으로 이어지는 어구가 '전승(全勝)'이다. 온전하게 이긴다는 뜻이다. 온전(穩全)과 완전(完全)의 차이를 아는가? 그렇다. 얼핏 큰 차이가 없는 듯이 보인다. 온전이나 완전이나 같은 의미처럼 보인다. 그러나 차이가 있다. 온전(穩全)이라는 것은 본바탕 그대로 고스란하다는 사전적인 의미가 있고, 완전(完全)이라는 것은 모두 갖추어져 모자람이나 흠이 없음을 말하고 있다. 그러니까 '온전한' 승리라는 것은 깨지거나 손상을 당함이 없이 본래 모양을 그대로 유지하면서 얻는 승리라는 의미가 있다. 이런 승리를 거둔다면 그야말로 100점짜리 승리가 아니겠는가?

사천 해전에서 이순신의 함대는 승리를 거두었다. 일본 전선 13척을 격침한 것이다. 그런데 이때 이순신은 1척을 남겨두라고 하였다. 그리고 철수하였다. 왜 그랬을까? 여기에서 이순신의 '자보전승'의 전략을 읽을 수 있다. 모조리 격침시키면 일본 수군의 패잔병들이 백성이 사는 민가로 들어가서 약탈을 하고 나쁜 짓을 할 것을 우려한 것이다. 그리고 조선 수군도 이들을 끝까지 추격하는 과정에서 해를 입을 수 있기 때문이다. 그러니 이순신은 조금이라도 더 전과를 챙기는 것도 마다하고 우리 백성과 부하들의 안위를 우선 생각한 것이다. 이것이 바로 '자보전승'의 정신이다. 『손자병법』 제7 군쟁편에 보면 '위사유궐(圍師遺闕)'이라는 말이 나온다. "적을 포위하더라도 도망할 구멍을 터주라."고 하는 뜻이다. 이순신이 취했던 것이 바로 이런 조치였다.

자보전승의 근거

왜 이순신은 나를 보존하며, 온전한 승리를 추구했을까?

이순신이 '자보전승'을 전략의 기반으로 삼은 이유가 있다. 당시 제승방략(制勝方略) 체제에서 제한된 자원을 보존하기 위해서이다. 병력도 전선도 한번 손상을 당하면 다시 복구하거나 회생하기가 현실적인 제도에서 너무 어렵기 때문이다. 또한 이것은 부하 사랑과 생명 존중의 사상에서 나오는 것이기도 하다.

　참고로 제승방략제도가 어떤 것인지 간단하게 알아보자. 임진란이 벌어지기 전까지 조선군의 기본 방어 전략 체제는 제승방략이라고 불리던 예비군 제도였다. 한 곳에서 전투가 벌어지면 그 지방의 모든 예비 병사를 뽑아서 그곳에 긴급하게 투입하는 방식인데, 이 전략은 왜구를 토벌하거나 할 때, 또는 북방의 야만족이 침략해 왔을 땐 어느 정도 효과를 봤기 때문에 임진란이 벌어지기 전까지는 국지전용으로 사용되었다. 그러나 이 제승방략은 엄청난 허점들을 안고 있었다.

　첫 번째는 방군수포(放軍收布)로 인하여 뽑을 수 있는 인원이 극히 한정되었다는 점이다. 방군수포란 지방의 영이나 진에서 복무하는 군사들을 집으로 돌려보내고 그 대가로 포(布), 즉 베를 받아들이는 것이다. 조선 초기에는 다들 군말 없이 따랐으나, 날이 가면서 정부가 부패하기 시작하자 아래도 부패하기 시작하여 방군수포를 이용, 군역을 빠져나가는 자들이 늘기 시작하였다. 게다가 그 포(布)라도 확실하게 바쳤으면 모르겠지만, 별로 좋지 않은 포를 바치는 일이 많았기 때문에 제대로 공급도 되지 않았고, 중간에 꿀꺽해버리는 사태가 벌어졌기에 아무런 도움도 되지 않았다.

두 번째는, 지휘관이 그곳 출신이 아니었다는 점이다. 이 제승방략에 의한 군대를 지방의 수령이 이끌게 되면 이괄이나 이징옥 같은 반역이 일어날 것이라고 우려하였던 조선 정부는 제승방략으로 모인 군사들을 지휘하는 장수를 중앙에서 파견하였다. 그 탓에 적시에 군을 파견하기도 어려웠고, 그 지역 실정을 제대로 모르는 사람이 파견되곤 하였기 때문에 오히려 적에게 휘말려 대패하는 사태가 벌어졌다.

그 예로, 임진왜란 발발 약 3달 후에 용인에서 일어났던 용인 전투가 있다. 1592년 7월 13일, 비록 오합지졸이었다고는 하나 대략 5만의 근왕병이 용인에서 와키자카 야스하루(脇坂安治)의 일본군에게 섬멸당한 것이다. 제승방략에 따라 모집된 5만여 명의 근왕병은 겨우 1,600여 명에 지나지 않았던 와키자카 야스하루 휘하의 일본군이 급습하자 혼쭐이 난다. 참고로, 간이 잔뜩 부은 와키자카 야스하루는 이순신을 때려잡으려고 남쪽 바다로 내려왔다가 이순신에게 한산도 앞바다에서 오히려 때려 잡히고 만다.

이러한 제승방략의 허점은 곧 이순신으로 하여금 더욱 '자보전승'에 집중하도록 하였다. **우선 내 부하들이 보존되어야 한다.** 그리고 가능하면 피해 없이 온전하게 승리를 거두어야 한다. 바로 이것이 '자보전승'의 전략이다.

적을 알고 나를 지켜라

지금부터는 '자보'를 조금 구체적으로 알아보고, 이어서 '전승'에 대하여 알아본다. 나를 보존하는 자보(自保)는 온전함을 유지하기 위한 선결 조건이라 할 수 있다. 온전하기 위해서는 먼저 나부터 잘 보존해야 하기 때문이다. 자보(自保)를 위해서는 적극적인 정보활동으로 적을 손바닥 보듯이 살피는 것이 중요하다. 너무나 유명한 『손자병법』의 명구가 있다. 지피지기(知彼知己)면? 그렇다. '백전불태(百戰不殆)'이다. 앞에서도 확인했다. 그런데 아직도 많은 사람이 '백전백승(百戰百勝)'이라 말하기도 한다, 백전백승이 아니라 백전불태이다. 적과 나를 알면 백 번 싸워도 위태하지 않다는 말이다.

　적과 나를 안다고 해서 백 번 싸워 백 번 이길 수는 없는 일이다.

그렇다고 백 번 싸워 지지 않는다는 말도 아니다. 단지 위태하지 않을 수준에 있다는 것이다. 승리라는 것이 단지 정보 하나만으로 가능한 것이 아니다. 더 복잡하고 많은 것들이 서로 관련되어 승리가 만들어지는 것이다.

자보(自保)를 위해서는 먼저 적의 동태를 잘 알아야 한다. 이순신이 얼마나 정보활동에 신경을 썼는가 하면, 1593년에 출전할 때는 전선이 96척인 데 반해 탐망선이 그보다 훨씬 많은 106척이었고, 1594년에는 전선이 120척, 탐망선 110척, 명량 해전 때는 전선이 13척인 데 반해 탐망선이 32척이었다.

계사년(1593년)부터 정유년(1597년)까지 한산도에 통제영을 둔 이순신은 일본군의 정세를 파악하기 위해 탐망선 외에 별도로 육상의 정찰부대를 운영하였다. 거제도의 안쪽 바다로 통하는 칠천량 앞바다를 감시하는 영등(永登) 정찰부대와 거제도의 바깥 바다로 통하는 해로와 웅천 및 가덕도 앞바다를 감시하는 대금산(大金山) 정찰부대, 그리고 고성 쪽의 육지와 바다를 감시하는 벽방산(碧芳山) 정찰부대가 그것이다. 이 부대의 활약을 통해 이순신은 안골포, 가덕도, 제포, 웅포, 거제 등을 오가는 일본 수군과 고성 쪽의 일본 지상군의 동태를 소상히 파악할 수 있었다. 심지어는 육로로 정찰 임무를 띤 군관을 직접 보내 거제 동쪽의 적의 동태를 살피기도 하였다.

정보를 얻기 위한 경쟁은 전쟁의 역사와 마찬가지로 오래전부터 시작되었다. 실제로 전쟁은 기본적으로 정확한 정보를 전제로 수행해야 하기 때문이다. 정보가 부정확하면 그 부정확한 정보를 믿고 움직이는 군대는 위험에 처할 수밖에 없다. 극단적이면 전멸에 이를 수도 있다.

수색 정찰과 첩보의 중요성은 동서고금 병법의 진리이지만, 군사들과 장수 본인에게 일정 수준의 피로를 상시 강요하기 때문에 의외로 게을리하게 되는 요소이기도 하다. 하지만 이순신은 철저한 정보 수집을 바탕으로 이길 수 있는 전장만을 택하여 아군의 피해를 최대한으로 줄이고, 적의 피해를 증가시키며, 이겼을 때 가장 큰 파급력을 발휘할 수 있는 전투만을 벌였다.

더욱 놀라운 것은 참된 정보와 거짓된 정보를 가리고, 그 정보가 틀림없다는 확신이 서서 행동에 이르기까지 그 타이밍에 한 치의 오차도 없었다는 점이다. 그 덕분에 전략적으로는 해로를 차단하여 일본 선봉군 병참에 심대한 타격을 주어 진격을 멈추게 하였다. 그 결과로 일본군이 육로로 이어진 보급로에만 의존하게 되어 각지의 산발적 의병 활동이 효과적으로 일본군 보급에 타격을 주는 바탕을 제공하였다. 이로써 육지에서 싸우는 모든 일본군의 전쟁 수행 능력과 의지를 꺾을 수 있었다. 이순신이 얼마나 전략적인 사람인지 잘 보여주는 실례이다. 또한 전술과 전략의 다른 점을 여실히 드러내는 증거이기도 하다. 전술은 바로 눈앞의 것을 처리하는 것이지만, 전략은 멀리 보고 큰 그림을 잡는 것이다.

『징비록』에서는 "어느 날 갑자기 일어나서 기습이 있을 것 같으니 준비해라."라고 하자 얼마 있지 않아 진짜로 적이 왔다는 일화가 있다. 예하 장수들은 이순신이 귀신이 아닌가 했다지만, 실제로는 일본군의 성향과 일기 등을 판단해 미리 대비했던 것이다. 가끔은 본인의 감에도 의존한 듯하다. 『징비록』에서는 갑자기 이순신이 "왜놈들이 평소엔 달이 없을 때 기습했는데, 내가 생각해보니 이번에는 달이 있을 때 공격할 것 같으니 대비해야 한다."라고 했는데 정말로 그렇게 되었다. 이렇게 이순신이 미리 앞을 내다보고 준비하였기에 일본군은 소득 없이 물러나야 하였다. 적의 동태를 꿰뚫어 알아 미리 조치하는 것이야말로 승리의 지름길이다.

역사에 길이 남을 한산도 해전의 승리 원인도 알고 보면 시의적절한 정보가 큰 몫을 하였다. 이순신은 한산도 해전 전날, 거센 동풍으로 인하여 배를 움직이기 어려운 상황에서 가까스로 항진하여 저물녘에 고성 땅 당포(통영시 산양읍 삼덕리)에 도착하였다. 일본 수군이 남진하고 있다는 정보를 접하였기 때문이다. 그런데 그곳에서 나무를 하고 물 긷는 작업을 하고 있는데, 당포에 살고 있던 목동 김천손(金千孫)이 피란길에 견내량 북방에 정박한 일본 수군을 발견하고 이순신에게 급히 달려와 이 사실을 알려주었다.

"적의 대선 중선 소선을 합하여 70여 척이 미시(오후 2시)에 영등포(거제시 장목면 구영리) 앞바다로부터 내려와 거제와 고성의 경계인 견내량(통영시 용남면과 거제시 사등면 사이의 좁은 협수로)에 머물고 있습니다."

이 결정적인 정보로 인하여 이순신은 여유를 가지고 어떻게 일본 수군을 요리할까 계획할 수 있었다. 싸울 일시와 장소 면에서 완전한 주도권을 쥔 것이다. 한산도 해전은 그렇게 해서 전설로 남게 되었다. 학익진도 중요했지만, 이렇게 시의적절한 정보가 얼마나 승리에 기여하는 바가 큰지 잘 보여준다.

하늘을 꿰매고 해를 씻기다

여기서 짚어볼 것이 있다. 과연 김천손은 어디에서 일본 함대를 보았을까? 그동안 당포가 위치한 미륵산 정상에서 본 것으로 알려져 있었다. 그런데 미륵산 정상에서 견내량까지는 직선거리가 대략 10킬로미터이다. 아무리 날씨가 좋고, 시력이 3.0일지라도 맨눈으로 견내량 북단에 정박하고 있는 일본 함대를 제대로 볼 수는 없다. 더구나 70여 척이라고 하는 거의 정확한 수까지 말이다. 왼쪽 사진을 보자.

458.4미터의 미륵산 정상에서 촬영하였다. 왼쪽 끝을 보면 거제대교가 희미하게 보인다. 견내량이다. 어떻게 미륵산 정상에서 저 멀리 견내량 북단에 숨어 있는 일본 전선을 관측할 수 있단 말인가. 그것도 섬 사이로 은폐하고 있는 전선을 말이다.

이순신의 장계를 다시 보자. "고성 땅 당포에 이르자, 날이 저물기로 나무하고 물 긷고 있는데, 피란하여 산으로 올랐던 같은 섬(통영 미륵도)의 목동 김천손이 신(臣)의 배를 바라보고 급히 달려와 말하였습니다."

여기 잘 보면, "피란하여 산으로 올랐던 같은 섬의 목동 김천손이 신(臣) 등의 배를 바라보고 급히 달려와 말하였습니다(避亂登山 同島牧子金千孫 望見臣等舟師 奔遑進告內)."라는 말이 있다. 김천손의 위치가 구체적으로 '미륵산'이라는 말이 없다. 단지 '피란등산(避亂登山)'이라고 했는데 이는 김천손이 피란을 해서 '산꼭대기'로 올라갔다

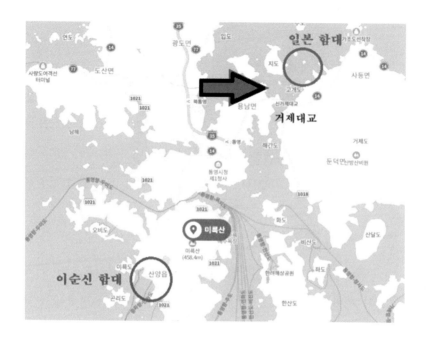

는 말이 아니라 상용어로 '피란을 갔다'는 의미로 받아들여야 한다. 아마도 김천손은 고향인 미륵도를 떠나서 저 멀리 견내량 근처로 피란을 갔을 것이다. 그리고 마침 일본 함대가 견내량 북단으로 내려오고 있는 것을 목격했을 것이다. 오후 2시쯤 견내량으로 모여드는 일본 함대를 보고, 최대한 가까운 거리까지 가서 일본 전선의 수를 헤아렸을 것이다. 그래서 나온 수가 70여 척이다. 최대한 가까이 눈앞에서 보지 않으면 나올 수 없는 거의 정확한 수이다. 아마도 화살표가 있는 **거제대교 왼쪽 육지에서 관측했을 가능성이 있다.** 곧장 뛰어와야 하니 당포까지 육지로 연결이 되어야 한다.

하늘을 꿰매고 해를 씻기다

김천손은 관측을 끝내고 뛰기 시작하였다. 빨리 당포에 있는 이순신에게 알려야 하기 때문이다. 직선거리로 10킬로미터 정도인데 구불구불한 비포장 길을 따라 작은 언덕까지 넘으며 뛰어야 하니 무척 힘이 들었을 것이다. 오후 2시에 일본 함대의 움직임을 보고, 그 수가 얼마인지 헤아려보고, 그리고 10킬로미터를 뛰었으니 적어도 3~4시간은 걸렸을 것이다. 이순신을 만나서 보고한 시간이 이순신이 **'날이 저물기로'**라고 기록한 대로 저녁 무렵이었다. 보고를 받은 이순신은 그날 밤에 일본 수군을 격멸할 작전 계획을 세웠다. 우부장으로 참전한 사도첨사 김완이 자신의 『임진일록』에 "당포에 이르러 **밤에 전투에 대한 비밀 논의를 하였다.**"라고 적었다. 시간이 촉박하기 때문이다.

여기서 의문 하나가 생긴다. **어떻게 김천손은 이순신의 함대가 당포에 정박하고 있는지 알았을까?** 이순신이 김천손을 정탐꾼으로 임명하여 견내량으로 보내지 않은 이상 어떻게 한낱 군마를 돌보는 목동인 김천손이 이순신 함대의 위치를 알고 있었을까? 적의 동태도 미리 알아야 하지만 나의 경계 상황이 어떤지도 면밀하게 살펴야 한다. 제대로 경계 시스템이 갖춰졌는지, 제대로 보초를 서는지 등이다. 칠천량 해전에서 원균은 보초도 제대로 세우지 않아 밤에 기습을 당하였다. 지피지기는 바로 나를 보존하기 위한 최선의 방책이다.

온전한 승리를 하라

나를 보존하는 자보(自保)가 되면 이제는 전승(全勝)을 향해 나아가야 한다. 전승(全勝)의 의미가 무엇일까? 말 그대로 '온전한 승리'라는 뜻이다.

『손자병법』에 제3 모공 편에 "온전하게 승리를 달성하는 것이 가장 좋고, 깨지면서 승리를 달성하면 그다음이다. 깨지는 것은 전승을 달성하는 데 실패한 것이다. 내가 깨지면서 승리를 거둔다면 좋은 것이 아니다(전국위상 파국차지 전군위상 파군차지 전여위상 파여차지 전졸위상 파졸차지 전오위상 파오차지 全國爲上 破國次之 全軍爲上 破軍次之 全旅爲上 破旅次之 全卒爲上 破卒次之 全伍爲上 破伍次之)."라는 말이 나온다. 잘 보면 전(全) 자와 파(破) 자가 계속 번갈아 나온다.

이어지는 어구는 "백 번 싸워 백 번 이기는 것이 가장 좋은 것은 아니고, 싸우지 않고도 적을 굴복시킨다면 가장 좋은 것이다(백전백승 비선지선자야 부전이굴인지병 선지선자야 百戰百勝 非善之善者也 不戰而屈人之兵 善之善者也)."라는 말이다. 바로 여기에서 '부전승(不戰勝)'이라는 표현이 나온다. 본래 '부전승'이라는 말은 없다. 그러나 이 어구의 뒤에 부전(不戰)이라는 말과 앞에 승(勝)이라는 말을 합하여 부전승이라고 부르는 것이다.

이순신은 바로 이것을 노렸다. 가능하면 내가 깨지지 않고도 온전하게 승리하는 부전승이다. 그런데 부전승에 대하여 오해해서는 안 된다. 그저 운이 좋아서 싸우지 않고 승리하는 것이 아니다. 부전승은 오히려 그 반대이다. 내가 막강한 힘이 있을 때 상대방은 내게 대항하지 않고 스스로 손을 든다. 요행이 아니라 힘이다. 가능하면 부전승을 이루어야 하겠지만 현실에서 그것이 힘들 때는 최대한 부전승에 가깝도록 노력해야 한다.

전승(全勝)의 네 가지 전략

승리를 만드는 제승의 전략

온전한 승리를 위해 맨 먼저 이순신이 취한 전략은 바로 제승(制勝)의 전략이다. 제승이라는 것은 이길 수 있는 여러 승리 태세를 만들어놓는 것을 말한다. 하나가 안 되면 다른 하나는 성공하도록 여러 개의 승리의 고리를 만드는 것이다.『손자병법』제6 허실 편에 보면 "대개 사람들은 내가 승리할 때 그 모양은 알 수 있지만 내가 사전에 승

하늘을 꿰매고 해를 씻기다

리할 수 있도록 (준비)한 여러 태세는 알지 못한다(인개지아소승지형 이막지오소이제승지형 人皆知我所勝之形 而莫知吳所以制勝之形)."라는 말이 나온다.

제승의 전략은 참으로 고차원적인 전략이 아닐 수 없다. 이순신은 제승을 위하여, 혹독하고 철저한 군사훈련을 시켰고, 적과 아군의 강약점을 분석하고 이에 대비하였다. 그리고 자신감을 심어주고 사기를 높였다. 지형과 기상을 잘 이용하였다. 그리하여 전쟁에 임하기 전에 이미 여러 가지 이길 수 있는 태세를 갖추어놓았다. 탁월한 이순신의 승리전략이 아닐 수 없다.

이순신의 해전 중에 가장 열악한 상황에서 치렀던 명량 해전에서조차 이순신은 결코 제승의 전략을 놓친 적이 없었다. 제승의 전략을 이해하기 위하여 명량 해전 당시 이순신이 했던 제승의 전략을 알아보자.

당시에 이순신은 '고작 12척'으로만 싸운 게 아니다. 고차원적 전략인 여섯 가지 '제승(制勝)'으로 이길 수 있는 조건들을 만들어 나갔다.

첫 번째 제승

남해안 전체에서 적은 수로 많은 적을 상대할 수 있는 곳은 견내량 해협과 명량 해협 딱 두 군데뿐이다. 그런데 견내량 해협은 칠천량 해전 때 일본 수군이 장악하였다. 그렇다면 명량 해협 하나밖에 없다. 이순신은 마지막 희망을 여기에 걸고 과감하게 나머지 해역을 포기하고 남해안 끝자락까지 우회하여 울돌목의 전략적 요충지를 먼저 잡았다. 진정한 전략가는 작은 것에 연연하지 않고 큰 것을 잡는 데 과감해야 한다. 이에는 전략적인 안목과 용기가 필요하다. 다른 해역은 다 포기하고 과감하게 명량을 택하여 적을 유인한 바로 이것이 이순신이 행했던 첫 번째 '제승(制勝)'이었다. 싸울 장소를 택하고 유리한 지위를 갖는 것이다. 이것은 당시 상황에서 볼 때 정말 쉽지 않은 결단이라 할 수 있다.

두 번째 제승

울돌목으로 이동하는 과정에서 네 차례에 걸쳐 일본 전선이 이순신의 전선을 공격했을 때, 이순신은 오히려 이것을 좋은 기회로 삼아 오합지졸이었던 조선 수군에게 이순신만 믿고 싸우면 어떤 불리한 상황에서도 반드시 이길 수 있다는 자신감을 강하게 불어넣었다. 이것이 두 번째 '제승(制勝)'이다. 『손자병법』 제2 작전(作戰) 편의 '승적이익강(勝敵而益强)'이라는 말은 바로 이런 것을 의미하고 있다. 즉 "싸워 이길수록 더욱 강해지는 법"을 말한다. 작은 성공을 반복적으로 체험하게 하여 자신감을 주는 것이다. 이순신은 적의 잦은 공격을 오히려 이렇게 유리하게 이용했다. 전략가는 적도 이용한다. 사실상 칠천량 해전에서의 악몽으로 패배 의식이 만연했던 조선 수군은 이순신이 솔선수범하여 앞장서서 일본 전선을 격파해나가는 모습을 목격하면서 자신감을 회복했다. 자신감은 정말 중요하다.

세 번째 제승

9월 15일을 기해 전선을 벽파진에서 과감하게 우수영으로 옮김으로써 명량 해협의 사지(死地)를 일본 전선의 등 뒤에 두게 했는데 이것이 세 번째 '제승(制勝)'이었다. 『손자병법』 제9 행군(行軍) 편에 '전사후생(前死後生)'이라는 말이 나오는데 이 말은 "앞에는 사지를 두고 뒤에는 생지를 두라."는 뜻이다. 만약에 사지를 등 뒤에 둔다면 싸움에 불리해서 도망칠 때 자칫 전멸당할 수 있다는 것이다. 사지와도 같은 명량의 좁은 해협을 등 뒤에 두지 않고 이를 앞에 두도록 이순신이 조치한 것은 바로 이런 이유에서였다.

네 번째 제승

대규모 일본 전선을 좁은 명량의 수로를 통과하도록 함으로써 한꺼번에 덤비지 못하고 축차적으로 들어오게 했다. 이것이 네 번째 '제승(制勝)'이었다. 『손자병법』 제6 허실(虛實) 편의 "적이 비록 아무리 많더라도 가히 싸우지 못하게 할 수 있다(적수중가사무투 敵雖衆可使無鬪)."라는 말이 바로 이것이다. 좁은 목 사이에 들어오는 병력 외에는 대부분은 유병화(遊兵化, 싸우지 못하고 떠도는 군인이 되어버림)가 되어 직접적인 위협이 되지 않는 것이다.

다섯 번째 제승

우수영으로 진을 옮긴 그날에 짧고도 강력한 연설을 통해 전의를 북돋웠으니, 이것이 전투에 있어서 가장 중요한 정신력을 극대화하는 조치로서 다섯 번째 '제승(制勝)'이었다.

여섯 번째 제승

마지막으로, 비록 실패는 했지만, 적보다 먼저 울돌목의 좁은 목에 나가 일자진(一字陣)으로 틀어막으려 했으니 이것이 여섯 번째 '제승(制勝)'이라 할 수 있다. 이순신이 실제 상황에서는 기습을 받았기 때문에 일자진을 형성할 수는 없었지만, 그의 머릿속에는 분명히 일자진을 형성하려는 복안이 있었을 것이다. 왜냐하면 압도적인 우세의 일본군을 저지할 수 있는 유일한 방법은 바로 울돌목의 좁은 길목에서 일자진으로 일단 틀어막는 것이었기 때문이다. 이때 일자진의 주목적은 물리적으로 적의 전선을 모두 파괴하는 것이 아니라, **적의 심리를 노려서 진출하려는 의지를 꺾는 것이다. 즉 물리적 파괴가 목적이 아니라 심리적 파괴가 목적이었다.**

이렇게 여섯 가지의 제승은 승리를 확실하게 만드는 빈틈없는

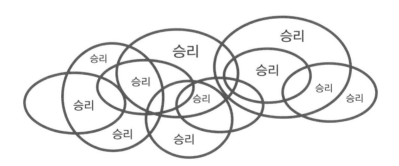

조치였다. 제승은 승리를 위한 태세를 몇 겹으로 둘러치는 것이다. 승리의 연결고리를 여러 개 만드는 것이다. 한 가지가 실패하면 즉시 다른 것으로 대처하고, 또 한 가지가 실패하면 또 다른 것으로 대처하는 전략이다. 이는 마치 전구를 직렬로 연결하는 것이 아니라 병렬로 연결하는 것과 같다. 한 가닥 선이 끊어지더라도 여전히 불이 들어오게 하는 것이다.

이렇게 제승의 태세는 승리를 위해 취할 수 있는 모든 방법을 다 동원하고, 전반적인 승리 태세를 겹으로 둘러치는 것이다. 즉 승리의 복합 시스템으로 승부를 거는 것이다. 가만히 보면 당시 조선의 군사 체제가 '제승방략(制勝方略)'이 아닌가. 여기서 '제승(制勝)'이라는 이름은 전략적으로 잘 지었지만 실제로 실행할 때 많은 허점이 노출되었다. '제승'을 제대로 적용했던 사람은 이순신이었다.

오늘날 한산도에 있는 제승당에 있는 제승당의 글씨는 바로 이러한 이순신의 전략을 담은 것이다. 1593년 7월 이순신이 삼도수군통제사를 제수받아 한산도에 통제영 본영을 설치했을 때 지금의 제승당 자리에 막료 장수들과 작전 회의를 하는 운주당(運籌堂)을 세웠다. 정유재란 때 폐허가 된 이곳에 제107대 통제사 조경(趙儆)이 1740년 유허비(遺墟碑, 선인들의 자취가 남아 있는 곳에 그들을 기리기 위하여 세운 비)를 세우면서 운주당 옛터에 다시 집을 짓고 제승당이라고 이름을 지었는데, 지금 걸려 있는 제승당(制勝堂) 현판은 조경이 쓴 글씨이다.

먼저 이겨놓고 싸우는 선승의 전략

온전한 승리를 구하는 방법으로 그 두 번째는, 먼저 이겨놓고 싸운다는 것이다. 『손자병법』 제4 군형 편에는 "이기는 군대는 먼저 이겨놓고 그 후에 싸움을 구하고, 지는 군대는 먼저 싸움부터 하고 그 후에 승리를 구한다(승병선승이후구전 패병선전이후구승 勝兵先勝而後求戰

하늘을 꿰매고 해를 씻기다

敗兵先戰而後求勝)."라는 말이 있다. 이순신은 사전에 이길 수 있는 여러 조치를 잘 해놓았기 때문에 먼저 이겨놓고 싸웠다. 이순신이 항상 이겼던 것은 이길 수밖에 없는 전쟁을 했기 때문이다. 이순신은 절대로 지는 전쟁은 하지 않았다.

이순신은 이기기 위하여 사전에 많은 준비를 하였다. 강하게 훈련을 시켰고, 무기를 날카롭게 하였고, 거북선을 만들어 훈련시켰고, 군사들에게 엄정한 군기를 세웠다. 그리고 열심히 싸우면 그만한 대가를 준다고 하였고, 그 약속은 반드시 지켰다. 적을 꿰뚫어보았고, 적보다 먼저 움직였다. 지형과 기상을 잘 헤아려 반드시 유리한 상황에서 행동하였다. 이 모든 철저한 준비가 바로 싸우기 전에 이길 수 있도록 한 것이다. 그야말로 선승구전(先勝求戰)이다.

제승(制勝)은 곧 선승(先勝)으로 연결된다. 제승이 된 후에 싸우기 때문에 먼저 이겨놓고 싸우는 것이 되기 때문이다.

制勝 ⇨ 先勝

집중과 이승(易勝)의 전략

온전한 승리를 위한 세 번째 방법은 '집중'으로 상대적인 우위를 유지하여 '이승(易勝)', 즉 '쉽게 이기는 것'이다. 집중하면 이승이 가능하다. 이승을 원한다면 집중하라. 이때의 집중은 유무형의 모든 요소를 집중하는 것을 말한다. 마음을 집중하고, 전투력을 집중하는 것이다. 어설프게 싸우는 사람은 힘들게 싸우고, 이기더라도 어렵게 이긴다. 피해도 많이 입는다. 그러나 싸움의 고수는 쉽게 싸우고, 피해도 적다. 이른바 쉬운 승리를 거두는 것인데 이를 『손자병법』에서는 '이승(易勝, 제4 군형 편)'이라 부른다. 어렵게 힘들게 싸워 이기는 것은 이승이 아니라 '난승(難勝)'이다. 난승이 되면 상대방도 피해가 크겠지만 이긴 나도 피해가 크다. 좋지 않은 승리이다. 힘이 비등하거나 열세로 힘겹게, 아슬아슬하게 이기는 전쟁은 좋지 않다. 왜냐하면 그만큼 이길 확률도 낮고, 피해 또한 크기 때문이다. 이것은 전(全)의 정신에 어긋나는 것이다. 이순신은 가능한 한 전선과 병력을 집중적으로 운용하여 적보다 상대적 우위에서 싸워 쉽게 이겼다. 집중하면 강한 힘이 생긴다. 힘이 강하면 이기고 힘이 약하면 진다는 우승열패(優勝劣敗)의 원칙에 충실한 것이다.

『손자병법』제6 허실 편에 보면 "내가 오로지 집중하고 적을 분산시키면, 나는 하나가 되어 열로 나누어진 적을 상대하게 되어, 나는 열로써 하나의 적과 싸운다(아전이적분 아전위일 적분위십 시이십공기일야 我專而敵分 我專爲一 敵分爲十 是以十攻其一也)."라는 어구가 있다. 제3 모공 편에 보면 "집중과 분산의 묘를 잘 살리면 이긴다."라는 말도 있다.

강력한 집중의 위력에 대해 법칙을 세운 사람이 있다. 바로 란체스터(Frederick William Lanchester, 1868~1946)이다. 란체스터는 영국의 자동차와 항공학의 선구자라 일컬어진다.

지금 문제 하나를 풀어보자. 아군 전투기 5대와 적군 전투기 3대가 서로 공중전을 벌이면 몇 대가 남을까? 두 대? 세 대?

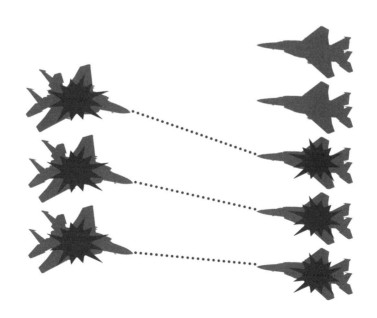

답은 놀랍게도 네 대이다. 어떻게 이런 계산이 나올까? 산술적으로 보면 두 대가 나와야 하는데 말이다. 간단히 설명하면 제곱비의 법칙에 의하여 네 대가 남는 것이다. 전력상 차이가 있는 양자가 전투를 벌인다면, 원래 전력 차이의 제곱만큼 그 전력 격차가 더 커지게 된다는 것이 란체스터의 법칙이다. 조금 더 설명하면 이렇다.

영국의 항공학자 란체스터는 1, 2차 세계대전의 공중전 결과를 분석하면서, 확률 무기가 사용되는 전투에서는 전투 당사자의 원래 전력 차이가 결국 전투의 승패는 물론이고 그 전력 격차를 더욱 크게 만든다는 사실을 발견했다. 즉 성능이 같은 아군 전투기 5대와 적군 전투기 3대가 공중전을 벌인다면 최종적으로 살아남는 아군 전투기는 2대가 아니라 그 차이의 제곱인 4대가 된다는 것이다.

하늘을 꿰매고 해를 씻기다

물론 란체스터의 법칙은 제1 법칙, 제2 법칙이 있어 생각보다 복잡한 공식을 가지고 있다. 그러나 이해하기 쉽게 단순화시키면 다음과 같다. 적군 전투기는 3대이니 3의 제곱은 9이다. 아군 전투기는 5대이니 5의 제곱은 25이다. 그래서 25-9=16의 격차로 이길 수 있다는 것이다. 이러한 확률 전투에서의 힘의 논리, 힘의 격차 관계를 란체스터의 법칙이라고 한다.

란체스터의 법칙은 2차 세계대전 당시 연합군의 전략 수립에 커다란 영향을 미친 것으로 알려져 있다. 란체스터의 법칙에 따르면 소수는 절대적으로 불리하다. 나폴레옹도 "대군(大軍)에게 병법은 필요 없다."라고 말했을 정도다. 일단 적보다 숫자가 많거나 자원이 많으면 무조건 유리하고, 이길 확률이 그만큼 많은 것이다.

이순신이 여러 전선을 하나로 모아 집중의 힘을 발휘한 것은 바로 이러한 란체스터의 법칙으로 설명할 수 있다. 일본 전선 10척을 상대할 때를 예를 들면, 이순신 함대가 20척으로 싸우는 것하고, 50척이 싸우는 것은 확실히 다르다. 20척으로 싸우면 10의 제곱의 위력이 있지만, 50척으로 싸우면 50의 제곱의 위력이 생기니 엄청난 차이가 있다. 집중의 힘은 이렇게 대단한 것이다. 그래서 이순신은 삼도수군통제사가 되기 전에도 가능한 한 전라우수영의 전선과 경상우수영의 전선을 하나로 모아 통합 함대를 만들어 일본 함대와 싸우려고 하였다.

이순신의 주요 해전을 보면 거의 모든 해전에서 이순신이 일본보다 우세한 상황에서 싸운 것을 확인할 수 있다. 옥포 해전에서는 전선 24척, 협선 15척, 포작선 46척 모두 합쳐 85척으로 일본 전선 30여 척을 상대하였다. 합포 해전에서는 28척으로 5척을 상대하였다. 적진포 해전에서는 28척으로 13척을, 사천 해전에서는 26척과 거북선 2척으로 13척을, 당포 해전에서는 51척으로 21척을, 당항포 해전에서는 51척으로 26척을, 율포 해전에서는 51척으로 대선 5척, 소선 2척을, 안골포 해전에서는 56척으로 42척을, 장림포 해전에서는 74척으로 6척을, 화준구미 해전에서는 74척으로 5척을, 다대포 해전에서는 74척으로 8척을, 서평포 해전에서는 74척으로 9척을, 절영도 해전에서는 74척으로 2척을, 초량목 해전에서는 74척으로 4척을, 제2차 당항포 해전에서는 124척으로 31척을 상대하였다.

어떤가? 거의 모든 해전에서 이순신 함대는 일본보다 우세한 입장에서 싸웠다. 가능한 한 통합 함대를 유지한 까닭이기도 하다. 이런 생각을 할 수도 있다. 이 정도 전력 차이가 나면 이순신이 아니라도 쉽게 이길 수 있겠네? 물론 그렇게 생각할 수도 있다. 그러나 아무리 적은 수의 적이지만 싸움은 싸움이다. 숫자가 많다고 무조건 이기는 것은 아니다. 참고로 이순신의 함대보다 일본이 더 많은 수를 가졌던 해전을 보자.

한산도 해전에서는 56척으로 73척을 상대하였다. 부산포 해전에서는 74척으로 470척을 상대하였다. 명량 해전에서는 12척으로 133~300척을 상대하였다. 노량 해전에서는 83척으로 500여 척을 상대하였다.

어떤가? 숫자의 많고 적음이 어떤 영향을 미쳤는가? 과연 이순신은 숫자와 관계없이 모든 해전에서 완벽한 승리를 거둔 불세출의 영웅이라 할 수 있지 않겠는가? 이순신은 모든 해전에서 완전한 집중을 통하여 쉬운 승리, 즉 이승을 추구해왔다.

무엇보다 이순신의 학익진(鶴翼陣)은 란체스터의 법칙을 아주 잘 보여주고 있다.

학익진은 이순신이 장사진, 일자진과 함께 주로 사용했던 진형이다. 한산도 해전 때 사용된 학익진은 그 절묘함이 극치에 달하였다. 학익진은 학(鶴)이 날개를 펼친 듯한 형태를 취하고 있다고 하여 붙여진 이름이다. 그 모양은 반원 형태를 취하고 있는데 이는 적을 포위하면서 공격하기 적합하기 때문이다. 최초에는 일렬횡대인 일자진(一字陣)을 취하고 있다가 적군이 공격하게 되면 중앙의 부대가 뒤로 차츰 물러나면서 좌우의 부대가 앞으로 달려 나가 좌우에서 적군을 포위 공격하게 되어 있다. 따라서 중앙에 있는 적군에게 집중적으로 공격하기에 쉬웠다. 이를 화력 집중의 원리를 이용한 일시 집중타(Salvo 전법)라고 부르기도 한다.

『우수영 전진도첩(右水營 戰陳圖帖)』에 나오는 학익진을 보라.
우수영 전진도첩은 전라남도 고금도에 있는 고금도 충무사에 보관
되어 있다. 이 책에는 조선 후기 우수영의 조직과 작전 수행 방식을
담았는데, 그중에 특히 6번째 그림으로 학익진이 있다.

적선을 반월형으로 완벽히 포위하여 화포를 가운데로 최대로
집중하여 사격할 수 있도록 진형을 만들었다.

학익진은 본래 육지에서 사
용했던 진형이다. 이순신은 32
세에 장교로 임관해서 54세에
순국하였는데 그의 군 생활은
22년 9개월이었다. 이 중에 36
세 때 1년 6개월간 남해안의 발
포 만호를 하였고, 임진왜란 1
년 2개월 전에 수군으로 들어와
7년 동안 있었으니 그가 수군으
로 근무한 것은 모두 9년 8개월이
었다. 나머지 13년 1개월은 육지

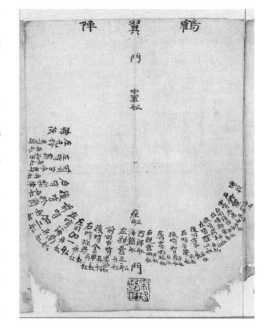

　　　　　　　　하늘을 꿰매고 해를 씻기다

에서 육군으로 근무한 셈이다. 육군인가? 해군인가? 해병대인가? 경력상 이순신이 육군의 진형에 해박한 것은 당연하다.

최초로 학익진이 기록된 사료는 1451년『문종실록』문종 8권에 수록된 신진법(新陣法)이다. 여기에 보면 "혹인지형 비단오진 지어장사 학익(或因地形 非但伍陣 至如長蛇 鶴翼)"이라 하여 장사진과 학익진이 등장한다. 이 신진법에 따르면 당시에 기본진형으로는 방진, 직진, 예진, 곡진, 원진의 5가지 진형이 있었고, 보조진형으로 장사진, 학익진, 언월진, 어린진, 조운진의 5가지가 있었다. 그러니까 학익진은 보조진형이었던 것이다. 이 사료는 이순신이 활약하던 시기보다 약 140년 전의 기록이므로 당시 조선 사회에서도 학익진은 이미 널리 사용된 진형이라 할 수 있다.

그런데 학익진은 조선뿐만 아니라 이미 일본에서도, 명에서도 널리 사용되던 진형이었다. 특히 일본에서는 임진왜란 직전인 전국시대에 매우 빈번하게 사용되었다. 1572년 미카타 들판에서 일어났던 유명한 미카타가하라 전투에서 도쿠가와 이에야스는 8,000명으로 학익진을 사용하였고, 이에 맞선 다케다 신겐은 43,000명으로 어린진을 사용하였다. 그런데 결과는 어린진을 사용한 다케다 신겐의 승리였다.

어린진(魚鱗陣)은 물고기 비늘 형태의 진형이라는 뜻으로 앞이 뾰족한 모양을 한 진형이다. 뾰족한 앞부분으로 송곳처럼 한 곳을 집중적으로 뚫으면 뚫을 수 있는 장점이 있다.

학익진은 장점이 있는 반면에 한 곳이 뚫리면 쉽게 무너지는 단점도 가지고 있다. 그러니까 학익진이라고 해서 무조건 이기는 것은 아니다. 육지에서든 바다에서든 마찬가지이다.

일본의 대표적인 군사 관련 사전인『일본무도사』에 보면 이러한 학익진은 헤이안 시대 당나라에서 전래한 팔진법에서 유래되었다고 설명하고 있다.『실록』에 보면 전쟁이 끝나는 무렵인 1598년에는 명나라 육군에서도 학익진을 사용했다고 기록하고 있다(唐兵奮勇 以鶴翼掩擊).

이렇듯 학익진은 조선뿐만 아니라 일본과 명에서 널리 사용된 진형이라 할 수 있다. 그러니 학익진이라 해서 그리 특별한 것은 아니었다. 주목할 것은 육지에서 사용했던 학익진을 바다에서 사용한 사람은 오직 이순신뿐이라는 것이다. 모두가 육지에만 시선이 고정되어 있을 때 이순신은 바다로 눈을 돌린 것이다. 참으로 대단한 이순신의 창의력이다.

학익진이 바다에서 가능했던 몇 가지 이유를 보면 이렇다.

첫째, 조선군이 가지고 있는 판옥선의 특성 때문이다.

판옥선은 배의 갑판 위에 상갑판을 꾸미고 그 위에 장대(將臺,

하늘을 꿰매고 해를 씻기다

사령탑)를 설치한 구조로, 세계적으로 유례가 없는 다층 전투함이다. 갑판 위로 올린 구조물을 '판옥(板屋)'이라고 한 데서 판옥선이라는 이름이 붙었다. 판옥선은 배 밑바닥이 평평해서(平底船) 곧바로 방향을 그 자리에서 바꿀 수 있는 특성이 있다. **적을 유인해 오다가 수십 개의 노를 이용해서 신속히 그 자리에서 배의 방향을 바꿀 수 있었다.** 이런 방식으로 제자리 회전하는 함대는 세계에서 유일하였다. 반면에 일본의 주력선 세키부네는 속도를 위주로 만들어졌기 때문에 선체가 길고 아랫부분이 뾰족하여(V형) 그 자리에서 빨리 회전할 수 없어서 학익진의 포위망에 걸리면 쉽게 빠져나갈 수 없었다. 그러니 뻔히 보고도 당하는 것이다.

다음 그림을 보라. 조선 군선인 판옥선(좌)은 선체가 U자형으로 안정감이 있고 방향 전환이 뛰어났다. 반면 왜군 군선인 세키부네

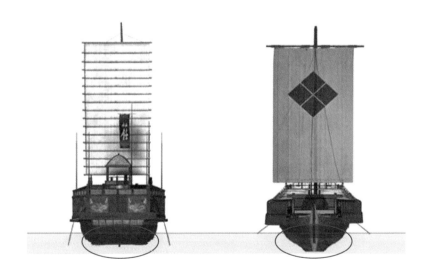

(우)는 선체의 밑부분이 V자 형으로 속도가 빠르고 장거리 항해에 유리하지만 암초가 많은 곳에서 항해하거나 방향을 전환하는 데엔 불리했다.

둘째, 판옥선의 막강한 화력 때문이다.

판옥선에는 천자총통(天字銃筒), 지자총통(地字銃筒), 현자총통(玄字銃筒), 황자총통(黃字銃筒)이 있고, 그 외에 완구(碗口), 질려포(疾藜砲), 승자총통(勝字銃筒), 신포(信砲)와 대포에서 발사되는 각종 피사물체(被射物體)가 있다. 즉 대장군전(大將軍箭), 장군전(將軍箭), 차대전(次大箭), 피령전(皮翎箭), 수철연의환(水鐵鉛衣丸), 단석(團石), 철환(鐵丸), 조란탄(鳥卵彈), 화전(火箭), 대발화(大發火) 등이 그것이다. 이 중에서 조란탄은 공중에서 퍼져서 적을 살상하는 무서운 탄인데 천자포에는 400발, 지자포에는 200발을 장전할 수 있었다.

화살 미사일격인 대전은 최고 400미터, 대포알인 철환은 1킬로미터나 날아갔다. 완구는 지름 20센티미터 정도의 돌덩이나 포탄을 장전해 발사하였고, 옥포 해전에서 적 발견 시에 사용되었던 신기전은 한 번에 100발을 발사하는 로켓으로 신호용으로도 사용하였다.

특히 총통의 사정거리는 가까이는 수백 미터, 멀리는 4킬로미터 정도까지 날아갔던 것으로 추정된다. 이 방식은 포탄이 떨어지면 돌을 넣어 쏠 수도 있어 무기로서는 매우 효율적이었다. 다시 말하지만, 이런 총통은 오늘날 포탄처럼 폭발해서 배를 깨는 것이 아니라, 대형 화살이나 철환, 석환으로 배를 깨고 뚫는 것이다.

우리 수군만 총통이 있었던 것이 아니라 그 당시 일본 수군은 오오즈츠[大筒], 불랑기포라고 하는 화포를 사용하였다. 이런 화포는 한산도 해전에서도 사용했었다. 오오즈츠는 주로 공성을 할 때 망루를 부수기 위해 발사했던 화포였다. 그러나 조선의 총통과 같은 류의 대형 총통은 배가 약해서 사용할 수는 없었고, 가끔 뱃머리에 달고

오는 경우가 있었다.

일본군의 주 무기는 조총이었는데, 최대 사거리는 500미터라고 하지만 전술적으로 치명적인 가능한 사거리는 40~50미터였다. 조선의 활은 유효사거리가 145미터가 되어 정신만 바짝 차린다면 일본군의 조총과 대적할 때 더 유리할 수 있었다. 조총의 유효사거리인 100미터 밖에서 활을 쏘거나, 아니면 조총을 장전할 때 그 간격에 활을 쏘게 되면 조선군이 훨씬 유리할 수 있었다. 그런데 겁을 잔뜩 집어먹은 조선군은 조총 소리에 지레 도망가기에 바빴다. **그러나 이순신은 이것을 잘 통제하였다. 그래서 활쏘기 훈련을 많이 시켜 활을 자신 있게 쏘게 하였고, 원거리에서 총포 사격을 하여 멀리서 일본군을 제압하였다.**

일본에서는 조총을 종자도총(種子島銃) 또는 철포(鐵砲)라고 불렀다. 1543년 포르투갈 사람에 의하여 일본에 전해졌고, 일본 전국에서 제조되었다. 조선에는 1589년 통신사 일행이 귀국하는 길에 대마도 도주 소 요시토시에게 몇 정을 얻어와 전파되었다.

셋째, 이순신의 탁월한 리더십 덕분이다.

학익진이 바다에서 성공하기 위해서는 모든 전선이 일사불란하게 움직여줘야 한다. 누구나 학익진을 사용할 수는 있지만 그렇다고 해서 누구나 승리하는 것은 아니다. 학익진은 만능의 진형이 아니다. 더구나 바다에서의 학익진은 아무나 하는 것이 아니고, 아무나 성공하는 것도 아니다.

학익진이 형성되는 과정을 보면, 마치 『손자병법』 제11 구지 편에 나오는 '솔연(率然)'과도 같다. 솔연은 항산에 사는 전설적인 뱀이다. 솔연은 상하 모두가 하나가 되는 완벽한 리더십의 모델이기도 하지만, 적의 상황에 따라 자유자재로 변형하여 적을 완벽히 제압하는 완벽한 전략의 모델이기도 하다. 이순신의 진두지휘하에 일본 수군을 내가 원하는 장소로 유인하여, 거북선을 필두로, 모든 조선의 전선이 하나가 되어 머리, 허리, 꼬리가 한꺼번에 일본 전선을 포위, 섬멸하는 그 모양이 바로 '솔연'이라 할 수 있다.

여기서 하나 짚고 가자. 어떻게 함대를 '솔연'과 같이 일사불란하게 움직이게 할 수 있을까? 마음이 하나가 되어야 하는데 이를 위해서는 '신호 규정'이 잘되어 있어야 한다. 그리고 그 신호 규정대로 훈련이 잘되어야 한다. 그래야만 이순신의 의도가 예하 장수들에게 정확히 전달된다. 파도가 치고, 바람이 불고, 시야도 불명확한 바다의 상황에서는 어떤 신호 규정이 효과적일까?

『손자병법』 제5 병세 편에 보면 "많은 사람을 싸우게 하기를 적은 사람을 싸우게 함과 같음은 지휘 통제 수단에 달려 있다(투중여투과 형명시야 鬪衆如鬪寡 形名是也)."라는 말이 있다. 여기서 '형명(形名)'은 눈에 보이는 각종 깃발과 소리를 내는 징과 북을 말한다.

이를 어떻게 운용하는가는 다음 어구에서 설명하고 있다.

'군정왈 언불상문 고위금고 시불상견 고위정기 고야전다금고 주전다 정기(軍政曰 言不相聞 故爲金鼓 視不相見 故爲旌旗 故夜戰多金鼓 畫戰多 旌旗)', 즉 옛 병서에 이르기를, 말소리가 서로 들리지 않기 때문에 징 과 북을 사용하고, 신호가 서로 보이지 않기 때문에 깃발을 사용한다 고 한다. 그러므로 밤에 싸울 때는 징과 북을 많이 쓰고, 낮에 싸울 때는 깃발을 많이 쓴다.

무릇 징과 북과 깃발은 사람의 눈과 귀를 하나로 모으기 때문에, 사람들이 하나가 되면, 용감한 자도 혼자 앞으로 나아갈 수 없고, 비 겁한 자도 혼자 물러설 수 없으니, 이것이 많은 병력을 운용하는 법 이다.

조선시대의 형명은 조선 전기에는 『오위진법』의 제도에 따라 운용되었는데, 그 종류를 보면 대개 오방색을 띤 깃발과 큰 나팔·작 은 나팔·북·징·방울·기병용의 작은 북인 비, 흔들어서 소리를 내 는 작은 북인 도 등과 같은 음향신호 도구가 있었다. 북을 치면 전진 하고, 징을 치면 후퇴한다.

여기서 주목할 것은 이순신이 사용하였다고 전해지는 전술비연 (戰術飛鳶), 즉 전술 신호연이다. 물론 공식적인 기록은 존재하지 않 는다. 전술 신호연은 45~55가지가 있는데 그 제작과 활용이 매우 과학적으로 뛰어나다. 전술 신호연으로 활용했던 조선의 전통 방패 연은 가운데에 구멍이 있어서 바람이 약하거나 강할 때도 날릴 수

하늘을 꿰매고 해를 씻기다

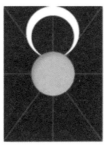

있다. 대나무로 세밀하게 잘 다듬어진 연의 살대는 연이 바람을 타면서 균형을 잡을 수 있도록 돕는다. 하늘의 바람을 타고 전후좌우 자유자재로 날릴 수 있는 것으로 세계 어디에서도 찾아볼 수 없는 가장 과학적인 연이다. 옛 선조들의 과학적인 연 제작 기술과 이순신의 과학적인 연의 이용은 조선 함대의 모든 힘을 하나로 집중시켜 놀라운 위력을 발휘하게 하는 원동력이 되었다. 당시에는 90~120센티미터인 대형 연을 제작하였다. 하늘에 높이 띄워도 문양이 수군들에게 잘 보이도록 하기 위해서였다.

문양의 색은 우리 민족의 오행 사상과 오방위를 상징한다. 빨강(홍, 남쪽), 파랑(청, 동쪽), 노랑(황, 중앙)의 유채색과 검정(흑, 북쪽) 흰색(백, 서쪽)의 무채색을 사용하였다.

전술 신호연에는 크게 두 개의 구성요소가 있다. 하나는 수신자 코드, 즉 어떤 부대를 지정하는 것이고, 두 번째는 행동 코드, 즉 어떤 행동을 하라는 신호를 보내는 것이다. 까만외당가리연은 새벽에 북쪽을 공격하라는 신호이고, 위갈치당가리연은 오전 전투를, 황외당가리연은 중앙 공격을, 치마당가리연은 서쪽 남쪽 공격을, 용연은 우천 시 주의하라는 경고를, 긴고리연(야간용)은 태풍 시 군선의 줄을 길게 매라는 등의 신호를 보낸다.

이순신의 명령은 기함을 중심으로 사방에 나가 있는 사후선에서 신호를 담당하는 군관인 기패관(旗牌官)이 책임지고 각 전선에 전달한다.

전술 신호연으로 모든 전투력을 집중하니 한산 앞바다는 일본 수군의 피맺힌 절규로 마치 지옥과 같았을 것이다.

전술 신호연은 눈이나 비가 오거나 바람이 불지 않으면 사용할 수 없다는 단점이 있다. 그러나 이순신은 모든 것을 감안하고 상황에 맞는 최적의 신호 수단을 사용하여 함대를 지휘하였다.

이순신의 학익진을 배웠다고 전해지는 일본의 도고 헤이하치로(東郷平八郎)는 화력의 제곱비 원리로 쓰시마 해전에서 러시아의 발틱 함대를 무찔렀다. 강력한 집중은 의외의 위력을 발휘하게 되어 승리에 결정적인 영향을 준다.

2002년 5월호 일본의 역사 연구 책을 보면 1905년 쓰시마 해전에서 러시아의 발틱 함대를 전멸시킨 일본의 도고 헤이하치로가 사용했던 정자(丁字) 전법은 바로 이순신의 학익진에서 나왔다고 설명하고 있다.

구 일본 해군은 이순신의 해전법을 알려고 근 20년간 남해안의 주요한 이순신의 전적지를 답사하면서 훈련을 병행하였고, 이순신이 남긴 『임진장초』나 『난중일기』 등을 연구했다고 한다. 그 과정에서 도고의 해군은 이순신의 인품과 무훈에 무척 감동했다고 한다. **특히 일본에서 오랫동안 숙달된 학익진을 이순신이 오히려 역이용해서 일본군을 격파한 점에 감탄했다는 것이다.**

도고는 어릴 적에 이순신이라는 이름만 들어도 가슴이 벅차올랐다고 한다. 쓰시마 해전 당시 도고가 기함 미카사에서 발틱 함대의 접근을 숨죽이며 기다렸던 곳이 바로 313년 전에 이순신이 거제도 옥포에서 일본 수군을 격멸시켰던 거제도 송진포였다. 그는 아마도 이곳에서 이순신에게 기도했을 것이다.

실제로 1971년까지 거제시 장목면 장목지서 앞에 있는 작은 돌다리 아래에 도고 헤이하치로의 글씨가 새겨진 돌비석이 있었다. 이 비석에 새겨진 글씨는 1905년 5월 27일 거제도 송진포에 있던 일본 해군기지에서 러시아의 발틱 함대를 발견했다고 일본으로 보낸 전보의 내용이다.

적 함대를 맞아 모든 함대에 알린다. 즉시 출동해 적을 격멸코자 한다. 오늘 날씨는 맑으나 파도는 높다(接敵艦見之警報聯合 艦隊欲直出動

擊滅之 本日天氣晴朗波高). 헤이하치로(平八郎)

　비석은 1931년에 도고 헤이하치로의 친필을 받아서 거제도 송진포에 세웠다. 승전기념탑은 찬반 논란 속에 파괴되었지만, 비석은 살아남아 현재 거제시청에 보관되어 있다.

　그런데 쓰시마 해전에서 정말 도고 헤이하치로가 정자 전법을 사용했는가 하는 것에는 논란이 있다. 비록 완전한 정(丁) 자를 형성하지 않았을지라도 '선두를 압박'했다는 것에 정자 전법의 기술은 존재한다고 말하기도 한다. 실제로 도고 헤이하치로가 이순신의 학익진을 배우지 않았을지라도 학익진의 주요 원리인 '선두 압박'은 직간접적으로 배웠을지 모른다. 한때 이순신을 찬양하고 이순신을 배우려고 애썼던 일본이 이제는 자존심을 내세워 이순신 깎아내리기를 하고 있는 마당에 그들이 성장(聖將)이라 추앙하던 도고 헤이

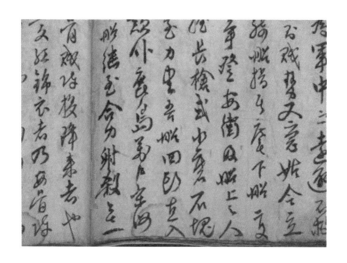

하늘을 꿰매고 해를 씻기다

하치로가 이순신에게 학익진을 배웠다는 것을 인정할 리가 없다.

도고 헤이하치로가 인정하든 말든, 일본사람들이 인정하든 말든 확실히 이순신은 도고 헤이하치로보다 몇 수 위이다.

학익진은 '집중'하면 어떤 힘이 발휘되는 것인가를 보여주는 이순신 최고의 걸작품이다. 힘을 '집중'하여 적을 쏘아 죽이는 것! 이순신은 이를 '합력사살(合力射殺)'이라고『난중일기』에 기록하고 있다(왼쪽 사진에 붉은 색 선으로 표시한 부분).

이순신은 수학을 잘 활용하였다. 모든 배에 수학을 하는 도훈도를 태워서 정확하게 적선과의 거리를 쟀다. 거리 측정은 조선시대의 수학책인『구일집』에 있는 망해도술(望海島術, 바다 가운데에 있는 섬을 뭍에서 건너다보고 그 거리를 헤아려 포를 쏘는 기술)을 사용하였다. 즉 거리에 따라 딱 맞는 화약 양을 넣어 정확히 적선을 향해 포를 쏘았던 것이다. 참으로 감탄할 만한 이순신의 집중 사격 방법이다.

절대로 지지 않는 불패의 전략

온전한 승리를 달성하는 방법으로 불패의 전략을 들 수 있다.『손자병법』제4 군형 편에 보면 "패하지 않을 땅에 서서, 적이 패할 기회를 놓치지 않는다(입어불패지지이불실적지패야 立於不敗之地 而不失敵之

자보 전승(自保 전승(全勝) 불패(不敗)

敗也).”라는 말이 있다. 여기서 ‘불패(不敗)’가 나왔다. 지지 않는다는 의미이다.

불패와 필승(必勝)의 차이를 아는가? 불패는 이기거나, 적어도 패하지 않는 것을 말한다. 필승은 반드시 이기는 것을 말한다. 통상적으로 우리는 필승에 익숙해져 있다. 군대 갔다 온 독자는 잘 알겠지만 경례할 때 구호 중에 필승이 많다. 반드시 이기자! 그렇다. 군인은 싸우면 반드시 이겨야 한다. 그러나 필승만을 고집하다 보면 문제가 생긴다. **무조건 이겨야 하는 강박감 때문에 무리수를 두어 희생과 피해가 커질 수 있다. 전(全)이 아니라 파(破)가 많아진다.** 그리고 필승을 지향하는 지휘관에게는 헛된 공명심이 작동될 수 있다. 기어이 이기는 지휘관, 그래서 부하들이 희생당하게 된다. 이순신은 바로 이런 점에서 필승을 지향하지 않고 불패를 지향하였다.

무리한 희생을 강요하지 않는 불패의 정신에는 절제와 생명 존중 그리고 부하 사랑의 마음이 깊이 배어 있다. 전과를 올리기 위하여 부하들을 사지에 몰지 않고, 희생이 따를 듯한 상황과 장소에서

하늘을 꿰매고 해를 씻기다

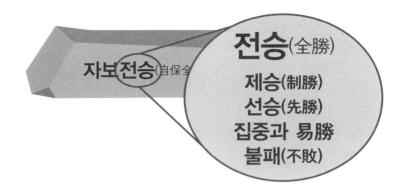

는 오래 끌지 않고 뒤로 물러나도록 한다. **필승보다는 불패가 훨씬 고
차원적인 전략이다.** 하수는 필승을 좋아하지만, 고수는 불패를 좋아
한다.

지금까지 살펴본 이순신 전략의 기반인 온전한 승리 즉 '전승
(全勝)'의 네 가지 전략을 다시 한번 정리해보자.

**첫째, 제승(制勝)이다. 승리하기 위해서 사전에 여러 가지 승리의 조
치를 해두는 것을 말하고 있다.**

제승은 실로 고차원적인 전략이기 때문에 겉으로는 표시가 안
난다. 그래서 일반 사람들은 잘 인식하지 못한다. 그저 겉으로 드러
나는, 마지막의 모습, 승리의 순간만을 의식할 뿐이다. 진정한 고수
는 이렇게 눈에는 보이지 않지만 여러 승리의 고리를 만드는 사람이
다. 이것을 잘해야 진짜 전략가이다.

둘째, 선승(先勝)이다. 먼저 이기는 것이다. 싸우기도 전에 이기는 것이다. 이겨놓고 싸우는 것이다.

선승은 제승(制勝)을 통해서 이루어지는 것이다. 사전에 이길 수 있도록 여러 조치를 해두면 그것이 곧 선승으로 연결되는 것이다.

셋째, 집중과 이승(易勝)이다. 강력한 집중으로 상대방보다 절대적으로 우세하면 쉽게 이길 수 있다. 집중하면 이승이 가능하고, 이승을 원한다면 집중해야 한다. '선승' 즉 싸우기 전에 이길 수 있도록 사전에 철저히 준비해서 강력한 '집중'으로 적을 상대하면 쉽게 이길 수 있다. 하수는 난승(難勝)을 하지만 고수는 이승을 한다. 집중과 이승은 양면의 날이다.

넷째, 불패(不敗)이다. 불패는 이기거나 적어도 지지 않는 것을 말한다. 불패는 이승과 연결된다. 부대를 집중적으로 운용하여 상대적인 우위를 가지고 적을 상대하기 때문에 쉽게 이기는 것이다. 설령 이길 수는 없더라도 최소한 지지는 않는다. 절대로 불리한 상황에서 싸우지 않는다. 지는 싸움은 하지 않는 것이다. 많은 피해를 가져다주는 필승의 전략과는 다르다. 불패는 희생을 최소화하면서 목적을 달성하는 고차원적인 전략이다. 제승, 선승, 집중과 이승, 불패이다.

이순신 전략의 기반인 '자보전승'은 흔들려서는 안 되는 단단한 기반이다. 그래서 이 기반을 정(正)이라 한다. 정은 '원칙'이다. 원칙은 잘 지켜져야 하는 것이다. 어떤 독단적인 결심이 필요한 상황이 올 때도 정(正), 즉 원칙이 무엇인가를 생각하며 결정해야 한다. 그래야 큰 틀에서 실수가 없다. 이순신 전략의 기반인 '자보전승'은 모든 행동의 기준이 되는 것이다.

기반 위에 선 일곱 개의 기둥

지금부터는 정의 기반 위에 마음껏 창의력을 발휘해서 적과 싸워 이겨나가는 기(奇)에 대하여 알아본다. 바로 **이정합(以正合) 이기승(以奇勝)이다.** 정으로 대치하지만, 기로써 승리하는 것이다. 여기서는 일곱 개의 기둥으로 설명하는데 이보다 더 많은 것이 나올 수도 있다.

수시로 변하는 현장 상황에 맞추어 융통성 있게, 적이 생각하지도 못할 기발한 아이디어로 '기'는 창출된다. 일곱 기둥에서 그 순서는 의미가 없다. 먼저 나온다고 먼저 하는 것도 아니다. 몇 개의 기둥이 복합적으로 동시에 이루어지기도 한다.

『손자병법』제8 구변 편에 보면 기(奇)를 잘 쓰는 자는 정(正)을 기반으로 마치 천지가 끝이 없는 것같이 무궁하게 창출한다는 내용을 다음과 같이 표현했다. "기를 잘 쓰는 자는 끝없음이 천지와 같고, 마르지 않음이 강과 바다와 같고, 끝나면 다시 시작하니 해와 달이 이것이고, 죽으면 다시 사니 사시가 이것이다(선출기자 무궁여천지 불갈여강해 종이부시 일월시야 사이복생 사시시야 善出奇者 無窮如天地 不竭如江海 終而復始 日月是也 死而復生 四時是也)."

독자 여러분도 이 책에 있는 일곱 개의 기둥에만 집착하지 말고 마음껏 새로운 기를 만들어내기 바란다.

실을 피하고 허를 친다_피실격허

'피실격허(避實擊虛)'는 실은 피하고 허를 치라는 말이다. 『손자병법』제6 허실 편에 나온다. 바로 "군대의 운용은 실을 피하고 허를 치는 것이다(병지형 피실이격허 兵之形 避實而擊虛)."라는 어구이다.

피실격허(避實擊虛)

모든 전략의 기본은 이런 것이다. 적의 실은 피하고 적의 허를 찾아서 그것을 집중적으로 공격하는 것이다. 그러면 쉽게 이길 수 있고, 나의 피해도 최소화가 된다. 자보전승이 가능하다.

일본 수군의 실이 무엇인가? 그들이 가장 잘할 수 있는 강점이 무엇인가? 그것만 차단하고 허를 찾아 치면 되는 것이다. 일본 수군은 주로 등선육박전술(登船肉薄戰術)을 사용하였다. 등선육박(登船肉薄)이란 적의 배로 넘어가 백병전을 하는 전술을 말한다. 100여 년 지속된 일본의 내전으로 숙달된 일본군들은 백병전에는 도가 튼 인간들이었다.

이순신은 이들이 가장 잘하는 등선육박전술을 근본적으로 차단하였다. 여기에는 판옥선과 거북선이 있었다. 그리고 막강한 총통이 있었다.

이순신은 어떻게 등선육박전술을 차단하겠다는 생각을 했을까? 이순신은 1591년에 전라좌수사로 부임하였는데, 이때부터 본격적으로 일본 수군의 침략에 대비하였다. 거북선도 이 시기에 건조하였다. 당연히 이순신은 그때까지 일본 수군과 직접 해전을 치른 적이 없었다. 그래서 왜구의 전투방식을 깊이 연구했을 것이다. 왜구

하늘을 꿰매고 해를 씻기다

가 누구인가? 왜구의 침략은 고려 말부터 조선 초까지가 가장 심했다. 이때 우리 민족이 입은 피해는 실로 엄청났다. 왜구들은 조선의 배가 나타나면 빠르게 접근한 다음 그대로 잽싸게 배에 올라탔다. 그리고 칼을 휘둘렀다.

이 때문에 조선 배의 선체는 계속해서 높아졌다. 왜구가 올라타지 못하게 하기 위해서였다. 이것이 바로 판옥선이다. 판옥선은 1555년(명종 10년)에 일어난 을묘왜란에서 기존의 조선 배가 일본 배를 상대하기에 적합하지 않다는 것을 알고 새롭게 개발한 배이다. 판옥선이라는 이름이 문헌에 기록된 것은 명종실록 12년(1557년) 4월의 기사이다. 연해안에 배치된 판옥선이 폭풍에 모두 떠내려갔음을 전라도 감사가 보고한 내용이다. 판옥선의 길이는 32.16미터, 폭은 8.74미터, 그리고 가장 중요한 높이는 5.56미터이다. 무게는 140.3톤이다.

이에 비해 일본 수군의 주력선인 세키부네는 어떤가? 기껏해야 3미터도 안 되는 높이에다 몸체도 작다. 최대 규격인 20미터급에 2층 기준으로 아무리 계산해도 면적이 80평이 채 안 된다. 식량과 식수, 무장까지 계산하면 1인당 사용 면적이 0.5평이 될까 말까 한다. 일본 수군은 높이가 낮은 세키부네에서 판옥선으로 어떻게 뛰어오를 수 있을까. 물론 배에 구비하고 있는 사다리를 올리기도 하지만 그래도 쉽지 않았을 것이다.

이순신이 피실격허의 전략으로 일본 수군을 백병전 없이 격파한 기록은 여러 자료에서도 찾을 수 있다.

일본 측의 기록을 보자. 명량 해전 당시 일본군 총대장이었던 도도 다카도라(藤堂高虎)의 기록인 『고산공실록(高山公實錄)』이다.

세키부네(関船)에서 적의 판옥선에 십자 낫을 걸고(도선) 공격했으나 판옥선에서 화살과 철포를 퍼부어……

일본군이 판옥선에 낫을 걸고 백병전을 시도하려 했지만, 판옥선에서 화살과 철포를 퍼부었다고 하는 기록이다.

명량 해전을 끝낸 뒤에 쓴 『난중일기』 1597년 9월 18일의 기록을 보자.

내 배에 탔던 순천 감독관 김탁과 병영의 노비 계생이 적의 탄환에 맞아 죽었다. 박영남과 봉학 그리고 강진 현감 이극신도 탄환에 맞았으나 중상은 아니었다.

이순신의 기함에 탄 사람 중에 그 치열한 전투 속에서도 칼이나 화살이 아니라 탄환으로 죽었다는 기록이다. 철저히 백병전을 회피했다는 확실한 증거이다.

7년 전쟁 동안 이순신에게 승리를 안겨준 가장 큰 공로자는 판옥선이다. 물론 거북선도 있다. 거북선은 일본 수군의 등선육박전술을 아예 근본적으로 차단하기 위하여 덮개를 덮은 다음 그 위에 뾰족한 못을 촘촘히 박아놓았다.

문헌에 따르면 임진왜란 당시 해전의 대부분은 판옥선이 수행하였고 거북선은 단지 돌격선으로 적진을 종횡으로 출입하여 적의 전열을 무너뜨리는 것이 주 임무였다. 이렇게 판옥선과 거북선은 적의 실을 회피하고 허를 치는 수단으로 효과적으로 활용되었다.

여기서 다시 한번 정리할 것이 있다. 조선 수군의 '당파전술(撞破戰術)'이 무엇이냐는 것이다. 아직도 '당파전술'을 배를 부딪쳐 깨뜨리는 전술이라 알고 있는 사람이 많다. 즉 '충돌전술(Ramming Tactics)'로 이해하는 것이다. 그런데 그것이 아니다. 배를 부딪쳐 적의 배를 깨뜨리는 것이 아니라 총통으로 깨뜨리는 것을 말한다. 옥포 해전을 마치고 이순신이 쓴 장계를 보자. 이 글에 '당파(撞破)'가 나온다.

> 좌부장 낙안 군수 신호는 왜 대선 1척을 당파(撞破)하고, 우부장 보성 군수 김득광은 왜 대선 1척을 당파하고…… 합해서 왜선 26척을 모두 총통으로 쏘아 맞혀 당파하고, 불태우니(銃筒放中撞破焚滅) 넓은 바다에는 불꽃과 연기가 하늘을 덮었으며, 산으로 올라간 적도들은 숲 속으로 숨어 엎드려 기운이 꺾이지 않은 놈이 없었습니다.

그렇다. 배를 부딪치는 것이 아니라 총통으로 깬 것이다. 당파전술은 충돌 전술이 아니라 총통에서 대장군전·장군전·철환 등의 피사체를 쏘아 격파하는 총통 포격 전술이다. 이 또한 적의 등선육박전술을 근본적으로 차단하는 피실격허의 전술이라 할 수 있다. 실을 피하고 허를 치는 이 전술은 비대칭전(非對稱戰)이다. 서로 다른 형태로 적이 가진 강점을 피하고, 적의 허를 치는 것이다.

판옥선과 거북선이 있다고 해서 무조건 다 이기는 것은 아니다.

하늘을 꿰매고 해를 씻기다

칠천량 해전에서 원균은 똑같은 판옥선과 거북선을 활용했지만 결국 패하였다. 조선의 막강한 총포도 처음에는 원거리에서 사격했는데, 이러면 명중률이 낮을 수밖에 없다. 일본 전선과 가까이 붙을수록 명중률과 충격 효과가 더 커지기 때문이다. 가까이 붙을 때 총통은 직사로 발사하면 그 효과가 훨씬 커진다. 조선의 불화살도 마찬가지이다. 조총의 사정거리를 고려하여 최대한 가까이 붙을수록 효과가 좋다. 그러다 보니 조선 수군이나 일본 수군은 서로 가능한 한 가까이 붙으려고 했다. 조선 수군으로서는 대략 100미터가 적정 거리라 할 수 있다. 더 가까이 붙게 되면 일본 수군이 올라타기 쉬워진다. 그래서 서로 거리가 좁혀짐에 따라 긴장감이 커진다. 누가 그 틈을 제대로 이용해서 유리한 상황에서 강점을 발휘하느냐가 결정적이다. 이때 필요한 것이 바로 리더십이다. 아무리 판옥선과 거북선이 대단하다 할지라도 결국 승패는 그것을 운용하는 사람에게 달려 있다. 판옥선과 거북선 그리고 총포와 같은 하드웨어(hardware)도 중요하고, 동시에 그것을 운용하는 전략적인 능력과 강력한 리더십, 즉 소프트웨어(software)도 중요하다.

기세는 험하고 절도가 있다_세험절단

이순신은 결정적인 기회를 포착하면 아주 거세게 몰아붙여 순식간에 끝장을 내는 전략을 사용하였다. 『손자병법』제5 병세 편에 보면

세험절단(勢險節短)

이런 어구가 있다. "세차게 흐르는 물이 돌을 떠내려가게 하는 데까지 이르는 것이 기세요, 사나운 새가 공격을 해서 먹이의 뼈를 꺾는 것이 절도이다. 이러므로 잘 싸우는 자는 그 세가 험하고, 그 절이 짧으니, 세는 마치 꽉 잡아당긴 활과 같고, 절은 그 활을 쏘는 것과 같다(격수지질 지어표석자 세야 지조지격 지어훼절자 절야 시고선전자 기세험 기절단 세여확노 절여발기 激水之疾 至於漂石者 勢也 鷙鳥之擊 至於毀折者 節也 是故善戰者 其勢險 其節短 勢如彊弩 節如發機)." 여기서 '기세험 기절단(其勢險 其節短)'이 나온다. 줄이면 '세험절단(勢險節短)'이다. 세가 험하고 절도가 짧다는 뜻이다. 느슨하게 질질 끌지 않고, 한꺼번에 폭풍같이 몰아붙여 정신을 차리지 못하게 만들어 재빨리 끝을 본다는 것이다. 이순신 전승의 신화가 시작된 최초의 해전인 옥포 해전 부분을 보자.

……그리하여 양쪽으로 에워싸고 대들면서 대포를 쏘고 화살을 쏘아대기를 마치 바람처럼 천둥처럼 하자, 적들도 조총과 화살을 쏘아대다가 기운이 다 떨어지자 배에 싣고 있던 물건들을 바다에 내던지기에 정신이 없었는데, 화살에 맞은 놈은 부지기수였고, 바닷속으로 뛰어들어 헤엄쳐서 달아나는 놈도 얼마나 되는지 알 수 없었습니다.(옥포파왜병장)

하늘을 꿰매고 해를 씻기다

거북선이 처음으로 등장한 사천 해전에서의 전투상황을 보자.

……그래서 먼저 거북선으로 하여금 적선들 속으로 돌진해 들어가서 천·지·현황 등 각종 대포를 쏘도록 지시했습니다. 그러자 산 위와 언덕 아래에 있던 왜적들과 세 곳에 모여서 배를 지키던 왜적들도 총알을 쏘아댔는데 어지럽기가 마치 빗발치는 것 같았습니다. 그 가운데는 간혹 우리나라 사람도 저들과 섞여서 쏘았으므로 신은 더욱 분하여 노를 재촉하여 앞으로 나가서 적의 배를 공격하자 여러 장수도 일제히 구름처럼 모여들어 철환, 장편전, 피령전, 화전, 천자·지자 대포들을 비바람이 몰아치듯이 쏘아대며 저마다 있는 힘을 다하니 그 소리가 천지를 뒤흔들었습니다. 적들은 중상을 입고 엎어지는 놈, 부축해서 끌고 달아나는 놈들이 부지기수였습니다. 그러고는 퇴각하여 높은 언덕에 모여서는 감히 앞으로 나올 생각을 못했습니다.(당포파왜병장)

여기에 보면 조금씩 조금씩 쏘지 않고 모든 수단을 다 동원해서 한꺼번에 쏟아붓는 장면이 나온다. 학익진의 진수를 보여준 한산도 해전이 끝난 뒤에 쓴 장계를 보자.

이때 다시 여러 장수에게 학의 날개를 편 모양의 진형을 이루어 일제히 진격하라고 명령을 내리니, 각각 지자, 현자 등 각종 총통을 쏘아 대어 먼저 적선 2, 3척을 깨뜨렸습니다. 그러자 여러 배의 왜적들은 기가 꺾이어 도망가기 시작했습니다. 그때 모든 장수와 병사들 그리고 군관들은 승리한 기세를 타서 펄쩍펄쩍 뛰면서 서로 앞다투어 돌진해 들어가서 화살과 총탄을 교대로 쏘아댔는데 그 형세는 마치 바람 불고 천둥 치듯 했습니다. 그래서 적의 배를 불태우고 왜적을 사살하기를 한꺼번에 해치워버렸습니다. ……(견내량파왜병장)

여기서 '바람 불고 천둥 치듯'이라는 표현이 나온다. 한꺼번에 화력을 쏟아붓는 통쾌한 장면을 표현한 것이다. 이렇게 그 기세는 험하고 절도가 있었다. 그리고 이순신은 전장을 날카롭게 살펴보고 있다가 기회가 포착되면 곧바로 '기세험절(氣勢險節)'로 결판을 냈다. 그 기세는 바로 '기질여풍(其疾如風)' 즉 바람같이 빠르고, '침략여화(侵掠如火)' 즉 불같이 몰아붙이는 것이었다. 이 어구는 『손자병법』 제7 군쟁 편에 나온다. 딱 이 말에 맞게 이순신은 거세게 몰아붙였다.

또한 이순신은 『손자병법』 제6 허실 편에 있는 "적이 패할 기회를 놓치지 않는다(불실적지패야 不失敵之敗也)."라는 전략에 충실하였다. 이것이 참으로 중요하다. 사천 해전 당시에도 이순신은 전라도 쪽으로 접근해 오는 적의 동태를 미리 파악한 후에 이억기의 전라우수영 수군을 기다리지 않고 즉시 싸우러 나갔는데, 이 전략이 주효하였다. 기회를 보는 눈이 중요하고, 기회가 생기면 그 기회를 놓치지 않는 것도 중요하다. 이 두 가지는 아무나 할 수 있는 것이 아니다. 이순신은 이 점에서 탁월한 전략가였다.

예상을 깨고 나아간다_출기불의

출기불의(出其不意)

이순신의 전략에서 빼놓을 수 없는 것이 바로 '출기불의(出其不意)'이다. 출기불의란 전혀 생각하지도 못한 방법으로 나아간다는 뜻이다. 『손자병법』 제1 시계 편에 나오는 궤도(詭道, 남을 속이는 수단)의 마지막 속임수이다. 즉 "전쟁은 속임수이다(병자궤도야 兵者 詭道也)."라는 것인데, 여기서 '속임수'라고 했지만 사실 속임수는 궤도 14가지 중 일부에 불과하고 나머지는 적을 교란하고 판단 능력을 상실하게 만들어서 내게 유리한 환경을 조성하는 여러 가지 술책을 말한다. 출기불의는 그 마지막에 등장하는데 그 이유는 앞에서 **13가지의 여러 술책을 사용하여 적의 판단을 흐려놓고, 그 틈을 노려 적이 예상하지 못하는 방법으로 치기 때문이다.** 출기불의 바로 앞에 나오는 것이 '공기무비(攻其無備)'인데 이것은 적이 판단을 잘못해서 미처 준비하지 않은 곳을 노려 치는 것을 말한다. 공기무비가 물리적인 빈틈을 말한다고 하면, 출기불의는 정신적인 빈틈을 이른다. 심리적인 빈틈, 정신적으로 전혀 생각하지도 못한 빈틈이다. 이러한 빈틈을 공격당하면 그 충격은 실로 엄청나다. 이순신은 전쟁을 하되 이런 적의 심리까지 철저하게 계산한 노련한 전략가이다.

이순신에게서 출기불의의 전략은 무엇인가? 당연히 거북선이 먼저이다. 거북선을 빼놓고는 이순신을 논할 수 없다. 비록 두세 척에 불과하였지만, 거북선의 특이한 전투 방식은 그동안 볼 수 없었던 것으로서 일본군에 미치는 충격 효과는 엄청났다. 실제로 일본군이 거북선에 대해 얼마나 겁을 먹었는지 그들의 사료인 『지마군기(志摩軍記)』에 이렇게 되어 있다.

조선의 큰 배 중 세 척의 장님 배(盲人船)는 철(鐵)로 요해(要害)하고 불로 된 돌화살을 쏘는 등 큰 활약을 했다.

거북선을 '장님 배'라고 표현할 정도로 일본군은 그것을 닥치는 대로 들이박고 불을 뿜었던 공포의 대상으로 여겼다. 장님 배는 일

본말로 메쿠라부네(めくらぶね, 盲船)이다.

실제로 에도 막부 시대에 거북선을 복카이센[沐海船, 목해선]이란 괴물 배로 부르면서 이것을 가토 기요마사가 퇴치한다는 내용의 연극 또한 성행했다고 하니 일본인들의 충격이 얼마나 심했는지 짐작할 수 있다.

이순신은 거북선을 다른 판옥선들에 엄호가 된 상태에서 적의 대장선을 노려 조직적인 대형을 깨뜨리는 특별한 용도로 사용했다. **이는 적의 지휘 중추를 파괴하고 적의 심리적인 파괴를 노린 것이다. 이를 현대적인 군사용어로 말하면 '마비전(痲痺戰, Brain Warfare)'이라 할 수 있다.** 정신을 마비시켜 어떤 행동도 하지 못하도록 묶어 매는 것을 말한다. 이는 대단히 차원 높은 전략이다.

이순신이 혁신적인 머리를 가졌다는 것은 거북선과 학익진의 교묘한 결합을 보면 알 수 있다. 거북선이 학익진과 결합을 하지 않고 따로 독립적인 전투를 했다면 그 효과는 현격히 떨어졌을 것이다. 거북선은 학익진과 결합할 때 비로소 그 장점이 극대화되어 그야말로 시너지(synergy) 효과가 최고로 발휘되어 해전의 일대 신기원을 이룰 수 있었다. 이런 교묘한 조화는 세계 해전사에 찾아볼 수 없다.

그런데 과연 거북선은 이순신의 창작품인가?

아니다. 거북선은 이순신보다 약 180년 앞선 『태종실록』에 처음으로 나온다. 1413년 태종 13년 2월 5일의 기록이다.

임금이 임진도를 지나다가 거북선과 왜선이 서로 싸우는 상황을 구경하였다(上過臨津渡 觀龜船 倭船相戰之狀).

거북선이 일본 배와 싸우고 있다고 적혀 있다. 이미 당시에도 거북선은 전투용이었다. 태종이 거북선을 보고 난 2년 후에 좌승지 탁신이 "거북선의 법은 많은 적과 충돌하여도 적이 능히 해하지 못하니 가히 결승의 좋은 계책"이라고 보고하였다. 이순신은 180년 만에 전혀 새로운 거북선 즉 돌격용 거북선을 만들었다. 그리고 전투 방식도 전혀 새롭게 했다. 출기불의의 거북선이다.

지금 해군사관학교에 가면 거북선이 복원되어 전시되어 있다. 2019년부터 18명의 전문 자문단이 투입되어 4년간 만든 것인데, 과연 얼마나 정확하게 구현했는지는 모르겠다. 전시된 거북선을 보면 3층 구조이며, 용머리가 위로 치솟아 있지 않고 가슴 쪽에 있으며, 철갑은 없고, 목제 상판 위에 침을 박아놓았다.

이순신이 거북선을 만들 때 사용했던 설계도가 없다 보니 여러 억측이 나와 여러 모양의 거북선이 복원되었다. 아직도 거북선이 2

하늘을 꿰매고 해를 씻기다

층인지 3층인지 명확하지 않고, 그 모양도 고증에 따라 조금씩 다르다. 지금까지 고증된 것 중 그래도 합의된 사항은 거북선의 머리가 옛날의 거북선처럼 위로 치솟은 것이 아니라 가슴 쪽에 있고, 그 크기도 머리가 들락날락하면서 총통을 쏠 정도로 크다는 것이다.

거북선이 적에게 충격을 준 '출기불의'의 수단이라면, 판옥선 또한 무시하지 못한다. 같은 판옥선이라도 그것을 어떻게 사용하느냐에 따라 다르다. 이순신은 판옥선을 일반적으로 사용하는 방법으로는 사용하지 않았다. 일본 수군이 전혀 예상하지 못하는 방법으로 활용하였다. 바로 여러 척의 일본 전선을 파괴하는 것이 아니라 집중적으로 두세 척을 먼저 격파하는 것이다.

　이순신의 함대가 어떻게 전투하는지 살펴보자. 여러 배를 동시에 공격하지 않고 선두에 나온 두세 척의 배에 집중타를 퍼부어 배를 깨뜨린다. 일본 전선 두세 척을 깨뜨리기 위해서는 조선 전선 두 척이나 세 척이 아니라 적어도 그 두세 배 이상은 투입되어야 한다. 한꺼번에 집중해서 포탄을 쏘고, 불화살을 날리니 일본 수군은 정신을 차릴 수 없었을 것이다. 『손자병법』 제6 허실 편에 보면 "반드시 구해야 할 곳을 친다(공기소필구 攻其所必救)."라는 말이 있는데, 바로 그 상황이다.

　하늘을 꿰매고 해를 씻기다

이 말은 곧 문제의 핵심을 정확히 건드린다는 것이다. 일본 전선 전체를 상대하지 않고 우선 기선을 제압할 몇 척만 상대하는 것이다. 그러면 다른 전선들은 기가 죽어서 전의를 잃게 된다. 〈주유소 습격 사건〉이라는 영화에서 배우 유오성이 말한 "나는 한 놈만 패!"와 같다. 세찬 공격에 금방 무너지는 자기편 배를 보는 순간, 어떤 마음이 들까? **일본군들은 300년 뒤에나 일반화되는 대량 함포전에 대해 전혀 대응 불가능한 혼란과 공포를 경험하였다. 이런 것이 바로 '출기불의'이다.** 얼마나 혼이 났던지 나중에 도요토미 히데요시가 조선 수군을 만나면 무조건 도망부터 하라는 명령을 하게 된다.

'출기불의'는 『손자병법』 제1 시계 편의 궤도, 즉 속임수의 마지막 어구라고 하였다. 일반적으로 생각할 수 있는 예상을 깨고 적을 속이는 것이 '출기불의'이다. 이순신은 여러 속임수를 사용하였다. 사천 해전 당시에도 이순신은 겁이 나서 밖으로 나오지 않는 일본 수군을 유인하는 계략을 사용하였다.

'우리가 거짓 퇴각하면 왜적들이 반드시 배를 타고 우리를 추격할 것이니 그들을 바다 가운데로 유인하여 큰 군함(軍艦)으로 합동하여 공격하면 승전(勝戰)하지 못할 리가 없다' 하고서, 배를 돌렸다. 1리를 가기도 전에 왜적들이 과연 배를 타고서 추격해 왔다.

한산도 해전에서도 5~6척의 배를 먼저 보내 일본 수군을 유인하여 한산 앞바다에서 학익진을 펼쳤다.

1594년 2월 13일의 『난중일기』에 이런 대목이 나온다. 이때는 일본 전선 8척이 춘원포에 정박하고 있다는 소식을 접한 상황이었다. 경상 군관 제홍록이 와서 바로 이들을 치자고 하였다. 이때 이순신은 군관 나대용을 시켜 경상우수사 원균에게 다음과 같은 제안을 전하라고 하였다.

> **곧장 작은 이익을 보고 들이친다면 큰 이익을 이루지 못할 것이니(見 小利入勦 大利不成), 아직 가만히 두었다가 다시 적선이 많이 나오는 것을 보고 기회를 엿보아서 무찌르기를 작정합시다.**

작은 이익을 탐내서 큰 이익을 놓치는 잘못(소탐대실, 小貪大失)을 지적한 것이다. 그리고 기회를 봐서 치자고 하였다. 이순신은 유인전략을 많이 사용하였다. 그래서 적이 감쪽같이 속았다. '출기불의'이다.

여수 진남관에 가면 사람 모양을 한 석인상(石人像)이 하나 있다. 여수는 임진왜란 때 수군의 격전지로 유명하다. 이순신이 전라좌수사로 있던 전라좌수영은 이순신과 관련된 유적이 많이 남아 있는데 석인상이 그중 하나이다. 이순신이 여수 선소에서 거북선을 한창 제작할 시기에 왜구의 공격이 심해지자 이를 막기 위해 7개의 석인을 만들어 사람처럼 세워 놓았는데, 이로써 적의 눈을 속이어 거

북선을 완성하였다고 전해진다. 지금은 6구는 없어지고 1구만 남아
있다.

이 밖에 이순신은 속임수도 많이 썼다. 대표적으로 노적봉 이야
기가 전해진다. 전남 해남시 옥매산 정상에서 내려다보면 울돌목과
만호 바다가 한눈에 보인다. 임진왜란 때 이순신과 장수들이 옥매산
정상에서 바다를 내려다보고 있었는데, 왜적이 만호 바다를 거슬러
쳐들어왔다. 이순신은 옥매산에 이엉(마름)을 둘러씌워 노적가리처
럼 보이게 하였다. 이른 본 왜적들이 군량미가 그렇게 많은 줄로 생
각하고 서둘러 도망갔다고 한다.

또한 목포시 유달산에서 내려다보면 고하도와 앞바다가 보인
다. 이순신은 이곳에서도 왜적을 많이 물리쳤다. 마침 왜적이 침입

하자 유달산 능선에 있는 거석(巨石)을 짚과 섶으로 둘러싸서 군량 미처럼 보이게 하였다. 또한 영산강에 백토와 횟가루를 풀어서 쌀뜨 물이 떠내려가는 것처럼 보이게 하였다. 왜적들이 서남해를 거슬러 올라오다가 노적가리가 산더미처럼 쌓여 있고 쌀뜨물이 바닷물을 타고 내려오는 것을 보고 기겁하여 후퇴해버렸다. 이 내용은『한국 민속문학사전(설화 편)』에 나온다. 물론 하나의 설화에 불과하다. 그 만큼 이순신은 여러 방법으로 일본군을 속였다는 이야기이다. 적의 예상을 뒤엎고 마침내 승리를 이룬 '출기불의'의 귀재 이순신이다.

하늘을 꿰매고 해를 씻기다

승리의 방법은 반복하지 않는다_전승불복

전승불복(戰勝不復)

이순신의 전략에서 '전승불복(戰勝不復)'은 중요한 위치를 차지한다. 전승불복은 『손자병법』 제6 허실 편에 나온다. '전승불복 이응형어무궁(戰勝不復 而應形於無窮)', 즉 '전투에서 이긴 방법은 두 번 사용하지 않고, 적과 나의 형세에 따라 무궁하게 응용해나가는 것이다'라는 뜻이다. 적도 바보가 아닌 이상 똑같은 방법을 자주 사용하면 금방 눈치챈다. 그러니 싸울 때마다 그 방법을 달리해야 하는 것이다. 전투란 쌍방의 머리싸움이다. 누가 상황에 맞게 재빨리 두뇌를 회전하여 상대방보다 나은 방법으로 나아가느냐 하는 것이 승리의 관건이다. 그 방법 또한 머리 쓰기에 따라 무궁하다. 지금까지의 고정관념을 깨야 한다. 고도의 유연성과 융통성이 있어야 한다. 모든 것은 변하기 때문이다.

전투할 때 군대가 취하는 진형은 매우 중요하다. 어떤 진형으로 적과 대하느냐에 따라 승패가 결정되는 경우가 많다.

진형을 잘못 택하면 비록 수적 우위를 가지고 있더라도 패할 수 있다. 적은 수이지만 적절한 진형을 취하면 승리하기도 한다. 그만큼 육지에서나 바다에서의 진형은 승패와 직결되어 있다. 진형의 중요성은 전근대 해전에서도 예외가 아니었다. 심지어 영국 해군은 17

세기 이후 한때 해군 함장들이 전투에서 배를 일렬종대로 배치하는 단종진(單縱陣) 진형을 사용하지 않으면 처벌하였다. 특정한 진형이 승리의 관건이라고 생각했기 때문이다. 물론 상황에 따라 진형이 융통성 있게 달라져야 하지만, 그만큼 고정된 관념으로 고착된 진형도 있었다.

이순신을 포함한 조선 수군의 경우는 어떠한가? 화약 무기에 최적화된 진형은 발전시키지 못한 것일까? 아니다. 현재 남아 있는 10여 종에 달하는 조선 후기 『수조홀기(水操笏記)』를 보면 부대별, 시대별로 사용된 진형이 모두 다르다.

조선에서는 봄과 가을에 수군 훈련을 두 번 실시하였다. 이를 각기 춘조(春操)와 추조(秋操)라고 지칭하였다. 봄에는 두 개 이상 수영이 모여 하는 합조(合操) 형식으로 수군 훈련을 하는 것이 원칙이었다. 이러한 수군 훈련을 하기 위해 각 영에서는 훈련의 절차를 기록한 문서를 만들었는데, 이것을 『수조홀기(水操笏記)』라고 한다. '홀기(笏記)'란 의식이 진행되는 순서와 절차를 적어놓은 문서를 말한다.

『수조홀기』에 나오는 진형의 빈도를 보면 곡진이 4회, 원진이 3회, 직진이 2회, 예진이 1회, 방진 1회, 조운진 1회에 불과하다. 육군 진형 가운데 어린진, 언월진, 각월진은 아예 수록 사례가 없다. 즉 전형적인 육군의 진형은 비록 수군 교범에 수록되어 있었다고 해도 사용 빈도가 상대적으로 적었다. 이에 비해 조선 후기 수조 관련 문헌에서 학익진(鶴翼陣)과 장사진(長蛇陣)은 각각 총 6회에 걸쳐 수록되어 있다.

장사진은 마치 뱀처럼 한 줄로 길게 벌인 진형이다. 조선 후기 수군이 가장 흔하게 사용하는 진형 중 하나였다. 즉 조선 수군은 원래 육상에서 유래한 다양한 진형들을 바다에서도 사용했지만, 그중에서도 함포를 이용한 해상전에 적합한 장사진을 매우 중시했다.

학익진도 장사진만큼 널리 사용되었다. 학익진은 적을 포위하는 데는 유리하지만, 현측에서 함포를 집중적으로 사격하는 데엔 불리한 진형이다. 즉 함포전에 최적화된 진형이라고 말하기는 힘들다. 그리고 학익진의 결정적인 약점이 적의 집중된 돌파 공격에 취약하다는 것이다. 앞에서도 언급하였지만 도쿠가와 이에야스가 다케다 신겐의 군대를 학익진으로 포위했는데 다케다 신겐의 언월진에 의해 돌파당하여 패하였다. 육지에서든 바다에서든 학익진의 약점은 늘 존재한다.

이순신이 활약했던 시점보다 조금 앞선 1588년 스페인 무적함대가 영국을 공격할 당시에도 학익진과 유사한 개념의 'V'자 형 혹은 '독수리 진형(Eagle Formation)'을 사용했음에도 불구하고 패하였다. 1571년 레판토 해전에서도 오스만 튀르크 해군이 학익진과 유사한 형태의 'V'자 형 진형으로 기독교국 해군 함대와 해전을 벌였지만 결국 패하고 말았다. 당연하지만 학익진이라도 해서 무조건 승리하는 것은 아니다. 이런 학익진의 여러 제약에도 불구하고 이순신이 학익진으로 한산도 해전에서 승리한 것은 정말 대단한 것이었다.

도대체 이순신은 어떻게 학익진의 약점을 극복한 것일까? 그 비밀은 바로 『수조규식(水操規式)』에 나와 있다. 『수조규식』은 조선시대 임진왜란 전후로 작성된 수군의 해상 훈련 지침서이다. 현재 진해에 있는 해군사관학교 박물관에 소장되어 있다.

이 책을 보면 "**타수가 배를 부려 주위를 돌며 선회하면서 각 면에 장착된 화기를 적에게 일제 사격한다(舵手制船旋回周轉使各面所藏火器向的齊放).**"라는 말이 나온다. 이를 보면, 조선 수군은 전투 중에 배를 선회하는 방식으로 현측의 함포로 집중사격을 할 수 있었다. 배를 돌려가며 일시에 집중적으로 사격한 것이 비밀이었다. 이는 재빨리 회전이 가능한 판옥선이기에 가능하였다.

학익진 그 자체가 위대한 것이 아니라, 학익진의 약점을 극복하고 조선 수군의 강점을 최대한 활용한 것에 이순신의 위대함이 있는 것이다.

아직도 사람들의 뇌리에 이순신 하면 금방 떠오르는 것이 '학익진'이다. 얼핏 생각하면 그의 모든 해전에서 학익진으로만 싸운 것으로 착각하기도 한다. 당연히 아니다. 적의 규모와 지리적 조건 등을 생각해서 한산도 해전처럼 학익진을 사용할 때도 있고, 옥포 해전처럼 일자진을 사용할 때도 있고, 사천 해전이나 적진포 해전처럼 장사진을 사용할 때가 있다. 상황에 맞게 융통성을 발휘하여 다양한 진형을 구사하였다.

여기서 사천 해전의 경우를 보자. 1592년 5월 29일의 일이다. 사천에 가니 일본 수군은 지세가 험한 산 위에 진을 치고 있었으며 선창에 13척의 배를 정박시켜놓았다. 이순신의 함대는 썰물이어서 안으로 들어갈 수 없었다. 이때 이순신은 이들을 꾀기 위해 바다 가운데로 물러나는 척하였다. 1리 정도 후퇴하자 아니나 다를까 일본 수군 200여 명이 높은 곳에서 내려와 배를 지키며 조총을 쏴댔다. 밀물이 되자 이순신은 특단의 조치를 취하였다. 비장의 무기 거북선 두 척을 투입한 것이다. 거북선의 공식적인 첫 등장이었다. 거북선은 돌격장인 이언량과 이기남이 지휘하였다. 일본 전선과 아주 가까이 간 거북선은 이내 입에서 불을 토하였다.

이때는 근접거리의 직사포이다. 그러니 그 위력이 얼마나 대단했겠는가. 처음 보는 거북선에 일본 수군은 말로 표현할 수 없는 공포심에 사로잡혔다. 이렇게 거북선으로 기를 팍 죽인 후에, 조선의 함대를 장사진으로 만들어 포구 안으로 들어갔다. **이처럼 이순신은**

상황에 따라 융통성 있게 여러 방법을 다 동원해서 싸워나갔다.

1592년 5월 29일 『난중일기』를 보자.

**군관 나대용이 총에 맞았으며 나도 왼쪽 어깨 위에 탄환을 맞았다.
탄환이 등을 뚫고 나갔으나 중상은 아니었다. 사부와 격군 가운데
도 탄환 맞은 사람이 많았다. 적선 13척을 불태우고 물러나와 주둔하
였다.**

부상 인원 세 사람 모두 이순신의 기함에 승선해 있던 사람들이
다. 이는 이순신의 기함이 조총의 유효사거리 50미터 안에 들어갔다
는 것을 의미한다. 이순신의 기함은 임진왜란의 해전 중 옥포 해전
을 제외하면 항상 조총의 사거리에 노출되어 있었다. 이순신은 이때

하늘을 꿰매고 해를 씻기다

의 총상으로 오랫동안 고통을 받게 된다.

변변히 치료받지 못하여 피고름이 계속 나와 고통스럽다는 내용의 편지를 류성룡에게 보내기도 하였다. 이순신은 이렇게 사천 해전에서 거짓으로 물러나 적을 유인하였고, 거북선과 판옥선을 조화롭게 활용해서 승리를 거두었다. 전승은 불복이다.

이순신은 『난중일기』를 쓸 때 항상 날씨부터 적었다. "맑음. 비가 계속 내렸다. 비가 오다가 개다 했다. 흐리고 갠 것이 반반이다. 흐리다가 맑음. 흐리고 개지 않았다. 아침에 흐리다가 저녁에 비가 내렸다." 이렇게 그 묘사도 아주 자세하다. 비가 내린 날에는 강수 강도, 지속 시간, 강수 유형 등을 나누어 적었고, 바람과 체감 기온, 안개 등의 다양한 기상 현상까지 기록하였다. 뛰어난 관찰력과 세심한 이순신의 마음을 읽을 수 있다. 『난중일기』 총 1593일 가운데 42일을 제외하고는 모두 날씨를 기록하였다.

왜 이렇게 이순신은 날씨에 신경을 썼을까? 물론 일기를 쓰는 하나의 습관일 수 있다. 그러나 그것만이 아닐 것이다. 날씨에 따라 부대 운용이 달라지기 때문이다. 평소의 부대 관리도 날씨에 따라 달라진다. 아침에 비가 오면 야외 활동을 자제하게 된다. 특히 전쟁할 때는 날씨에 따라 많은 것이 달라진다. 흐린 날의 전투 방식이 있고, 맑은 날의 전투 방식이 있다. 이순신은 일본 수군과 싸울 때 지형을

많이 이용하였다. 좁은 포구에 들어가 있는 적은 대부분 밖으로 유
인해서 싸웠다. 이럴 때도 날씨는 영향을 준다. 안개가 끼는 날에는
시야가 가려지기 때문에 그에 맞도록 행동해야 한다. 지형과 기상은
항상 연관이 있다.

　『손자병법』 제12 화공 편에 보면 언제 화공을 하면 유리하다는
내용이 나온다. "불을 놓을 때는 적당한 시기가 있고, 불을 일으킴에
는 적당한 날이 있는 것이다. **불 놓을 시기란 기후가 건조한 때요, 날이
란 달이 기, 벽, 익, 진이라는 별자리에 있을 때니, 무릇 이 네 별자리는**
바람이 일어나는 날이다(발화유시 기화유일 시자 천지조야 일자 월재
기벽익진야 범차사숙자 풍기지일야 發火有時 起火有日 時者 天之燥也

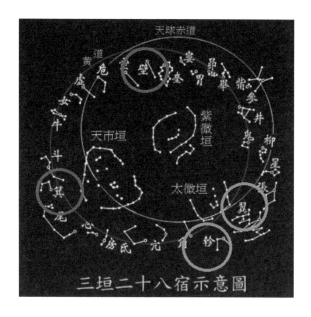

　　　　　　　　　하늘을 꿰매고 해를 씻기다

日者 月在 箕 壁 翼 軫也 凡此四宿者 風起之日也)."라는 어구이다.

기벽익진(箕·壁·翼·軫)은 28수 별자리의 이름이다. 기(箕)는 동북쪽의 별자리(궁수자리)이고, 벽(壁)은 북서쪽 하늘의 별자리(페가수스자리)이고, 익(翼)과 진(軫)은 남동쪽 하늘의 별자리를 말한다. 고대인들은 별을 보며 점을 많이 쳤는데 바람을 좋아하는 별자리와 비를 좋아하는 별자리가 있다고 한다. 기(箕)의 별자리는 바람을 좋아하는 별자리라고 한다.

조선 수군은 불화살을 쏘아 적의 배를 태워버리는 방식을 많이 사용하였다. 그렇기에 무엇보다도 화공법에 숙달되어야 한다. 이순신이 특히 날씨에 민감했던 데엔 바로 이런 이유가 있었다.

이순신이 날씨에 따라 싸움의 방식을 달리하는 것은 '전승불복'이라 할 수 있다.

우리의 뇌는 편안히 가만히 두게 되면 더 이상 할 일이 없어져서 시간이 지날수록 쪼그라든다. 뇌에 가장 나쁜 것이 그냥 편안하게 놔두는 것이다. 뇌를 살리는 길은 딱 한 가지이다. 부지런하게 만드는 것이다. 억지로라도 고민하고 생각하게 만드는 것이다. 새로운 자극을 주는 것이다. 늘 똑같이 생각하거나 익숙한 것을 멀리하고, 전혀 다르게 생각하거나 엉뚱한 발상을 해보는 것이다. 전혀 접하지 못한 풍경이나 사람을 만나보는 것이다. 한 번도 해보지 않은 분야를 공부하는 것이다. 낯선 외국어를 공부하거나, 어려운 책을 읽어보는 것이다. 뇌를 불편하게 해야 한다.

완전히 반대로 생각해보는 것도 좋다. 고정관념을 와장창 깨는 것이다. 아무도 생각하지 않은 것을 생각하는 것이다. 뇌를 잠시도 가만히 두지 않고 피곤하게 하고, 불편하게 하는 것이다. 뇌를 속여야 한다. 이렇게 끊임없이 뇌에 자극을 주어야 한다. 자극을 주면 줄수록 뇌는 바짝 정신을 차리고 열심히 일을 한다. 그러면 나이가 들수록 뇌가 더 좋아진다. 고정관념을 깨고 늘 새로운 것을 창출하는 이순신은 이런 점에서 탁월한 뇌 관리자이다. 아마도 이순신의 뇌는 인간이 가질 수 있는 최상의 상태가 아니었을까 한다. IQ는 의미가 없다. IQ보다는 열정이다. 노력이다. 관심이다. 호기심이다. 역발상이다.

'전승'은 '불복'이다. 한 번 승리한 방법은 두 번 반복하지 말라고 하는 손자의 가르침은 전장에 임하는 장수라면 꼭 명심해야 할 명언이 아닐 수 없다. 와튼스쿨의 심리학 교수인 애덤 그랜트는 이렇게 말했다.

"대상이 물건일 때는 사람들이 열정을 다하여 업데이트를 한다. 그러나 대상이 지식이나 견해일 때는 기존 것을 고집하는 경향이 있다."

하늘을 꿰매고 해를 씻기다

마음을 치고 사기를 꺾는다_치심치기

치심치기(治心治氣)

전략의 목적이 무엇인가? 여러 목적이 있지만 일단 잘 싸우게 만드는 것이다. 잘 싸우게 하기 위해서는 어떤 것이 필요한가? 당연히 잘 싸울 마음이 생기게 해야 한다. 이순신은 이것을 잘하였다. 『손자병법』 제7 군쟁 편에 보면 "부대에 있어서는 가히 '사기'를 빼앗아야 하고, 장군에 있어서는 가히 '마음'을 빼앗아야 한다(삼군가탈기 장군가탈심 三軍可奪氣 將軍可奪心)."라는 말이 나온다. 공격의 목표를 강조하는 내용이다. 즉 적의 부대를 향해서는 '사기'를 꺾는 데 중점을 두어야 하고, 적의 장군을 향해서는 '마음'을 꺾는 데 중점을 두어야 하는 것이다. 반대로 보면, 내 부대는 사기를 높이고, 내 장군은 마음을 잘 잡도록 해야 한다. 이렇게 장군의 마음을 내가 잘 다스리는 것을 '치심(治心)'이라 하고, 부대 전체의 사기를 잘 다스리는 것을 '치기(治氣)'라고 한다. 이것을 잘해야 잘 싸울 수 있고, 유능한 전략가라 할 수 있다.

첫 해전인 옥포 해전에서 이순신은 첫 출정의 두려움과 걱정에 사로잡힌 부하들을 향하여 이렇게 말하였다.

"경거망동하게 움직이지 말고 산과 같이 정중하라(물령망동 정중여산

勿令妄動 靜重如山)."

마음을 잡고 침착하게 행동하라는 말이다. 전투를 앞두고는 누구나 겁이 나고 불안하다. 이때 필요한 것이 바로 마음을 잡는 것이다. **치심**(治心)**이다. 치심은 장수에게도 필요하고 군사들에게도 필요하다.**

명량 해전을 앞두고 백의종군(白衣從軍)하고 있을 때 이순신은 다시 삼도수군통제사가 된다. 이때 취임식을 미루고 있다가 8월 19일에 회령포에서 장수들을 모아놓고 조촐하게 실시하였다. 이때 이순신은 임금이 내린 교서를 보이며 말하였다.

"우리가 지금 임금의 명령을 다 같이 받들었으니 의리상 같이 죽는 것이 마땅하도다. 그렇지만 사태가 이 지경에 이르렀으니 한번 죽음으로써 나라에 보답하는 것이 무엇이 그리 아깝겠는가. 오직 우리에게는 죽음만이 있을 뿐이다."

강력한 동기부여이다. 결의에 찬 이순신의 다짐에 모두 숙연하였고 어떤 이들은 눈물을 훔쳤다. 오른쪽 사진은 해남에 위치한 우수영국민관광지 안에 전시된 회령포의 결의 조각상이다. 이렇게 이순신은 결정적인 순간에 부하들의 마음과 사기를 다스렸다. 리더는 구성원에게 분명한 꿈과 비전을 보여주어야 한다. **왜 싸워야 하는지**

그 '이유'를 분명히 알게 해야 한다. 싸워야 하는 이유와 의미를 잃어버리면 그 조직은 작은 충격에도 무너진다. 이순신은 부하들의 마음을 사로잡았고, 왜 싸워야 하는지 분명한 이유를 알게 해주었다.

명량 해전 하루 전날인 9월 15일, 이순신은 장수들만 따로 불러놓고 결사의 메시지를 전하였다. 병사들은 모으지 않고 쉬게 했다. 장수만 모았다는 근거는 이날의 『난중일기』에 나와 있다.

모든 장수를 불러 모아(초집제장, 招集諸將) 약속하기를

위기가 오면 리더가 먼저 정신 차려야 한다. 병사들은 쉬게 해서 힘을 축적하게 해주어야 한다. 1593년 윤 11월 17일의 『임진장초』 환영장(還營狀)에 보면 이런 대목이 있다.

경상도는 피폐한 나머지 선부(船夫)와 격군(格軍)이 부족하지만 틈틈이 군사들을 쉬게 하였으며, 전라도에서도 이와 같이 하였고, 무기를 정비하면서 군사들을 휴식과 함께 점검하도록 하였습니다. …… 특히 군사들 중에서 오래 머물러 병든 자들은 교대해서 본토로 돌아가게 하였습니다.

당시에 전염병과 굶주림으로 고통받는 군사들을 보면서 무엇보다도 이들에게 휴식이 필요함을 절감한 이순신의 시의적절한 조치였다. 쉬어야 할 때는 쉬도록 해야 한다. 이렇게 체력을 다스리는 것, 이것을 '치력(治力)'이라 한다. 지치게 해서는 안 된다. 몸이 피곤하면 정신도 피곤해진다. 그래서 이순신이 장수들만 모아놓고 한 유명한 연설이 바로 '필사즉생'의 연설이다.

"병법에 이르기를 반드시 죽고자 하면 살게 되고, 살고자 하면 죽는다고 하였다. 한 명이 길목을 지키면 천 명도 떨게 할 수 있다고 했으니 이것은 모두 우리를 두고 하는 말이다(필사즉생 必死則生 필생즉사 必生則死 일부당경 족구천부 一夫當逕 足懼千夫). 너희들이 조금이라도 명령을 어긴다면 군법으로 다스려 비록 작은 일이라도 용서하지 않겠다."

'필사즉생'의 대목을 『난중일기』 진본에서 찾아 붉은색으로 표시했다. '한 명이 길목을 지키면 천 명도 떨게 할 수 있다'라고 하는

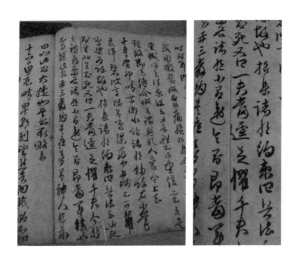

'일부당경 족구천부'의 대목도 '필생즉사'의 아래 이어지는 붉은 색
부분이다.

무엇보다 위기 시의 리더에게 필요한 것이 '필사(必死)'의 정신
이다. 반드시 죽을 각오로 싸우면 살길이 열린다. 그러나 살려고 한
다면 죽을 수 있다. 얼마나 절박한 상황이면 이순신이 이런 결사의
연설을 하였을까!

그리고 중요한 것은, 반드시 죽기를 작정하라고만 강조하지 않았다
는 점이다. 살길도 분명히 있다고 말하였다. 무슨 말인가 하면, 그 뒤
에 이어지는 말을 보라. '일부당경 족구천부(一夫當逕 足懼千夫)', 즉
'한 명이 길목을 지키면 천 명도 떨게 할 수 있다'라는 부분이다. 병
목을 잘 지킨다면 살 수 있다는 말이니 절망 중에 희망이 아닌가. 이

말을 듣게 되면 그래도 한 줄기 희망이 생긴다. "그래! 죽기로 싸우면 살 수도 있겠구나. 목을 잘 막으면 살 수도 있겠구나." 이런 희망은 곧 마음을 다스릴 뿐 아니라 사기도 다스린다. 이렇게 리더는 절망 중에서도 비전을 보여주어야 한다. 이순신은 이런 면에서 볼 때 정말 탁월한 전략가이다. 사람의 마음을 정확히 읽은 것이다.

명량 해전이 시작될 때 이순신의 기함은 선두에 홀로 나가서 많은 일본 전선과 교전하고 있었다. 포위된 상황에서 부하들이 두려워 떨고 있을 때 이순신은 침착하게 이들을 타이르면서 독려하였다.

"적이 비록 천(千) 척이라도 우리 배에는 맞서 싸우지 못할 것이다. 일체 마음을 동요하지 말고 힘을 다해서 적선을 쏘아라!"

하늘을 꿰매고 해를 씻기다

일체 마음을 동요하지 말라고 하였다. 이때 이순신은 '침착'을 유지하였다. 이순신의 마음이 흥분되고 들떠서 우왕좌왕한다면 부하들은 어떠하겠는가. 자기 절제 능력이 뛰어난 이순신이다. 먼저 마음을 다스려 부하들을 독려한 것이다. 치심(治心)은 장수에게 우선 필요하고, 부대 전체에게도 반드시 필요한 것이다. 그래야 치기(治氣), 즉 사기를 유지할 수 있기 때문이다. 치심과 치기는 연결되어 있다.

이제 일본군으로 시선을 돌려보자. 이순신은 먼저 조선 수군의 마음을 잡기에 노력했다면, 일본군의 마음을 깨기에 어떤 노력을 했는지를 보는 것이다.

'금적금왕(擒敵擒王)'이라는 말이 있다. 삼십육계 병법의 제18계이다. 적을 잡으려면 그 왕을 먼저 잡으라는 뜻이다. 당나라 시인 두보(杜甫)의 『전출새(前出塞)』에 나오는 "사람을 쏘려면 먼저 말을 쏘고, 도적을 잡으려면 먼저 왕을 잡으라(사인선사마 금적선금왕 射人先射馬 擒敵先擒王)."는 구절에서 유래되었다. 또한 '장군가탈심(將軍可奪心)'이다. 이순신은 해전 중에 먼저 적장을 노렸다. **거북선의 용도도 결국 적장의 마음을 흔드는 것이었다. 당황하게 하여 판단을 흐리게 만드는 것이다. 그로써 부대 전체의 사기를 떨어뜨리는 것이** 었다. 일본 전선의 선두를 집중적으로 노린 이유도 바로 이런 목적이다. 선두가 깨지면 그 뒤에 있는 부대들도 흔들리게 되어 있다.

1592년 6월 2일에 일어났던 당포 해전을 보자. 당포 해전은 사천 해전 다음에 실시된 해전이다. 당포는 통영 앞바다에 있다. 당포에는 일본 수군 대장이 안택선(安宅船, あたけぶね, 아타케부네)을 타고 있었다. 안택선은 대형 전선으로 조선의 판옥선보다 길이가 길다. 당포 해전에서 이순신은 적장을 노려 거북선을 출동시켰다. 이순신의 장계를 보자.

> 그중 한 대선 위에는 높이가 3~4장이나 될 것 같은 높은 층루(層樓)가 우뚝 솟았고, 밖으로는 붉은 비단 휘장을 두르고…… 그 속에 왜장이 있는데, 앞에는 붉은 일산을 세우고 조금도 두려워하지 않는지라, 먼저 거북선으로 하여금 층루선(層樓船) 밑으로 곧바로 치고 들어가 용의 입으로 현자 철환을 쏘게 하고 또 천자·지자총통과 대장군전을 쏘아 그 배를 쳐부수자, 뒤따르고 있던 여러 전선도 철환과 화살을 번갈아 쏘았는데, 중위장 권준이 돌진해 왜장이라는 놈을 쏘아 맞히자, 활을 당기는 소리에 따라서 거꾸로 떨어지므로 사도첨사 김완과 군관 흥양 보인 진무성이 그 왜장의 머리를 베었습니다.

이순신은 적장이 높은 곳에 앉아 부채를 부치며 거드름을 피우고 있는 안택선을 골라 먼저 거북선으로 공격하였다. 그리고 화살에 맞아 아래로 떨어진 적장의 목을 베어버렸다. 바로 이것이 '금적금왕'이다. 당포 해전에서 전사한 적장은 구루시마 미치유키(來島通之)로서 명량 해전에서 선두에 선 구루시마 미치후사(來島通總)의

형이다. 구루시마 미치후사는 당포 해전에서 이복형을 잃은 복수를 위하여 맨 앞에 섰던 것이다.

참고로, 안택선 높은 누각에서 황금 부채를 부치고 거드름을 피우고 있었던 적장은 그동안 가메이 고레노리(龜井玆矩)로 알려져 있었다. 당포 해전의 승리를 보고한 장계에는 이런 글이 나온다. "그 부채의 한쪽 면 중앙에는 '6월 8일 수길(六月八日秀吉)', 오른쪽에는 '우시축전수(羽柴筑前守)'라는 5자, 왼편에는 '구정유구수전(龜井琉求守殿)' 6자가 쓰여 있었습니다. 칠갑(漆匣)에 넣어두었는데, 이는 반드시 평수길(平秀吉)이 축전수(筑前守)에게 부신(符信)으로 준 물건일 것입니다."

이 황금 부채는 도요토미 히데요시가 임진왜란 10년 전에 가메이 고레노리에게 준 선물이다. 가메이는 도요토미의 심복으로서, 맹주였던 모리 가문과 싸움을 벌일 때 도요토미의 편을 들어 공을 세웠는데 보상을 제대로 받지 못하였다. 이에 도요토미가 다른 땅을 주겠다고 했으나 "류큐(琉球, 오키나와의 옛 이름)를 점령해 그 땅의 영주가 되겠다."라며 사양하였다. 도요토미는 이에 감동하여 가메이에게 황금 부채를 주며 "류큐의 영주에게 준다."라는 글을 친필로 써주었다. 이순신이 안택선에서 노획한 게 바로 그 부채이다.

그래서 안택선 안에서 발견된 황금 부채 때문에 죽은 적장이 가메이 고레노리로 알고 있었지만, 그는 부채를 배에 버리고 육지로

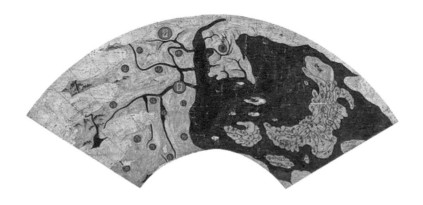

도망갔고, 나중에 세키가하라 전투 때 동군에 참전하였다. 황금 부채는 이순신이 선조에게 바쳐 조선 왕실의 탁지부 비밀 창고에 있다가 일제강점기 때 일본의 건축가인 세키노 다다스가 창고를 뒤져 일본 왕실에 보냈다고 전해지고 있다. 지금도 이순신이 노획하였던 황금 부채가 어디에 보관되고 있는지 알 길이 없다.

일본 오사카성 천수각에 가면 도요토미 히데요시의 황금 부채가 전시되어 있다. 이순신이 노획한 부채는 아니다. 도요토미 히데요시가 조선 침략을 준비하면서 만든 것이다.

이 황금 부채를 자세히 보면 조선과 명나라, 일본의 지도가 그려져 있다. 이른바 '삼국지도부채'이다. 이것을 보면 도요토미 히데요시가 어떤 야망을 품고 있었는지 바로 알 수 있다. 조선의 길을 빌려 명을 정복한다는 허울 좋은 명분으로 임진왜란을 시작하였지만, 명으로

가기도 전에 조선에서 7년간 혹독한 전쟁을 치러야 했다. 그 중심에는 이순신이 있었다.

명량 해전의 양상을 극적으로 바꾼 순간이 있었다. 바로 적장 마다시를 참수한 것이다. 그 장면을 잠시 보자.

안골포 해전 당시 조선에 투항해서 통역관으로 이순신의 기함에 타고 있었던 준사(俊沙)라는 자가 물 위에 떠다니는 붉은 비단옷을 입은 누군가를 발견하였다.

"마다시다!"
마다시(馬多時)는 안골포 해전에서도 장수로 참전했었기 때문에 당시 같이 있었던 준사가 바로 알아본 것이다. 그는 틀림없이 마다시였다. 『난중일기』에도 마다시(馬多時)라고 기록되었던 일본 시코쿠 지방의 다이묘였다. 처음에는 마다시란 자가 구루시마 미치후사로 생각했었는데 여러 연구 결과 구루시마가 아니라 마다시로 보고 있다. 이순신도 마다시로 적었다. 이순신은 김돌손(金乭孫)으로 하여금 사조구(四爪鉤)를 던져 떠다니는 마다시를 건져 올리게 하였다. 그리고 즉각 마다시의 목을 베게 하고, 그 목을 돛대 맨 꼭대기에 걸어 일본 수군들이 한눈에 볼 수 있도록 하였다. 『난중일기』에 그 내용을 기록하였다.

대장이 죽는 것! 이건 정말 엄청난 사건이다. 대장이 무너지면 그 충격적인 여파는 곧 부대 전체를 갈라지게 만든다. 심리적인 효과는 정말 큰 것이다. 일본 측 자료인『고산공실록(高山公實錄)』에 따르면, 마다시가 죽었을 때 일본 수군은 매우 큰 충격을 받았다고 한다. 이 결정적인 일로 인하여 일본 수군은 방향을 바꾸어 도망가기 시작하였다. 명량 해전의 결정적인 승인의 하나가 된 것이다. 이렇게 적장의 마음을 깨는 것은 승패에 결정적인 영향을 미친다.

노량 해전 당시에도 이런 일이 있었다. 명나라 제독 진린이 일본 수군에게 포위되어 죽기 일보 직전까지 갔었다.

백병전에 숙달된 일본 수군이 진린이 탄 판옥선으로 뛰어든 것이다. 진린의 아들 진구경은 부상을 당하면서까지 몸을 날려 일본군을 바다에 쳐넣었다. 이 절박한 순간을 이순신이 보았다. 이순신은 급히 기함을 몰아 진린의 배로 접근하였다. 일본 수군의 지휘선에서는 진린의 배를 나포하라고 큰 소리로 고함치며 지시하고 있었다. 이순신은 이를 보고 신궁의 실력으로 일본 장수 한 명을 쏘았고 그는 바로 소리를 지르며 바다에 떨어졌다.

하늘을 꿰매고 해를 씻기다

이를 보고 일본 수군들이 황급히 자기들의 지휘선을 보호하기 위해 포위망을 풀었는데 이때를 타서 약삭빠른 진린의 배는 무사히 빠져나왔다. 바로 이것이다. 적장을 쏘니 문제가 저절로 풀렸다. '금적금왕'이다. 엉킨 실타래를 일일이 풀지 않고 실타래의 중심 매듭을 칼로 내리친 격이다.

오늘날 군사용어로 보면 '중심(重心, Center of Gravity) 공격'이다. 적의 전력 투사 중심 시스템을 붕괴시키는 것이다. 주변을 치는 것이 아니라 중심을 치는 것이다. 그러면 나머지는 저절로 풀린다. 예를 들어, 댐을 파괴하려고 하면 전폭기로 수백 발의 폭탄을 퍼부어 댐 전체를 무너뜨리는 것이 아니라 특공대를 투입해서 댐의 동력을 제공하는 동력 시스템을 파괴하는 것이다. 그러면 댐 전체의 기능은 발휘할 수 없게 된다. 문제의 핵심을 잡는 것이 핵심이다.

치심(治心)과 치기(治氣)는 치력(治力)과 치변(治變)으로 연결이 된다. 『손자병법』 제7 군형 편에서는 이를 네 가지의 다스림, 즉 '사치(四治)'로 정리하고 있다. 마음이 흔들리면 사기가 떨어지고, 사기가 떨어지면 체력도 쉽게 고갈되고, 체력이 떨어지면 변화되는 상황에 적절히 대처하지도 못한다. 그러니 이 네 가지는 서로 영향을 주며 연결되어 있다.

여기서 출발점은 마음이다. 그러니 무엇보다 '치심'을 잘해야 한다.

먼저 가서 적이 오게 만든다_선처치인

선처치인(先處致人)

전쟁에서 승리하려면 적보다 '먼저' 생각하고 '먼저' 행동해야 한다. 무엇을 하든지 적보다 '먼저' 할 때 주도권을 잡을 수 있다. 유리한 시간과 장소를 택할 수 있다.『손자병법』제6 허실 편에 보면 바로 이 말이 나온다. "무릇 **먼저 싸움터에 가서 적을 기다리는 자는 편안하고**, 뒤늦게 싸움터로 달려가서 급하게 싸움하는 자는 피곤하다. 그러므로 잘 싸우는 자는 **적을 내 의지대로 이끌되 내가 적에 의해 이끌림을 당하지 않는다**(범선처전지이대적자일 후처전지이추전자노 고선전자 치인이불치어인 凡先處戰地而待敵者佚 後處戰地而趨戰者勞 故善戰者 致人而不致於人)."

'먼저' 생각하고 '먼저' 움직이면 편안하고, 적을 내가 내 마음대로 끌고 갈 수 있다. 주도권이다. 이순신은 바로 이것을 잘하였다. 서양에서는 나폴레옹이 잘하였는데, 나폴레옹은 '먼저' 행동하고 '속도'를 무기로 삼았던 탁월한 전략가였다. **참고로 나폴레옹도『손자병법』을 공부했다고 전해진다.** 러시아 선교사가 번역하여 선물로 보내준 것을 읽었다는 것이다. 어쨌든 나폴레옹이 워낙 잘 싸웠기 때문에 한 나라가 대적하지 못하고 적어도 두세 나라가 동맹을 맺어 대적하였다. 영국, 오스트리아, 러시아, 프로이센이 서로 동맹을 맺었다. 나폴레옹은 이들이 서로 합하기 전에 놀라운 '속도'로 기동하여 그들이 각개로 있을 때 '각개격파'를 시도하였다. 당시 유럽의 군대가 분당 70보를 행군할 때 나폴레옹의 군대는 무려 120보를 행군하여 속도에서 앞섰다. 그래서 나폴레옹의 부하들은 이렇게 말하였다. "우리 황제는 발로 싸워 이겼다."

이렇게 적보다 먼저 생각하고 먼저 행동하게 되면 적에게 이끌림을 당하지 않고 적을 내 마음대로 조정할 수 있다. 적을 내가 이끄는 것을 '치인(致人)'이라 한다. **이순신의 해전을 보면 특별한 경우가 아니면 이른 시간에 출항하였다. 새벽에 나갈 때도 많았다.** 출정 일도 본래의 계획보다 앞당길 때가 많았다. 일찍 나감으로써 적의 동태도 미리 알 수 있고, 적보다 유리한 지형을 선점할 수 있고, 유리한 상황을 조성할 수 있기 때문이다. '선처(先處)'는 '치인(致人)'이다. 먼저 그 장소에 가 있으면 적을 내가 이끌 수 있다. 그런 예를 이순신의 여러 해전을 보면서 확인하자.

옥포 해전이 시작될 때다. 1592년 5월 4일 새벽에 여수의 전라좌수영을 출발한 이순신 휘하의 판옥선 24척, 협선 15척, 포작선 46척은 소비포에서 1박 하고 다음 날 당포로 진출하였다. 일본 수군이 가덕도 방면에 있다는 정보를 입수한 이순신은 5월 7일 이른 아침에 대규모 선단을 이끌고 가덕도 방면으로 북상하였다.

적진포 해전을 마친 후에 올린 옥포 대첩 장계 3에 나오는 대목이다.

8일 이른 아침에 진해 땅 고리량에 왜선이 정박했다는 기별이 있어 즉시 배를 출발하도록 명령하여 내외도서에서 협공하고 수색 토벌하며 저도를 지나갔습니다.

사천 해전이 시작될 때다. 1592년 5월 7일 옥포, 합포, 적진포에서 40여 척의 적선을 격멸한 후 이순신 함대는 여수로 돌아와 정비하고 있었다. 이때 일본 수군이 점차 거제도 서쪽을 넘어 해안 지방의 여러 고을을 분탕질하며 물자를 약탈해 가는 상황이 발생하였다. 이때 이순신은 전라우수사 이억기에게 6월 3일 제2차 출전을 하기로 약속한 상태였다. 그런데 5월 27일 경상우수사 원균이 보내온 공문에 의하면 적선 10여 척이 이미 사천과 곤양까지 진출했다고 하였다. **이순신은 지체하지 않고 즉시** 우후 이몽구와 함께 5월 29일 전선 23척과 거북선을 동원하여 노량으로 진출하였다. 이억기를 기다리지 않았다. 기다리면 그만큼 늦어지기 때문이고, 그렇게 되면 주도권을 빼앗길 수 있기 때문이다.

당포 해전이 시작될 때다. 1592년 6월 2일 오전 8시경 사량 해상에서 휴식 중이던 이순신 함대는 일본 전선이 당포(통영시 산양읍 삼덕리) 선창에 정박하고 있다는 정보를 입수하였다. 이순신은 바로 출발하여 10시경 당포 앞바다에 도착하였다.

율포 해전이 시작될 때다. 1592년 6월 7일 **이른 아침에 출발한** 이순신 연합함대가 웅천 땅 증도 앞바다에 진을 치고 있었다.

안골포 해전이 시작될 때다. 1592년 7월 8일 한산도 해전에서 승리한 이순신 연합 함대는 견내량 안쪽 바다에서 진을 치고 밤을 새운 후 7월 9일 가덕도 방면으로 진출하려 하였다. 이때 탐망군으로부터 안골포에 적선 40여 척이 정박하고 있다는 정보가 들어왔다. 이순신은 곧바로 전라우수사 이억기, 경상우수사 원균과 함께 이들 적을 물리칠 작전 계획을 수립하였다. 그런데 날이 저물고 역풍이 세게 불어 거제 땅 온천도에서 밤을 지냈다. **10일 새벽에 온천도를 출발한** 이순신 연합 함대는 안골포 가까이 접근하였다.

부산 해전이 시작될 때이다. 1592년 8월 29일 이순신 함대는 **새벽닭이 울 무렵에 출발하여** 양산강과 김해강 앞바다 장림포(부산시 사하구 장림동)에 도착하였다. 다음 날인 9월 1일 **새벽에 출동하여** 샛바람이 거세게 부는 몰운대를 돌아 화준구미에서 일본 수군 대선 5척을 만나고, 다대포에 이르러 대선 8척, 서평포 앞바다에서 대선 9척, 절영도에 이르러 대선 2척을 만나 모두 불태워 없애고 곧장 부산포로 향하였다.

어떤가? '새벽' '이른 아침' '즉시'라는 말이 많이 나온다. 그만큼 이순신은 '먼저' 생각하고 '먼저' 행동했다. 그래서 주도권을 잡고 일본 수군을 끌고 다녔다.

치욕적인 칠천량 해전을 보면 오히려 일본 수군이 이순신에게 배우기라도 한듯 '새벽'에 졸지에 기습공격을 하였다. 이순신을 대신했던 원균은 '새벽'을 빼앗긴 것이다. 새벽을 빼앗기니 모든 것을 잃게 되었다.

원균은 부산 가덕도에 도착해 물을 싣기 위하여 수군 400명을 보냈는데, 가덕도에 다카하시 나오쓰구가 이끄는 일본 수군에게 기습공격을 당하자 원균은 그 병사들을 전부 가덕도에다 버리고 도망을 가버렸다. 가덕도에서 거제도 북쪽에 위치한 영등포로 이동했으나 이곳에서 또다시 일본 수군의 공격을 받았고, 육지에 진을 치지 못하고 쫓겨난 조선 수군은 다음 날인 7월 15일 영등포 일대에 비바람이 몰아쳐 더 이상 배가 정박하지 못하게 되자 폭풍우를 헤치고 칠천량으로 향하였고, 그곳에 정박하며 휴식을 취하게 되었다. **1597년 (선조 30년) 7월 16일 새벽에** 경상도 거제 땅 칠천량에서 조선 수군 연합 함대가 일본군에게 크게 패하여 세계 해전사에 가장 굴욕적인 전투 중 하나로 기록이 될 정도가 되었다.

조선의 운명이 끝날 시점, 이때 이순신은 조선을 구하기 위하

하늘을 꿰매고 해를 씻기다

여 명량 해전을 준비하게 된다. 1597년 9월 15일, 벽파진에 있었던 이순신은 곧장 진도대교를 지나 우수영으로 들어갔다. 이날『난중일기』에는 이때 진을 옮긴 이유에 대해 정확하게 밝히고 있다. "수(數)가 적은 수군으로써 명량을 등지고 진을 칠 수 없다." 그렇다. **수가 적으면 다른 수를 써야 한다.** 바로 울돌목 전략이다. 좁은 목을 막아 적을 물리치겠다는 것이다. '일부당경 족구천부(一夫當逕 足懼千夫)'의 전략이다.『손자병법』제6 허실 편의 "적이 비록 아무리 많더라도 가히 싸우지 못하게 할 수 있다(적수중가사무투 敵雖衆可使無鬪)."라는 말이 바로 이것이다. 좁은 목 사이에 들어오는 병력 외에는 대부분 유병화(遊兵化)가 되어 직접적인 위협이 되지 않는다. **이런 이순신의 전략은 바로 '먼저' 적보다 유리한 장소를 택함으로써 주도권을 놓치지 않겠다는 것이다.** 아무리 불리한 상황에 놓였을지라도 '먼저' 생각하고 '먼저' 행동하면 주도권은 내가 쥘 수 있다. 선처치인(先處致人)이다. 이순신은 이러한 '선처치인'으로 명량 해전을 승리로 이끌고 꺼져가는 나라를 구하였다.

이순신의 마지막 전장이었던 노량 해전을 보자.

1598년 11월 14일, 일본군 4명이 탄 고니시의 연락선이 진린 측 포위망을 통과하였다. 뒤늦게 이를 알게 된 이순신은 급히 연락선으로 추격하였는데 한산도까지는 추격했으나 결국 놓치고 말았다. 고니시의 연락을 받은 사천의 시마즈 요시히로는 고성의 타치바나 무네시게, 남해의 소 요시토시(고니시의 사위), 부산의 테라자와 히로

타카 등에게 남해의 창선도로 소집령을 내렸다. 이로써 순천의 고니시군과 창선도의 합류된 일본군 사이에 조명연합군이 양면으로 포위된 상황에 놓였다. 이들의 위세는 대선이 300여 척(혹은 500여 척), 수군이 무려 6만여 명이나 되었다.

이때 이순신은 더 이상 늦으면 승산이 없을 것이라고 판단하여 곧바로 노량으로 출정하였다.

노량에 도착한 이순신은 주력 본대를 관음포 앞바다에 위치시켰고, 일부 조선함대를 노량 해협의 입구에 위치시켰다. 그리고 명나라의 수군을 노량 해협 입구에 배치된 조선 수군의 옆으로 배치했다. 대도 인근 해역이었다. 명의 수군과 일부 조선의 수군은 노량 해협을 통과하여 순천 예교성으로 진입하려는 일본 수군을 이순신의

하늘을 꿰매고 해를 씻기다

본대로 유인하는 작전을 수행하게 하였다.

시마즈 요시히로가 지휘하는 일본의 주력함대는 대도 앞에 배치된 조선의 2함대를 보고 이 함대가 주력인 것으로 착각하여 전력을 다하여 공격하였다. 이어서 명나라 수군도 합세하였다. 격렬한 전투가 벌어졌고, 시간이 지나자 일본 함대는 이순신이 의도했던 대로 남쪽으로 방향을 틀었다.

이때 이순신의 주력함대가 기다렸다는 듯이 일본 함대를 맹공격하였다. 뜻밖의 공격에 당황한 시마즈의 함대 약 50척이 관음포로 들어갔다. 관음포가 막혀 있는 포구인 것을 모르고 들어간 것이다. 비록 이순신의 최후가 된 관음포 해전이었지만 일본 함대는 여기서 궤멸하고 처절한 패배를 맛보게 된다.

노량 해전에서 보듯이 이순신은 마냥 기다리지 않았다. 사천과 순천 양쪽에서 포위가 될 것을 우려해서 먼저 선수를 친 것이다. 먼저 유리한 장소로 달려갔고, 적에게 이끌림을 당하지 않고 오히려 주도권을 쥐었다. 이것이 이순신의 '선처치인(先處致人)'이다.

경쟁자보다 '먼저' 생각하라. 그러나 생각에만 그쳐서는 안 된다. 먼저 '행동'해야 한다. 주도권은 먼저 생각하고 먼저 행동할 때 얻는 것이다. 주도권을 빼앗기면 삶에 있어서나 전쟁에 있어서나 절대로 이길 수 없다. 모든 경쟁의 핵심은 누가 주도권을 잡느냐에 달려 있다.

이길수록 더욱 강해진다_승적익강

승적익강(勝敵益强)

이순신을 세계 최고의 전략가라 해도 시비를 걸 사람은 없을 것이다. 지금까지의 여섯 기둥을 보면 금방 알 수 있다. 그렇게 한 장수들이 과연 세계에서 몇 명이나 있겠는가. 이제 마지막 기둥인 '승적익강'을 알아본다.

'승적이익강(勝敵而益强)'은 『손자병법』 제2 작전 편에 나온다. **적을 이길수록 더욱 강해진다는 뜻이다. 줄여서 '승적익강'이다.** 지혜로운 장수는 적과 싸워 이겨나갈 때 그것을 잘 이용해서 내 전투력을 더 강하게 만들어간다. 이길수록 강해지는 전략이다. 그런데 어리석은 장수는 싸워 이기더라도 그것을 잘 이용하지 못해서 오히려 내 전투력이 더 약해진다. 이길수록 무기나 물자도 떨어지고, 사기도 떨어지는 것이다. 이순신은 싸워 이길수록 더욱 강해지는 군대를 만들었다.

'승적이익강'의 어구 바로 앞에 나오는 어구는 "적을 죽이려고 하면 사기를 높여야 하고, 적에게 이득을 취하면 재물로 포상해야 한다(살적자 노야 취적지리자 화야 殺敵者 怒也 取敵之利者 貨也)."라는 글이다. 적개심 또는 사기를 부추기고, 그리고 승리 뒤에는 반드시 포상함으로써 잘 싸울 수 있게 독려하는데, 이렇게 할수록 더욱 강해진다는 뜻이다. 상과 벌에 관해서는 뒤에 이어지는 이순신의 리더십에서 상세하게 다룬다. 여기서는 '승적익강'을 위해서는 확실한 포상이 필요하다는 것을 말하고자 한다. 그리고 적의 포로나 무기를 획득하면 그것을 '내 것'으로 만들어 더욱 강하게 만든다는 『손자병법』의 가르침도 염두에 두어야 한다.

무엇보다 '승적익강'을 위해서는 적을 잘 이용해야 한다. 첫 해전이었던 옥포 해전에서 승리를 거두었던 조선 수군은 나름대로 첫 승리에 대한 자신감이 있었다. "어? 우리가 일본을 이길 수 있네?" 그리고 이순신에 대한 작은 신뢰도 생겼다. "이순신 이 양반, 괜찮은 장수네!" 그동안 전쟁이 없었기 때문에 이순신이 어떤 장수인지 판단할 방법이 없었는데 어쨌든 첫 번째 전쟁에서 이겼지 않았는가. 어쩌면 이순신은 이런 조선 수군의 심리를 꿰뚫고 있었을지 모른다. 그래서 곧바로 옥포 해전이 끝나자마자 그날 그다음의 해전을 시작하였다. 합포 해전이다. 1592년 5월 7일 옥포에서 일본 수군을 무찌른 뒤에 영등포(永登浦) 앞바다로 이동하여 적을 경계하면서 휴식을 취하던 중이었다. 그런데 와키자카 야스하루(脇坂安治)가 이끄는 일본 전선 5척이 지나간다는 척후장(斥候將)의 급보를 받았는데, 이때 이순신은 지체하지 않고 곧 추격 작전을 벌여 합포 해전이 전개되었다. **옥포 해전이라는 큰 전투를 치른 뒤에 모두가 피곤하여 휴식이 절실한 시기였지만 이순신은 곧바로 출동 명령을 내린 것이다.** 그리하여 합포로 도주하여 배를 버린 채 육지로 올라가 조총으로 대응하는 일본 수군을 향하여 총통과 화살로 제압하며 전선 5척을 모두 불태웠다. 합포 해전은 '불과 5척'의 왜선을 상대한 것이지만 옥포 해전에 이어 거둔 승리라 그 의미가 크다. 조선 수군의 자신감은 더욱 커졌을 것이고, 이순신에 대해서 "이 양반은 믿을 수 있겠구나!"라고 생각하게 되었을 것이다. 어쩌면 이순신은 이것을 노렸을지 모른다. 이것이 바로 적을 이길수록 더욱 강해지는 '승적익강'이다.

이순신은 명량 해전 전에 벽파진에 머무를 때 이를 아주 잘해냈다. 1597년 음력 9월 7일, 이순신은 칠천량 해전에서 패배한 조선 수군을 이끌고 지금 벽파진에 와 있었다. 패배 의식에 사로잡힌 조선 수군에게 필요한 것은 '자신감'이었다. 군인이 패배 의식에 사로잡히면 절대로 싸움에서 이길 수 없다. 정신력은 승부에 결정적인 영향을 미친다. 그런데 벽파진에서 16일을 머무는 동안 일본 수군이 4차례나 간헐적으로 공격해 왔다. 이순신은 이들의 공격을 직접 선두에서 막으면서 조선 수군에게 자신감을 넣어주었다. **적의 공격을 오히려 내가 이용하여 전투력을 더 강하게 만든 것이다.** 싸워 이길수록 강해지는 '승적익강' 전략이다.

9월 7일의 『난중일기』를 보자.

……임중형이 와서 보고하기를 '적선 55척 가운데 13척이 이미 어란 앞바다에 이르렀는데, 그 뜻이 우리 수군에 있다'라고 하였다. 그래서 각 배에 엄하게 타일러 경계하였다. 신시(申時, 오후 3시~5시)에 적선 13척이 곧장 아군이 진을 친 곳으로 향해 왔다. 우리 배도 닻을 올려 바다로 나가 맞서서 공격하여 나아가니 적선들이 돌려 달아났다.…… 이경(밤 10시)에 적선이 포를 쏘아 밤의 경보를 알리자 아군의 여러 배가 겁을 먹은 것 같으므로 다시 엄하게 명령을 내렸다. 내가 탄 배가 곧장 적선을 대하여 연달아 포를 쏘니 적의 무리는 저항하지 못하고 삼경에 물러갔다.

일본 수군의 낮 공격을 물리친 이순신은 낌새가 이상해서 장수들을 불러놓고 군령을 하달하였다. "오늘 밤에는 반드시 적의 야습이 있을 것이다. 미리 알아서 준비하라. 조금이라도 군령을 어기는 일이 있으면 군법대로 시행할 것이다."

역시 이순신의 직감은 어김이 없었다. 그날 밤 10시에 숫자는 정확하지 않지만, 수척의 전선이 총을 쏘면서 공격해 온 것이다. 이때 이순신은 직접 선두에 나가서 싸워 물리쳤다.

이렇게 일본 수군의 잦은 공격은 오히려 이순신을 도와주는 꼴이 되었다. 솔선수범으로 직접 선두에 나가서 이들과 싸워 격파하는 모습을 보여주었기 때문이다. 칠천량 해전 이후 패배 의식에 팽배해 있었던 **조선 수군은 어느새 이순신을 보면서 우리도 싸우면 이길 수 있다는 자신감을 얻게 되었다.** 일본 수군도 막상 붙어보면 별것 아니구나라는 생각도 하게 되었을 것이다. "어? 우리도 다시 이길 수 있겠네!"

이렇게 자신감의 회복은 승리에 결정적인 영향을 주는 것이다. 이순신은 이것을 잘 알고 그렇게 유도했다. 자신감은 용기를 불러일으킨다. "두려움을 용기로 바꿀 수만 있다면!"

이렇게 적과 싸워 이길수록 더욱 강해지는 것이 '승적익강'이다. '승적익강'의 또 다른 의미가 있다. 바로 **작은 승리를 반복해서 큰 승리를 얻는 것이다.** 큰 승리, 큰 성공을 단번에 얻으려면 힘이 든다. 그리고 쉽게 포기하게 된다. **그런데 작은 승리, 작은 성공의 체험을 자주 하면 그것이 모여서 마침내 큰 승리, 큰 성공을 만든다.** "천 리 길도 한 걸음부터" "티끌 모아 태산"이라는 말이 딱 이 말이다. 이순신은 벽파진에서부터 명량에 이르기까지 여러 작은 해전을 치르면서 바로 이런 과정을 겪었다. 작은 승리를 여러 번 체험한 조선의 군사들은 자기도 모르게 자신감이 생겼다. 그리고 마음속에 "나도 할 수 있어! 우리는 이길 수 있어!"라는 생각도 했을 것이다. 그리하여 큰 승리, 명량에서의 대첩을 이루어냈다.

뇌과학적으로 볼 때 우리의 뇌는 근본적으로 변화를 좋아하지 않는다. 안정된 상태를 유지하려는 경향이 강하다. 그러다 보니 자기 분수에 넘치는 어떤 큰일을 이루려 하면 자동적 반사로 거부하는 반응을 나타낸다. 그러니 큰일을 이루려 하면 처음부터 큰일을 생각하면 안 된다. 작은 것, 지금 수준에 부담 없이 이룰 수 있는 것부터 시작해야 한다. 그러면서 작은 성취감을 점점 더 자주 느낄 수 있도록 일을 도모해야 한다. 그러면 큰일을 앞두고도 거부감이 없이 도전하게 되는 능력이 생긴다. '스노볼 효과(snowball effect)'와 비슷한 맥락이다. 처음에는 아주 작은 것이지만, 점점 커지는 것이다.

이순신이 옥포 해전 직후에 비록 5척의 적선이지만 곧바로 추격하여 승리를 거둔 데엔 바로 이런 의미가 있다. 작은 승리지만 수시로 체험하는 것이 중요하기 때문이다. 작은 성공의 잦은 체험, 이길수록 강해지는 '승적익강'이다.

정철총통(正鐵銃筒)이라고 들어봤는가? 이순신이 임진왜란 중에 훈련주부(訓鍊主簿) 정사준(鄭思竣)을 시켜서 새롭게 개량한 총이다. 정철(正鐵)이란 잡것이 섞이지 않은 순수한 쇠를 말한다. 적의 총을 내가 더 좋게 하여 나의 전투력을 더 강하게 하는 것도 '승적익강'이라 할 수 있다.

『난중일기』에는 백의종군 중에 이순신이 만난 많은 사람이 등장한다. 그중에서도 정사준은 이순신이 순천에 머물 때 특히 자주

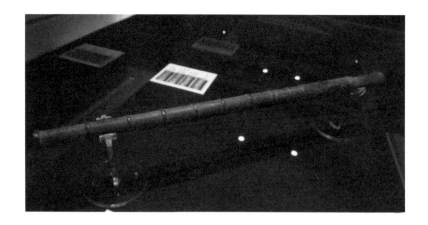

만난 인물이다. 1597년의 일이다.

4월 27일, 정사준이 와서 원균의 패악하고 망령된 행동에 대해 많이
말했다.

5월 1일, 순찰사와 병사가 도원수가 머물고 있는 정사준의 집에 모여
술을 마시며 즐겁게 논다고 하였다.

이순신은 일본군으로부터 노획한 조총(鳥銃)을 본떠 우리 식의
또 다른 조총을 개발하는 데 성공하였다. 이순신이 1593년 9월 초
에 작성한 화포(조총)를 봉해 올리는 일을 임금께 보고하는 장계인
'봉진화포장(封進火砲狀)'에 보면, 그동안의 전투에서 수많은 조총
을 노획하였고, 그 우수한 성능을 잘 알고 있어서 조총을 만들려고
노력한 끝에 드디어 군관 정사준이 그 방법을 터득해서, 대장장이

하늘을 꿰매고 해를 씻기다

(治匠) 낙안 수군 이필종(李必從), 순천 사노비 안성(安成), 김해 절 노비 동지(同之), 거제 절 노비 언복(彦福) 등이 정철(正鐵)을 두드려 조총과 똑같은 성능을 가진 새로운 조총을 만들었다는 내용이 나온다.

> 신이 여러 번 큰 전투를 겪어 왜군의 소총을 얻은 것이 많사온데, 항상 눈앞에 두고 그 묘법을 실험한 바 총신이 길기 때문에 총구멍이 깊고, 또 깊기 때문에 위력이 강하여 맞기만 하면 파손이 되는데, 우리의 승자(勝字)나 쌍혈총통(雙穴銃筒)은 총신이 짧고 총구멍이 얕아서 그 위력이 조총보다 못하고 그 소리도 크지 못하므로 항시 조총을 만들고자 하였던바, 신의 군관 정사준(鄭思竣)이 그 묘법을 알아내어 낙안군수 이필종(李必從), 순천에 사는 종 안성(安成), 김해 절종 동지(同志), 거제 절종 언복(彦福) 등을 데리고 정철(正鐵)을 두드려 만들었습니다.

이 개발에 최소 4명의 대장장이가 뛰어들었음을 알 수 있다. 임진왜란 발발 1년여 만이었다. 이순신은 장계를 임금에게 올리면서 그 주역인 대장장이들의 이름을 일일이 거명하고 포상을 요청하였다. 조총을 무시하던 조선은 뒤늦게야 조총 개발에 나선다. 흔히 임진왜란이 터지고 나서야 조선이 조총이라는 무기를 알게 됐다고 생각하고 있는데 그렇지 않다. 임진왜란 발발 2년 전인 1590년(선조 23) 3월 대마도주 소 요시토시(宗義智)가 선조에게 조총을 진상하고 간 일이 있었다. 그렇지만 조선은 조총의 성능이 활보다 뛰어나지 않다고 판단해 창고에 넣어두고 잊어버렸다.

'봉진화포장(封進火砲狀)'에 이순신은 일본 조총의 구조와 성능을 분석해서 그 우수한 점을 다음과 같이 적었다.

총신이 길기 때문에 총구멍이 깊고, 또 깊기 때문에 위력이 강하여 맞기만 하면 파손이 되는데…….

또 조선 총통의 단점을 다음과 같이 말했다.

우리의 승자(勝字)나 쌍혈총통(雙穴銃筒)은 총신이 짧고 총구멍이 얕아서 그 위력이 조총보다 못하고 그 소리도 크지 못하므로…….

이순신은 이렇게 강점과 아군의 약점을 파악한 뒤에 이를 보완하도록 하였다. 이에 정사준이 대장장이들을 지휘해서 이와 같은 결점을 모두 보완한 것이다.

정철총통(精鐵銃筒)은 실 같은 구멍과 불을 붙이는 기구 등이 (왜군 조총과) 조금 다르지만 며칠 내로 만들 수 있습니다. 만드는 것도 대체로 어렵지 않습니다. 왜군을 물리칠 수 있는 무기로는 이보다 더 나은 것이 없습니다. 조총 다섯 자루를 봉하여 올려보냅니다.

하늘을 꿰매고 해를 씻기다

이순신이 조총 제작에 성공한 것은 임금에게 장계를 올리기 4개월 전인 1593년 5월이었다. 『난중일기』 1593년 5월 12일자에 "새로 만든 정철총통을 비변사로 보냈다(新造正鐵銃筒 送于備邊司)."라는 대목이 있다. 이순신은 새롭게 개량된 조총을 정철총통(正鐵銃筒)이라 쓰기도 하였고, 조총(鳥筒)이라 하기도 하였다. 일본의 조총은 왜통(倭筒)이라 적기도 하였다. 1593년 9월 15일 일기 뒤 메모를 보면, 온갖 생각 끝에 조총을 만들었는데 왜통과 비교해도 아주 절묘하다면서 명나라 사람들이 시험 사격을 했는데 잘 만들었다고 칭찬하지 않는 사람이 없었다고 적었다. **그만큼 개량된 정철총통은 적의 것보다 성능이 뛰어났다. 그야말로 '승적익강'이다.**

이순신은 자신의 수군 각 진영과 각 고을에서 조총을 만들도록 했으며, 대장장이들이 만든 조총 1자루는 권율에게도 보냈다. 그리고 임금에게 5자루를 봉해 올리면서 전국 각지에서 이 조총을 만들도록 명할 것과 조선의 조총을 만드는 데 성공한 정사준과 대장장이들에게 특별한 상을 내릴 것을 요청하였다. 보고를 받은 선조는 이에 대해 아무런 대답도 없었고, 아무런 조치도 하지 않았다. 심지어 새로운 총통을 선조 자신이 먼저 만들었다는 희한한 말이 떠돌기도 하였다. 아쉽게도 이순신이 만든 정철총통은 지금 전해지는 것이 없다.

임진왜란 초기 일본군의 무자비한 조총(鳥銃, 뎃뽀) 공격에 조선군이 '무(無)뎃뽀'로 대응하다가 모두 당하고 도망치는 것에 분통이 터져 이순신이 1593년 5월 일본 것보다 훨씬 좋은 정철총통을 개발하였지만, 제대로 활용도 하지 못하고 임진왜란 내내 조선군은 일본군의 조총 공격에 무너졌으니, 오호통재(嗚呼痛哉)라! 우리 조선군과 백성이 흘렸던 피를 조금이라도 줄일 수 있었을 터인데 말이다.

  적을 이길수록 더 강해지는 '승적익강'을 기억하자. 작은 성공을 반복하자. 영어를 정복하고 싶은가? 매일 매일 몇 개의 단어를 암기하자. 내 이름으로 책을 내고 싶은가? 매일 매일 반쪽 분량의 글을 써보자. 원하는 집을 사고 싶은가? 매일 매일 적은 돈을 저축해보자. 건강하고 싶은가? 매일 매일 계단을 걸어서 올라가보자. 확실히 '승적익강'은 우리가 성공적인 삶을 살 수 있도록 이끌 것이다.

욕심을 버리고 빨리 끝내는 졸속

졸속(拙速)
(단기결전, 깔끔한 마무리)

드디어 지붕을 얹을 시간이 왔다. '자보전승'의 기반 위에 일곱 기둥의 전략을 다 설명하였다. 이제 이순신의 전략을 마무리하는 지붕을 올려보자. 그 마무리는 '졸속(拙速)'이다. 졸속은 『손자병법』 제2 작전 편에 나오는 말이다. 바로 "전쟁에 그 **솜씨가 매끄럽지 못하더라도 빨리 끝내야 함**은 들었어도, 솜씨 있게 하면서 오래 끄는 것은 보지 못하였다. 무릇 전쟁을 오래 끌어서 나라에 이로울 것이 없나니, 그러므로 전쟁을 할 때의 해로움을 다 알지 못하면 전쟁을 할 때의 이로움을 다 알 수 없다(병문졸속 미도교지구야 부병구이국리자 미지

유야 고부진지용병지해자 즉불능진지용병지리야 兵聞拙速 未睹巧之久也 夫兵久而國利者 未之有也 故不盡知用兵之害者 則不能盡知用兵之利也)."이다.

졸속의 의미는 비록 내가 원하는 것을 다 이루지는 못할지라도 '빨리 끝내는 것'을 말한다. 여기에는 깊은 뜻이 숨어 있다. 우리가 흔히 말하는 졸속의 부정적인 의미가 아니다. '행정 졸속' '졸속 처리'처럼 졸속이라 하면 아무렇게나 해서 빨리 끝내버리는 것이라는 부정적인 의미가 강하지만, 손자가 말하는 졸속은 그것이 아니다. 욕심을 채우기 위해서 오래 끌지 말라고 하는 의미이다. 졸속은 '깔끔한 마무리'까지 연결이 된다. 졸속을 위해서는 욕심을 버리고 그 앞에서 딱 멈추는 '용기'가 필요하다. 용기 있는 자만이 졸속을 할 수 있다.

이순신은 해전을 특별한 경우가 아니면 오래 끌지 않았다. 모든 역량을 동원해서 집중적으로 운용하여 한꺼번에 몰아붙여 빨리 끝냈다. 어떤 해전은 1시간 안에 끝내기도 하였다. 그리고 전리품을 더 많이 얻기 위하여 수급을 베는 일을 절제시켰다. 오래 끌면 여러 가지 문제가 생기기 때문이다. 깔끔한 마무리를 위해서였다. 졸속은 두 가지에 집중하는 것이다. 빨리 승부를 보는 단기 결전, 그리고 깔끔한 마무리이다.

　　　　　　　　하늘을 꿰매고 해를 씻기다

오래 질질 끌면 전(全)에서 멀어진다. 오래 끄는 만큼 깨짐, 즉 파(破)가 많아지기 때문이다. 그래서 이순신 전략의 기반인 '자보전 승'은 '졸속'으로 완성된다.

옥포 해전의 마지막 장면을 보자. 조선 수군은 도망가는 일본 수군을 포위하고 맹렬하게 포격을 가해 26척을 격파하였다. 그리고 일본군에게 포로로 잡힌 3명을 구출하고 임진왜란 중 해전에서 첫 승리를 거두었다. 이날 전투에서 탈출에 성공한 왜선은 몇 척에 불과하였다. 미처 배를 타지 못한 일본 수군은 육지로 달아났다.

맹렬하게 포격을 가해서 '빨리' 승부를 결정지었다. 그리고 육지로 달아날 때 이순신은 이들을 추격하지 않도록 하였다. 끝까지 따라가다가 우리 편이 피해를 볼 수 있기 때문이다. 졸속의 정신이다.

합포 해전을 보자. 옥포 해전 후 영등포 앞바다로 물러나 유숙할 준비를 하던 중 오후 4시쯤 멀지 않은 바다에 또 왜선 5척이 지나간다고 척후장이 보고하므로 이를 쫓아가니 웅천 땅 합포 앞바다에 이르러 일본 수군들이 배를 버리고 육지로 올랐다. 이에 전라좌수군의 여러 장수가 합력하여 적선 5척을 분멸시켰다.

여기에서도 '빨리' 승부를 봤고, 육지에 올라간 일본군을 끝까지 따라잡지 않았다. 졸속의 정신이다.

당포 해전을 보자. 조선 함대가 접근하자 일본 수군은 조총을 쏘며 맞섰다. 거북선을 앞세워 현자총통을 비롯한 천자·지자총통을 쏘아대는 한편, 뱃머리로는 왜장선을 들이받으며 격파하였다. 이어 화포와 화살을 왜장선에 집중적으로 발사하였다. 왜장이 죽자, 일본 수군은 전의를 상실하고 육지로 도망치기 시작하였다.

여기에서도 모든 화력을 집중해서 '빨리' 승부를 결정지었고, 육지로 도망간 일본군을 추격하지 않았다. 졸속의 정신이다.

이순신의 졸속 전략에 조선 수군이 마음을 같이할 수 있었던 것은 이순신의 특별한 배려 덕분이었다. 비록 왜적의 목을 베지 못하더라도 논공을 할 때 정확하게 살펴보고 그에 합당한 상을 주겠다고 했기 때문이다. 그리고 그 약속은 반드시 지켰다. 옥포와 당포 해전 후에 쓴 '당포파왜병장'을 보자.

……신은 당초에 여러 장수와 군사들에게 약속하기를, '전공을 세워 이익을 얻으려 탐을 내어 적의 머리를 서로 먼저 베려고 다투다가는 자칫하면 도리어 해를 입어 죽거나 다치는 자가 많이 생긴다. 그러므로 쏘아서 죽인 뒤 비록 목을 베지 못하더라도 논공(論功)을 할 때 힘껏 싸운 자를 으뜸으로 할 것'이라고 거듭 지시하였습니다. 때문에 이제까지 네 번 맞붙어 싸울 때 활에 맞아 죽은 왜적들이 매우 많았지만 목을 벤 숫자는 많지 않았습니다. 그러나 경상우수사 원균은 접전

한 다음 날 협선(挾船)들을 나누어 보내어 왜적의 시체를 거의 다 거두어 목을 베었습니다.

마지막 부분에 원균에 대한 이야기가 나온다. 원균에 대한 이야기는 리더십에서 다시 다룬다. 원균처럼 쓸데없는 공명심에 눈이 어두워지면 절대로 졸속이 안 된다.

이순신 전략의 마무리는 '졸속'이다. 전쟁을 오래 끌지 않고, 모든 전투력을 집중해서, 비록 내가 원하는 전과에는 미치지 못할지라도, 보기에 썩 매끄럽지는 못할지라도 '빨리' 끝내고, '깔끔하게 마무리'하는 것이 졸속이다. 사람은 어떤 일이 잘 안 풀릴 때는 멈추기 쉽다. 그러나 잘 풀려나갈 때 멈추는 것은 결코 쉽지 않다. 그래서 멈출 수 있는 용기와 결단이 필요한 것이다.

이제 이순신의 전략을 그림으로 확인하면서 다시 한번 정리해보자. 전략의 기반은 '자보전승'이다. 나를 보존하고 온전한 승리를 거두는 것이다. 기반은 정(正)이다. 근본이자 원칙이다. 그리고 기반 위에 일곱 기둥이 있다. 이 기둥은 기(奇)이다. 기는 정을 기반으로 하되, 얼마든지 다른 것으로 새롭게 창출될 수 있다. 상황은 늘 변하기 때문에 변하는 상황船에 따라 기는 달라져야 한다. 여러분은 어떤 기둥을 새로 세우고 싶은가? 마무리는 '졸속'이다. 욕심을 버리고 가능한 한 '빨리' 승부를 보고, 깨끗하게 마무리하는 것이다. 이순신

은 이 전략으로 그에게 주어진 모든 해전에서 완벽하게 승리를 달성하였다. 졸속하라!

자보전승의 기반과 7개의 기둥으로 이리저리 찢겨져 너덜너덜한 나라를 구했으니 이것이 찢겨진 하늘을 꿰매는 이순신의 '보천(補天)'이다.

2부

이순신의 리더십
_어떻게 이순신은
모든 사람의 마음을 움직였을까

이순신의 리더십이란?

인류는 도전하는 사람에 의하여 조금씩 앞으로 나아갔다. 미지의 세계였던 남극도 누군가에 의하여 용감하게 발을 디뎠을 때 그 베일이 하나씩 벗겨지면서 세상에 알려졌다. 1910년에 영국의 스콧과 노르웨이의 아문센은 인류 최초로 남극을 탐험하기 위하여 자기 나라에서 출발하였다. 두 탐험가는 먼저 남극에 도달하기 위하여 팽팽하게 경쟁하였다. 그런데 결과적으로 이 경쟁에서 아문센이 이겼다. 스콧은 끝내 돌아오지 못하고 남극의 어느 한곳에서 대원들과 함께 쓸쓸히 죽음을 맞이하였다. 역사에 큰 업적을 남기고 영광을 한몸에 받았던 아문센과 패배자로서 잊혀진 존재가 된 스콧. 이들의 차이가 무엇이었을까? 바로 그들이 보여준 리더십의 차이였다. 스콧은 영국의 해군장교였다. 그런 영향인지는 몰라도 그는 부하들을 군대식으로 일괄 통제하였다. 상황에 맞게 융통성 있게 사람들을 다뤄야 하는데도 불구하고 자기의 주장만 앞세웠다. 그래서 스콧의 대원은 경직되었고, 어떤 위험한 상황에 직면했을 때 스스로 해결하지 못하였다. 반면에 아문센은 상황에 맞게 융통성 있게 대원들을 이끌었다. 각자의 신체와 능력에 맞도록 임무를 적절히 분담해주었고, 모두가 즐겁게 임무를 수행할 수 있도록 도왔다. 그래서 아문센의 대원들은 모두가 즐겁게 자기의 일을 할 수 있었다. 결과적으로, 예측 불가능한 남극의 여러 극한 상황에서도 모두가 아문센을 중심으로 한마음이 되어 잘 극복하였다. 아문센의 이러한 리더십 덕분에 그에게 속한 사람들도 살았고, 나아가 그의 나라 노르웨이의 이름도 세계에 빛나게 되었다. 리더십은 이렇게도 중요하다. 한 사람이 갖는 리더십이 작게는 그가 책임지고 있는 사람들과 조직에 영향을 주고, 나아가 그가 속한 나라에 이르기까지 지대한 영향을 주는 것이다. 우리가 지금 이순신의 리더십을 살펴보는 것도 이런 맥락에서이다.

이순신의 리더십을 어떤 특정한 틀에 넣기가 쉽지 않다. 왜냐하면 그만큼 그의 리더십은 다양한 관점에서 도출이 가능하기 때문이다.

리더십의 기본은 사람의 마음을 움직이는 것이다. 그것도 억지로 움직이는 것이 아니라 자연스럽게 움직여지도록 만드는 것이다. 이를 입증하기 위해서 이순신이 아주 어릴 때 경험한 재미있는 사례를 하나 보자. 이순신의 나이가 4살 때인가 아니면 5살 때인가 확실하지는 않지만 이런 이야기가 있다.

하루는 아버지 이정이 방에 앉아서 이순신에게 "네가 나를 마루로 나가게 할 수 있겠느냐?" 하고 물었다. 이순신은 "아버지가 방 안에 계시니 마루로 나오게 하는 것은 아주 어려워서 방법이 없습니다만, 만약 아버지께서 마루에 계시다면 방으로 가게 하는 것은 쉬울 듯하니, 쉬운 문제부터 시험하십시오."라고 하였다. 이 말을 들은 아버지가 껄껄 웃으면서 이순신의 말대로 마루로 나와 앉으며 **"그러면 네가 쉽다는 문제를 내보라."**고 하자 이순신은 크게 웃으면서 **"아버지가 마루에 나와 앉으시니 저의 계교가 이루어졌습니다."** 하고 즐거워하였다.

이렇게 이순신은 아주 어릴 때부터 남다른 순발력과 재치가 있었다. 이 이야기는 김기환의 『이순신공세가(李舜臣公世家)』에 나온다. 이런 영특한 이순신이 자라서 나라를 구하는 인물이 되었다. 그의 특출한 전략과 더불어 사람의 마음을 깊이 움직이는 리더십에 이르기까지 우리가 이순신에게 배워야 할 점은 너무나 많다.

리더십은 현장에서 살아 움직여야 한다. 머릿속에만 머무는 리더십은 아무 소용이 없다. 세상에는 리더십에 관한 많은 이론이 있고, 그 이론을 잔뜩 머릿속에 담고 있는 리더도 많다. 리더십에 관한 많은 '지식'이 사람들에게 무슨 영향을 미칠 수 있단 말인가? 입만 살아서 말만 하는 리더도 많다. 목마른 사람에게는 "물 마셔!"라고 하지 않고 직접 시원한 물 한 컵을 갖다주는 것이 진짜 리더십이다.

이순신의 리더십이 우리에게 주는 가장 큰 교훈은 말에 머무르지 않고, 지식에만 머무르지 않고, '행동'으로 '삶'으로 보여주었다는 것이다. 이것이 가장 위대한 점이라 할 수 있다.

이순신의 리더십 프레임

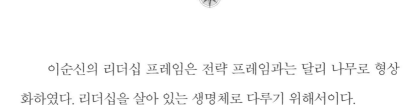

이순신의 리더십 프레임은 전략 프레임과는 달리 나무로 형상화하였다. 리더십을 살아 있는 생명체로 다루기 위해서이다.

이순신 리더십이라는 큰 나무에 영양을 공급하고, 그 바탕을 든든하게 지탱해주는 뿌리는 '사랑과 정의'이다. 이순신의 마음에 가득 들어 있는 '사랑과 정의'를 잘 이해해야 이순신의 리더십을 제대로 이해할 수 있다.

뿌리에서 영양을 공급받아 위로 뻗어가는 나무의 중간 부분은 ①소통과 공감 ②함께하기 ③존중배려 ④신상필벌 ⑤전심전력 ⑥자급자족 ⑦솔선수범 ⑧겸손희생 ⑨사람냄새 ⑩실력인품이다. 물론 이 열 가지가 전부는 아니다. 얼마든지 다른 것으로, 더 많이 도출할 수 있다. 가장 대표적인 것이라고 생각되는 것만 골랐을 뿐이다. 그리고 마지막 리더십의 열매는 '솔연'이다. 솔연은 완전하게 한 마음을 만드는 것과 최대의 성과 달성이라는 두 마리 토끼를 다 잡는 것이다. 솔연은 가장 이상적인 조직의 상징이다.

뿌리인 '사랑과 정의'는 정(正)이다. 근본이며 바탕이다. 거의 변하지 않는다. 이순신의 리더십은 여기서부터 출발한다. 그리고 중간의 10개 부분의 몸통은 기(奇)이다. 기는 유연성이 있다. 마치 카멜레온처럼 상황에 따라 변할 수 있다. 새로운 트렌드에 맞추어 변화를 주어야 하는 것이다. 이걸 못하면 융통성 없는 꼰대 소리를 듣는다.

하늘을 꿰매고 해를 씻기다

이순신 리더십의 뿌리1_사랑

사랑

이순신 리더십의 첫 번째 뿌리는 '사랑'이다. 사랑의 대상은 나라, 백성, 부모, 아내, 자녀, 동료, 부하이다.

1595년 1월 1일『난중일기』에는 나라 걱정에 밤을 지새운 기록이 있다.

> 촛불을 밝히고 홀로 앉아 나랏일을 생각하니 나도 모르게 눈물이 흘렀다(명촉독좌 념지국사 불각체하 明燭獨坐 念至國事 不覺涕下).

사람은 혼자 있을 때 그 사람의 인격이 드러난다. 무슨 생각을 많이 하는가가 바로 그 사람의 인격이다. 조선 중기의 문신 김집(金集)은 "혼자 갈 땐 그림자에도 부끄럽지 않고, 혼자 잘 땐 이불에도 부끄럽지 않다(獨行不愧影 獨寢不愧衾)."라는 진덕수(陳德秀)의 말을 매우 좋아했다고 한다. 진덕수는 송나라의 학자였다. 김집은 서재의 편액(扁額)에 '신독(愼獨)' 두 글자를 새겨두었다. 신독은『대학』에 나오는 "군자는 반드시 홀로 있을 때도 삼가야 한다(君子必愼其獨也)."라는 말을 줄인 것이다.

갑오년 2월 16일의 일기에 보면 "나라를 위하는 아픔이 더욱 심하다 (위국지통유심 爲國之痛愈甚)."라고 표현하고 있다. 나라를 생각하며 깊은 아픔을 느끼는 사람이 얼마나 있을까? 이순신은 사랑하는 나라를 지키기 위해 7년 동안 허리에 차는 띠를 풀지 않았다고 한다. 이른바 '칠년불해대(七年不解帶)'이다. 언제라도 전쟁에 뛰어들 준비를 한 것이다.

이순신의 나라 사랑과 백성 사랑은 더 이상 언급할 필요가 없다. 백의종군 중에 남해안을 도는 과정에서 길에서 백성을 만났을 때 이순신은 말에서 내려(하마, 下馬) 그들과 악수하며(악수, 握手) 알아듣도록 타일렀다(개유, 開諭). '하마 · 악수 · 개유'는 이순신이 얼마나 백성을 아끼고 사랑하는지 한마디로 보여준다. 백성을 보자 말에서 내린 것이다. 높은 자리에 있지 않겠다는 것이다. 그리고 손을 잡았다. 따뜻한 온기가 느껴졌을 것이다. 사람의 온도다. 그리고 전쟁은 곧 끝날 테니 너무 걱정하지 말고 몸이나 잘 간수하라고 알아듣게 타일렀을 것이다. 이 모습이 이순신이다.

1597년 8월 7일의 『난중일기』에 보면 이런 글이 있다.

반형좌어로방(班荊坐於路傍)

'반형좌어로방'이 무슨 뜻일까? '반형좌(班荊坐)'는 『춘추좌전』

에 나오는 고사이다. 싸리나무를 꺾어 앉는다는 뜻이다. '반형좌어로방'이라는 말은 길가에서 싸리나무를 꺾고 그 위에 앉아 이야기를 나눈다는 뜻이다. 말에서 내려 싸리나무 위에 앉아 사람을 대한다는 의미다. 이순신은 백성을 대할 때 지극히 겸손한 자세로 낮추고 그들의 눈높이에서 따뜻하게 손을 잡고 위로의 말을 건넸다. 이순신의 진심 어린 백성 사랑이다.

이순신은 자기 자신에게는 엄격하였지만, 가족에 대한 사랑은 지극하였다. 부모와 아내와 자녀에 대한 사랑은 일기의 여러 군데에 자주 등장한다. 앞에 소개한 나라 걱정에 저절로 눈물을 흘렸다는 글 바로 이어서 나오는 글을 보자.

또 팔순의 병드신 어머니를 생각하니 근심으로 밤을 지새웠다(又念 八十病親 耿耿達夜).

이순신은 자기 머리에 흰 머리카락이 발견되면 그보다 더 늙으신 어머니를 생각하며 마음 아파하였다.

잠깐 비가 내리다 개다. 아침에 흰 머리카락 여남은 올을 뽑았다. 그런데 흰 머리칼인들 어떠하랴만 다만 위로 늙으신 어머니가 계시기 때문이다.(임진년 6월 12일)

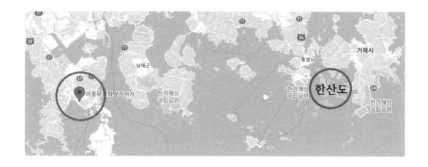

이순신이 여수에 전라좌수영 본영을 두고 있을 때는 거리가 가까워서 어머니를 뵙는 데 큰 어려움이 없었다. 그런데 1593년 7월 15일에 본영을 한산도로 옮겼다. 한산도에서 삼도수군통제사도 되었다. 이때부터가 문제였다. 한산도에서 이곳 여수 자당 기거지까지 얼마나 먼가. 배를 타고 먼 바닷길을 가야 한다. 육지로 가는 길을 봐도 135킬로미터이다. 1593년 7월 15일부터 명량 해전 직전 투옥되기까지 거의 4년을 한산도에서 이곳 여수로 배를 타야 했다. 늘 변하는 사나운 바다 날씨도 관건이었다.

이때의 일기를 보자.

아침에 어머니를 뵈려고 배를 타고 바람 따라 바로 곰내(古音川 ; 熊川)에 대었다. 남의길(南宜吉)·윤사행(尹士行)·조카 분(芬)이 함께 가서 어머니 앞에 가서 뵈니 어머니는 아직 주무시며 일어나지 않으셨다. 웅성거리는 소리에 놀라 깨어 일어나셨다. 기력은 약하고 숨이 금방 넘어갈 듯 깔딱거려 돌아가실 때가 가까워진 것 같아 감추는 눈물이

절로 내렸다. 말씀하시는 데는 착오가 없으셨다. 적을 토벌하는 일이 급하여 오래 머물 수가 없었다.(갑오 1594년 1월 11일)

아침 식사를 한 뒤에 어머니께 하직을 고하니, '잘 가거라. 부디 나라의 치욕을 크게 씻어야 한다'라고 두 번 세 번 타이르시며, 조금도 떠나는 뜻이 싫어 탄식하지 않으셨다. 선창(船倉)에 돌아오니, 몸이 좀 불편한 것 같다. 바로 뒷방으로 들어갔다.(갑오 1594년 1월 12일)

이순신은 이렇게 자나 깨나 어머니 걱정뿐이었다. 수시로 안부를 물었으며 소식을 접할 수 없을 때는 눈물을 흘렸다.

어머니의 안부를 알 수 없었다. 답답하여 울었다. 답답하여 울었다(미지천지평부 민읍민읍 未知天只平否 悶泣悶泣).(을미 1595년 6월 4일)

얼마나 답답했으면 '답답해서 울었다'를 두 번씩이나 적었을까! 민읍민읍(悶泣悶泣)! 여기에 보면 이순신은 어머니를 '천지(天只)'라고 부르고 있다. 뒤에 있는 '지(只)'는 어조사이니 뜻이 없다. 그러니 이순신에게 어머니는 그야말로 '하늘(天)'과 같은 존재였다.

이순신이 공무 때문에 오랫동안 어머니를 만나지 못해 체찰사인 이원익(李元翼)에게 보낸 휴가 신청서의 내용을 보면 얼마나 이순신이 어머니에 대해 절절한 효심이 있는지 잘 알 수 있다. 이 글은 읽는 이의 심금을 울린다. 조금 길지만 천천히 읽어보면 좋겠다.

살피건대, 세상일이란 부득이한 경우도 있고 정에는 더 할 수 없는 간절한 대목도 있습니다. 자식 걱정하시는 그 마음을 위로해드리지 못하는바 아침에 나가 미처 돌아오지만 않아도 어버이는 문밖에 서서 바라본다 하거늘 하물며 자식을 못 보신 지 3년째나 되옵니다. 얼마 전에 하인 편에 편지를 대신 보내셨는데 '늙은 몸의 병이 나날이 더해가니 앞날인들 얼마 되랴. 죽기 전에 네 얼굴을 다시 한번 보고 싶다'라고 했습니다. 남이 들어도 눈물이 날 말씀이거늘 하물며 그 어머니의 자식이야 오죽하겠습니까. 그 기별을 듣고 마음이 산란하여 일이 손에 잡히지 않습니다. 제가 지난날 건원보 군관으로 있을 때 아버님이 돌아가셨는데 살아 계실 때 약 한 첩을 다려드리지 못하고 영결조차 하지 못하여 언제나 그것이 제게 평생의 한으로 남아 있습니다. 이제 또한 어머니께서 일흔을 넘기시어 해가 선산에 닿았은즉 이러다가 만일 또 하루아침에 다시는 뵈실 일이 없는 슬픔을 당하면 저는 또 한번의 불효한 자식이 될 뿐만 아니라 어머니께서도 지하에서 눈을 감지 못하실 것입니다. 이 애틋한 정곡을 부디 살피시어 며칠간의 휴가를 허락해주시면 한번 가게 됨으로써 늙으신 어머님 마음이 적이 위로될 수 있을 것입니다. 그리고 그사이에 무슨 변고라도 있으면 어찌

하늘을 꿰매고 해를 씻기다

휴가 중이라고 해서 감히 중대한 일을 그르치겠습니까?

과연 명문이다. 이 휴가 신청서를 보면 공무에 바빠서 3년간이
나 어머니를 뵙지 못한 내용과 약 한 첩 제대로 다려드리지 못했던
아버지에 대한 죄송함이 고스란히 담겨 있다. 편지를 읽은 이원익은
감동하여 답장을 보냈다.

지극한 정곡이야 피차에 같습니다. 이 글월이야말로 사람의 마음을
움직이는 것입니다. 그러나 공사에 관계된 일이므로 나로서도 얼른
가라 말라 하기 어렵습니다.

이순신은 에둘러 표현한 이원익의 속내를 읽고 어머니를 뵈러
갔다. 그리고 6개월 후인 1597년 4월에 어머니가 세상을 떠났다. 만
약 이때 못 뵈었으면 얼마나 안타까웠겠는가. 당시 이순신은 백의종
군 중으로 남쪽으로 내려가는 길이었다. 그런데 이순신이 석방되었
다는 소식을 접했던 어머니가 아들을 보기 위해서 여수 고음천에서
배를 타고 오다가 그만 돌아가신 것이다. 이때가 4월 11일이다. 어
머니 나이가 83세였다. 이순신은 아산 본가에 있다가 **급히 아산 인주
면 해암리에 있는 게바위로 달려가서 어머니의 시신을 거두었다. 이순
신은 『난중일기』에 이때의 심정을 '벽용(擗踊)'이라고 적었다.** 가슴을 치
고 뛴다는 뜻이다. 사람의 감정이 절제할 수 없을 만큼 비통한 상태
를 말한다. 현지에 가면 게바위 비석을 세워 그 장소를 기념하고 있

음을 확인할 수 있다.

이순신은 어머니의 장사도 제대로 치르지 못한 채 백의종군 길을 재촉해야 했다.

남쪽으로 갈 일이 또한 급박하니, 울부짖으며 곡을 하였다. 오직 어서 죽기만을 기다릴 뿐이다.(정유년 4월 16일)

내가 오로지 한마음으로 나라에 충성하고 부모에 효도하고자 하였지만 오늘에 이르러 모든 것이 허사가 되어버렸다.(정유년 4월 19일)

이순신은 돌아가신 아버지에 대해서도 항상 잊지 않고 애도하였다. 1594년 11월 15일의 『난중일기』를 보자.

　　　　　　　　　　하늘을 꿰매고 해를 씻기다

오늘은 아버님의 제삿날이므로 나가지 않고 조용히 앉아 있으니 슬픈 회포를 어찌 다 말할 수 있으랴. 아들 울의 편지에 어머니께서 안녕하시다고 하니 다행이다.

1592년부터 1597년까지의 『난중일기』에 보면 어머니의 안부를 묻는 기록이 101회나 나온다. 아버지에 대한 기록은 5번이다.

이순신은 아내에 대해서도 애틋한 심정을 드러냈다. 1594년 8월 30일의 『난중일기』에는 장문포 해전을 앞둔 시기에 아내가 아프다는 말을 듣고 걱정하는 심정을 애타게 담았다.

아내의 병이 위독하다 한다. 벌써 생사 간의 결말이 나왔을지도 모르겠다. 그러나 나랏일이 이러하니 다른 일에는 생각이 미칠 길이 없구나. 다만 세 아들, 딸 하나가 어떻게 살아갈 것인가. 마음이 아프고 괴롭구나.

앉았다 누웠다 하면서 잠을 이루지 못하여 촛불을 밝힌 채 이리저리 뒤척였다. 이른 아침에 손을 씻고 고요히 앉아 아내의 병세를 점쳐보니, 중이 환속하는 것과 같고, 다시 쳤더니, 의심이 기쁨을 얻은 것과 같다는 괘가 나왔다. 아주 좋다. 또 병세가 덜해질지 어떤지를 점쳤더니 귀양 땅에서 친척을 만난 것과 같다는 괘가 나왔다. 이 역시 오늘 중에 좋은 소식을 들을 조짐이있다.(갑오 1594년 9월 1일)

아내를 향한 지아비로서의 애절한 마음이 그대로 묻어 있다. 이순신에게는 부안사람인 첩이 한 명 있었으나 이는 당시 관례에 따른 것이었다.

이순신은 자식들을 지극히 사랑했다. 이순신은 23세에 회(薈), 27세에 울(蔚), 33세에 면(葂)을 얻었으며, 딸이 하나 있었다. 이순신은 이런 자식들을 사랑하였다. 사랑했기 때문에 자식 교육도 남달랐다. 이항복이 쓴 『충민사기』에 보면 이순신의 남다른 자식 교육 방법이 나와 있다. 이순신은 자식들을 앉혀놓고 이렇게 말하였다. "만일 누가 묻는 사람이 있거든 너희들은 그의 공로를 말하지, 단점을 말하지 마라." 다른 사람에 대해서는 좋은 점만 이야기하고 나쁜 점은 이야기하지 말라는 교훈이다. 이렇게 자식을 사랑하는 만큼 자식이 올바르게 자라도록 엄격하게 교육했다.

아들이 이순신 곁을 잠시 떠나도 걱정 때문에 잠을 자지 못하는 날도 많았다.

아침에 아들 울(蔚)이 본영으로 갔다. 작별하는 회포가 쓸쓸하다. 홀로 빈 집에 앉았으니 마음을 걷잡을 수 없다.(1596년 6월 11일)

1597년 정유년 7월 10일의 일기에 보면 이런 기록이 있다.

하늘을 꿰매고 해를 씻기다

새벽에 열과 변존서를 보낼 일로 앉아서 날이 새기를 기다렸다. 일찍 아침 식사를 하였는데 정을 억누르지 못하고 통곡하며 떠나보냈다.

여기서 열(悅)은 둘째 아들 울(蔚)을 말한다. 이순신은 둘째 아들의 이름을 어머니가 돌아가신 뒤인 5월 3일에 개명하였다. 그날의 『난중일기』에 보면 "싹이 처음 생기고 초목이 무성하게 자란다는 뜻이니 글자의 뜻이 매우 아름답다."라고 적고 있다. 이름을 바꿀 만큼 아들에 대한 사랑이 남달랐다. 그런데 여기서도 주목할 것이 있다. 개명을 한 시기가 어머니가 돌아가신 뒤라는 것이다. 왜 그랬을까? 어머니를 생각해서였다. 어머니가 손자를 부를 때 항상 울(蔚)이라고 하지 않았던가. 그래서 그런 어머니를 생각해서 그냥 그 이름을 놔둔 것이다. 그만큼 이순신은 어머니의 아주 세심한 부분까지 마음에 둔 것이다. 그러나 늘 마음에 품고 있었던 생각이 있었으니 아들 이름을 바꾸는 것이었다. 보다 좋은 이름을 주고 싶었던 것이다. 이런 아들이기에 잠시 어디로 보내는 데도 마음이 편치 않아 통곡할 정도였다. 그다음 날의 일기다.

열이 어떻게 갔는지 염려하는 마음을 견디기 어렵다. 더위가 극심하여 걱정이 끊이지 않았다.

아들 때문에 전전긍긍하고 있는 아버지 이순신의 모습이 눈에 선하다. 이순신은 막내아들인 면을 특히 사랑했는데, 남달리 담대하

고 총기가 넘쳤기 때문이다. 면이 아팠을 때 이순신은 점을 치면서
마음을 달래기도 하였다.

> 홀로 앉아 아들 면의 병세가 어떨까 하고 글자를 짚어 점을 쳐보았더
> 니, 임금을 만나보는 것과 같다는 괘가 나왔다. 아주 좋았다. 다시 짚
> 으니, 밤에 등불을 얻은 것과 같다는 괘가 나왔다. 두 괘가 다 좋았
> 다. 마음이 좀 놓인다.(1594년 7월 13일)

눈에 넣어도 아프지 않을 막내 면이 명량 해전 직후에 일본군의
복수로 아산 본가에서 전사하였다. 1597년 10월 14일의 『난중일기』
를 보자.

하늘을 꿰매고 해를 씻기다

저녁에 어떤 사람이 천안에서 와서 편지를 전하는데, 아직 봉함을 열기도 전에 뼈와 살이 먼저 떨리고 마음이 조급해지고 어지러웠다. 대충 겉봉을 펴서 열(둘째 아들)이 쓴 글씨를 보니 겉면에 '통곡' 두 글자가 쓰여 있었다. 마음으로 면이 전사했음을 알게 되어 나도 모르게 간담이 떨어져 목 놓아 통곡하였다. 간담이 타고 찢어지는 것 같다. 내가 죽고 네가 사는 것이 이치에 마땅한데 네가 죽고 내가 살았구나. 천지가 깜깜하고 해조차도 빛이 변했구나. 슬프다, 내 아들아, 나를 두고 어디에 갔느냐.

이순신은 나흘이 지나도록 부하들 때문에 마음껏 울어보지도 못하였다. 결국 소금 굽는 강막지의 집에 가서 목 놓아 통곡하였다. 면의 나이 이제 겨우 21살이었다.

이순신은 1589년 12월 정읍 현감에 부임하게 되었다. 이때 형들의 식구들까지 데리고 갔다. 1580년에 둘째 형 요신이, 1587년에 맏형 희신이 요절한 것이다. 어쩔 수 없이 두 형의 식솔과 그 자식들과 어머니를 부양하게 되었다. 임지로 데리고 간 식구는 무려 24명이었다. 남솔(濫率)이 된 것이다. 남솔이란 당시 지방 관리들이 식솔들을 많이 거느리는 폐단을 말한다. 어떤 사람이 복무규정에 어긋난다며 비난하였다. 이순신은 눈물을 흘리며 말하였다. "차라리 남솔의 죄를 지을지언정 의지할 데 없는 어린 조카들을 차마 버리지 못하겠소."

비록 욕을 먹을지언정 피붙이들을 몰라라 할 수 없었다. 그런데 이순신이 거두었던 조카들은 전쟁할 때 목숨 걸고 이순신을 도왔으니 얼마나 대견한 일인가. 『난중일기』에 이들의 이름 뇌, 분, 변, 완, 봉, 해를 적어두었다. 특히 맏형 희신의 차남인 분과 둘째 형 요신의 차남인 해는 이순신 바로 밑에서 종군하며 적극적으로 이순신을 도왔다.

맑다. 해(荄)와 분(芬)이 무사히 본영에 도착했다는 편지를 받아보니 기뻤다. 그러나 그 고생하는 모습들은 이루 다 말할 수 없다.(1595년 12월 11일)

분(芬)은 이순신의 생애 전체를 기록한 『행록(行錄)』을 남겼다. 만약 『행록』이 없었다면 이순신이 어떻게 태어났고, 어떻게 성장했고, 어떻게 싸우고, 어떻게 죽었는지 사람들은 알지 못했을 것이다. 노량 해전에서 이순신이 죽을 때 그 옆에는 아들 이회와 조카 이완이 있었다.

전쟁이 나면 도망가기 바쁜 세상인데 이렇게 온 가족이 나라를 지키겠다고 서로 앞장섰다. 이순신의 가족에 대한 사랑은 그저 자기 가족만을 위한 것이 아니었다. 가족 사랑이 나라 사랑으로 자연스럽게 이어진 것이다.

이순신은 또한 부하들을 사랑하였다. 늘 따뜻한 밥을 먹이려고 애썼고, 그들의 어려운 처지를 잘 헤아렸다. 이순신이 죽은 군졸들을 위로하며 지은 시를 보자.

죽은 군졸들을 제사하는 글(祭死亡軍卒文)

윗사람을 따르고 어른을 섬김에

(친상사장 親上事長)

너희들은 그 직분을 다하였건만;

(이진기직 爾盡其職)

막걸리 붓고 종기 빨아 부하 사랑하는 일에

(투료연저 投醪吮疽)

나는 그런 덕이 모자랐구나

(아핍기덕 我乏其德)

그대들의 혼을 한자리에 부르노니

(초혼동탑 招魂同榻)

여기에 정성껏 차린 제물을 받으시오라

(설전공향 設奠共享)

셋째 줄의 투료(投醪)는 "막걸리를 (강물에) 붓다."라는 뜻인데, 이는 장수가 부하들과 어떤 좋은 일도 궂은일도 함께하는 것을 의미한다. 연저(吮疽)는 "종기의 고름을 빨아주다."라는 뜻으로 중국 전국 시대의 위나라 오기(嗚起) 장군이 부하의 고름을 입으로 빨아주었던 일화에서 비롯된다. 오기는 일반 병사들과 같이 짊어진 채 행군하였고, 같은 밥을 먹으며, 침상이 아닌 바닥에서 잠을 잤다. 그러던 어느 날, 한 병사가 등에 악성 종기로 괴로워하자, 오기는 종기의 고름을 친히 입으로 빨아내 치료해주었다. 물론 그 병사는 오기를 위하여 전장에서 목숨을 다해 싸웠다. 이와 같이 '투료연저(投醪吮疽)'는 부하를 마치 내 자식같이 사랑한다는 뜻이다. 이순신은 바로 그와 같은 마음으로 부하를 사랑하였다. 이순신을 따르고자 목숨을 다하여 싸우다가 죽은 군졸을 생각하며 아픈 마음으로 지은 시이다. 따뜻한 이순신이다.

이순신의 심장은 사랑으로 늘 따뜻하였다. 비록 적(敵)일지라도 따뜻하게 품어주는 깊은 마음이 있었다. 아래에 소개되는 이야기는 운덕이라는 명나라 사신이 통제사 이순신의 뒤를 밟으며 기록하였다고 한다.

하루는 어두운 밤, 눈이 몹시 내리고 그 바람이 칼날 같아서 살결이 찢어지는 듯하니, 나는 감히 밖으로 나서지 못하겠더라. 그러한데도 그 속을 통제사 영감이 홀로 지나가니 이 무슨 까닭인고! 그는 무엇 때문에 이 어둡고 추운 바람 속으로 거닐고 있는 것일까? 궁금하던 차에 한 번 따라가 보니, 통제사 영감이 가고 있던 곳은 바로 왜놈이 잡혀 있는 현장이었다.

더욱이 이상하여 뒤를 밟아보니 통제사 영감 손에는 한 권의 책이 있었고 밖에서 들여다보니 통제사 영감은 그 왜군에게 『명심보감』 중에 효행 편을 읽어주고 있는 것이었다.

다음 날 알아보니 그 왜군의 나이는 15세이더란다. 10살의 어린 나이에 병사가 되어 조선에 와 포로가 되었는데, 이를 딱하게 여긴 통제사 영감이 별도로 품어주었던 것이라고.

10살에 포로가 되었으니 벌써 5년이 지났고 그동안 왜군 아이는 조선 말을 배워 곧잘 하게 됐는데, 통제사 영감이 간간이 책을 읽어주기도 하였다고. 서로 죽이고 죽이는 곳이 전쟁이라고 하지만, 저 두 사람을 보면 어찌 서로를 원수라 하겠는가!

이 감동적인 이야기는 아직 정확한 출처를 찾지는 못하였지만 이렇게 이순신은 비록 적일지라도 따뜻하게 돌봐주는 사랑을 가졌음을 알 수 있다.

1596년 9월 13일의 『난중일기』에 보면 "이중익이 군색하고 급하다는 말을 많이 하므로 내 옷을 벗어 주었다."라는 기록이 있다. 이렇게 군색한 부하에게 기꺼이 입고 있던 옷도 벗어 주었다.

『임진장초』 '당포파왜병장'에 보면 일본군에게 포로로 잡혀간 소년 이야기가 나온다.

율포 앞바다에서 접전할 때 녹도 만호 정운이 왜군에게 포로가 되었던 천성수군 정달망을 사로잡아왔는데 나이가 14세였습니다. 이와 함께한 이들은 모두 어린 나이에 왜적에게 포로가 되었다가 친척과 고향을 떠나왔으니 보기에도 불쌍하고 측은하였나이다. 소년들을 잡아온 관원에게 잘 보살펴 편안히 있게 하고, 난리가 평정된 뒤에 고향으로 돌려보내도록 각별하게 타일렀습니다.

어쩔 수 없이 적의 포로가 된 어린 소년들을 대하는 이순신의 따뜻한 마음이다. 이처럼 이순신은 사랑의 사람이다. 이순신의 전략 기반이 무엇인지 기억하는가? 앞에서 읽어놓고도 금세 잊어버렸는가? '자보전승(自保全勝)'이다. 나를 보존하는 '자보'가 왜 중요한지를 길게 설명했다. 당시 조선의 제한된 자원 때문에 모든 것을 보존해야 했기 때문이다. 그런데 여기서는 다른 중요한 의미를 새기려 한다.

나를 보존하는 '자보(自保)'는 나를 소중하게 여기고 사랑하는 마음을 가지는 것이다. 이른바 '자중자애(自重自愛)'이다. 나를 소중하게 여기고 사랑하는 것이 왜 중요한가? 나를 소중하게 여기고 사랑해야 비로소 다른 사람도 그런 마음으로 소중하게 여기고 사랑할 수 있기 때문이다. 나를 하찮게 여기고, 나를 미워하는데 어떻게 다른 사람을 소중하게 여기고 사랑할 수 있단 말인가? 이것은 매우 중요하다. 뜻하는 일이 되지 않고, 사람에게 실망하고, 세상이 내 마음대로 돌

하늘을 꿰매고 해를 씻기다

아가지 않을 때, 지금까지 겪어보지 못했던 어렵고 힘든 상황을 맞았을 때, 반드시 기억해야 하는 것은 그래도 나를 소중하게 여기고 사랑하는 것이다. 그래야만 나를 끝까지 지킬 수 있다. 이것이 '자보(自保)'이다. 나를 지킬 수 있어야 다른 사람도 지킬 수 있는 것이다. 나와 다른 사람은 연결되어 있기 때문이다. 나를 포기하면 나와 연결된 모든 것이 무너진다. 내가 사랑하는 모든 것이 무너진다.

이순신이 어떤 상황에서도 나라를 사랑하고, 백성을 사랑하고, 부모와 아내와 자녀를 사랑하고, 부하를 사랑한 것에는 그 자신을 향한 '자보(自保)', 즉 '자중자애(自重自愛)'가 있었기 때문이다. 만약 이순신이 여러 시기 질투와 모함 때문에 너무나 억울하고 괴로운 나머지 그 자신을 포기했었더라면 그가 지켜야 하고 사랑하는 대상을 모두 잃어버렸을 것이다. 나를 소중하게 여기고 사랑한다는 것을 나만을 위한 이기적인 사랑으로 생각해서는 안 된다. 나를 보존하고 나를 지켜야 내가 사랑하는 사람을 보존하고 지킬 수 있기 때문이다. 이순신의 죽음에 대하여 많은 사람이 '자살설'을 이야기한다. 당시 상황에서 그가 살아남는다면 선조가 가만히 두지 않았을 것이라고 하면서 말이다. 역적 집안으로 몰려 자손까지 해를 받게 될 수 있으니 마지막 전장에서 스스로 죽음을 택하였다는 것이다. 말도 안되는 이야기이다. 이순신은 자살하지 않았다. 장렬하게 전사(戰死)하였다. 이순신은 어떤 경우에도 자신을 포기하지 않았다. 억울하게 감옥에 갇혔을 때도 자신을 포기하지 않았다. 죽고 사는 것은 하늘

에 달렸다고 말하였다. 자신을 소중하게 여기고 사랑하였다. '자보'
고 '자중자애'이다. 살아남아야 그가 사랑하는 사람들을 지킬 수 있
지 않겠는가.

나를 소중히 여기고 사랑하라. 그리고 그 사랑으로 다른 사람을
사랑하라. '사랑'은 이순신 리더십의 심장이자 뿌리이다.

이순신 리더십의 뿌리2_정의

정의

이순신 리더십의 두 번째 뿌리는 정의(正義)이다. 정의의 사전적인
의미가 무엇인가? '진리에 맞는 올바른 도리'라 말하고 있다. 진리
(眞理)란 참된 이치, 또는 참된 도리를 말한다. 의(義)는 사람으로서
지키고 행하여야 할 바른 도리다. 도리(道理)는 사람이 어떤 입장에
서 마땅히 행하여야 할 바른길을 말한다.
　말장난같이 이렇게 여러 정의를 나열한 이유는 정의라는 것이
무엇인가를 다시 한번 생각해보기 위해서이다.

이순신 리더십의 뿌리는 '정의'이다. 여기에는 위에서 말한 정
의의 여러 의미가 다 포함되어 있다. 이순신은 그가 생각했을 때 옳다

　　　　　하늘을 꿰매고 해를 씻기다

고 믿는 바를 '행동'으로 보여준 사람이다. 옳은 것이 아니라고 판단되면 어떤 경우에도 행동하지 않았다. 정의에 기반을 둔 원칙주의자 이순신이다. 이순신은 부하들에게는 사랑으로 감싸고 덕을 베풀었지만, 그 자신에게는 항상 엄격했고 공사(公私)의 구분이 확실하였다.

이순신이 막 벼슬길에 올랐을 때 병조판서 김귀영(金貴榮)이 자기 서녀(庶女, 첩의 딸)를 이순신에게 첩으로 보내려 중매인을 보내왔다. 앞길이 창창하게 보였던 이순신이 얼마나 마음에 들었으면 그렇게 했겠는가. 그때 이순신이 했던 말이 있다.

"벼슬길에 갓 나온 내가 어찌 권세 있는 집안에 발을 디뎌놓고 출세하기를 도모하겠는가(吾初出仕路 豈宜托跡權門謨進耶)."

이제 막 공직생활을 시작할 무렵이었다. 당시 조선의 풍조는 누구의 끈을 잡느냐에 따라 출세의 길이 정해지는 상황이었다. 그런데 이순신은 분명한 태도를 취하였다. 권세에 빌붙어 출세의 길에 서지 않겠다는 것이다. 공직생활 초년 때 이순신이 가지고 있었던 삶의 원칙이었다.

이렇게 이순신은 삶의 원칙이 분명했다. 그가 남긴 글은 유명하다. 1576년(선조9) 2월, 32세에 식년 무과에 합격하고 임용발령을 조용히 기다리며 했던 말이다.

대장부로 세상에 나와 나라에서 써주면 죽음으로써 충성을 다할 것이요. 써주지 않으면 밭갈이하면서 살아도 족하니라(장부출세 용즉효사 이충 불용즉경야족의 丈夫出世 用則效死以忠 不用則耕野足矣).

자신의 보직이나 출세를 위해 권문세가에 아첨하거나 영화를 탐내지 않기로 작정한 것이다. 이런 원칙이 있었기에 그 어떤 유혹에도 넘어가지 않고, 오직 백성과 나라를 위해 온몸을 바칠 수 있었으리라.

이순신이 1576년(선조 9년) 식년 무과에 병과로 급제하여 처음 관리 생활을 시작한 곳은 함경도에 있는 삼수(三水)이다. 삼수는 조선시대의 귀양지 중 1급이라 하는 제주도에 버금가는 가장 멀고 험한 변방이었다. 이때 이순신의 보직은 종9품인 동구비보(東仇非堡)의 권관(權管)이었다. 이 지역은 국경에 근접하여 수시로 여진족이 침범하는 곳이다. 이곳에서 이순신은 3년간 훌륭하게 임무를 수행하고 승진하여 35세에 종8품의 한성 훈련원 봉사(訓鍊院 奉事)로 근무하게 된다. 훈련원은 군사들의 인사와 시험 그리고 훈련과 교육을 담당하는 관아이다. 그중에 이순신은 인사를 담당하는 책임자였다.

당시 병조판서 유전(柳塡)이 이순신에게 그가 가진 화살통을 요구하였다. 유전은 골동품을 유난히 좋아하였다. 이때 이순신은 이렇게 말하며 거절하였다.

"한낱 화살통은 드리기 어렵지 않습니다만 만일에 이 화살통을 주고 받고 하였다는 소문이 퍼진다면 세인들이 대감의 받으심과 소인의 드림을 어떠하다 하오리까. 반드시 부정하다고 할 것이니 일개 전통에 인연(因緣)할 필요가 있겠습니까?"

인연(因緣)이라는 말은 서로 관련을 맺어 어떠한 일이 이루어지거나 생기는 것을 의미한다. 사실 화살통 하나가 무슨 문제가 되겠는가. 그런데 『연려실기술』에 의하면, 당시 화살통은 장수들이 뇌물을 전달할 때 사용하는 일종의 상자였다고 한다. 그러니 화살통이 그냥 화살통이 아니었던 것이다. 이순신은 이것을 잘 알았기에 그 지체 높은 병조판서의 요구도 거절한 것이다. 오해받을 행동은 처음부터 하지 않는 것이 좋다는 뜻이다.

이순신의 직속상관으로 병조정랑(兵曹正郎, 정5품) 서익(徐益)이 있었다. 그는 이순신보다 나이가 세 살 많았고 이율곡과도 친분이 있었다. 어느 날 그가 인사 청탁을 하였다. 이순신의 봉사 직책이 인사를 담당하는 직책이었기 때문이다. 자기의 친척을 참군(參軍, 정 7품)으로 승진시키기 위해 무리하게 서류를 조작하여 올리라고 한 것이다. 말이 청탁이지 이것은 바로 명령이라 할 수 있다. 이런 경우 관례상 직속상관의 말에 순순히 따르지만 이순신은 단호한 말투로 거절하였다.

"아래 있는 자를 건너뛰어 올리면 당연히 승진할 사람이 못 하게 되는 일이니 공평하지 못할 뿐 아니라 또 법규도 고칠 수가 없습니다."

결국 이 일로 이순신은 2년 임기를 채우지 못하고 8개월 만에 인사 조치를 당하였다.

이순신은 같은 해 10월에 충청도의 병마절도사(兵馬節度使)의 군관(軍官)이 되어 충청도 병영이 있는 해미(海美)로 가게 된다. 병마절도사는 종2품에 해당하는 직책인데, 『행장』을 보면 이때 이순신이 얼마나 청렴하게 살았는지 알 수 있다.

이순신이 거처하는 방에는 다른 아무것도 없고, 다만 옷과 이불뿐이었다. 휴가를 얻어 고향의 부모님을 뵈러 갈 때는 반드시 남은 양식을 담당 병사에게 돌려주었는데, 병사들은 그의 철저함에 경의를 표했다.

어느 날 술에 취한 직속상관 병마절도사가 이순신에게 다른 군관의 집을 사사롭게 찾아보자고 했을 때도 이순신은 상관의 잘못을 지적하며 단호히 거절하였다. 그러자 어쩔 수 없이 병마절도사는 다시 집으로 돌아갔다.

1580년 6월, 이순신이 36세로 발포 만호의 직책을 수행할 때였다. 직속상관인 전라좌수사 성박(成鎛)이 거문고를 만들기 위해 객사 뜰에 있는 오동나무를 베겠다고 군관을 보냈다. 『이충무공전서』 권9의 기록을 보면 이렇다.

관청 객사의 나무는 관가의 소유물이다. 또한 심어서 배양한 지 수십 년이거늘 하루아침에 베어 국용에 쓰지 않고 사적인 물품을 만들려 함은 불가하다.

성박이 크게 화를 내었으나 감히 베어 가지는 못하였다. 이순신은 공과 사를 분명히 하였다. 작은 권력을 가졌을지라도 그 권력을 자신의 이익을 위해 사용하지 않았다.

성박의 뒤를 이어 이용이 전라좌수사가 되었을 때도 이런 일이 있었다. 이용은 이순신이 자기에게 아부하지 않자 미워하였다. 그래서 어떻게 하든지 트집을 잡아 족치려 하였다.

어느 날 관하의 5포(발포, 여도, 사도, 녹도, 방답)를 불시에 인원 검열을 하였다. 불시에 하다 보니 네 포에서는 많은 군사가 불참했는데 이순신의 발포만큼은 불과 세 명만 불참하였다. 평소에 얼마나 엄격하게 포를 잘 관리하고 있었는지 알 수 있는 대목이다. 그런데도 이용은 다른 포에는 문제가 없고 이순신 포에만 세 명이 불참했다고 하며 군정이 해이하다는 죄를 적어 조정에 장계를 보냈다.

이것을 알게 된 이순신은 그냥 있을 수 없어 다른 포의 불참한 군사에 대한 증빙서류를 꼼꼼히 준비해서 이용이 조정을 속인 죄를 폭로하려고 벼르고 있었다. 이 사실을 알게 된 이용이 급히 사람을 보내 조정에 보낸 장계를 되찾아오게 하였다.

이후에도 이순신이 자기에게 아부하지 않자 여러 포에 대한 고과를 평가할 때 가장 낮은 점수를 주었다.

아무리 관리들이 썩어도 그래도 가끔은 괜찮은 사람이 있는 법이다. 당시 이순신보다 한 살 나이가 많은 전라도 도사(都事) 조헌(趙憲)이 이런 상황을 알고 부당한 처사라고 항의하였다.

"들건대 이순신의 군사 다스리는 법이 우리 도에서는 가장 으뜸이라고 알려져 있습니다. 다른 모든 장수는 그의 아래에 둘지언정 그를 도리어 나쁘게 평정한다는 것은 옳지 못한 일입니다."

이로 인해 결국 이순신에 대한 왜곡된 평가는 없었던 것으로 처리되었다. 조헌은 임진왜란이 일어나자 충청도에서 의병장이 된 사람이다. 인물이 인물을 알아보는 법이다.

그러던 중 이순신에게 또 다른 불행이 왔다. 바로 서익(徐益)이라는 사람 때문이었다. 지난날 훈련원봉사 때 인사 청탁을 거부해서 앙심을 품었던 바로 그자였다. 1582년 2월 변방의 군기물을 감찰하는 군기경차관(軍器敬差官)이 파견되었는데, 그가 바로 서익이었다. 서익은 발포의 상황을 거짓으로 작성하여 군기가 부실하다고 조정

하늘을 꿰매고 해를 씻기다

에 보고하였다. 이 때문에 이순신은 발포 만호로 부임한 지 18개월 만에 파직을 당한다.

이순신은 발포 만호에서 파직되고 녁 달이 지난 1583년 5월, 이전에 근무했던 한성의 훈련원봉사로 복귀하게 되었다.

그해 12월 병조판서였던 이율곡이 이순신을 알아보고 류성룡을 통해 만날 것을 청하였다. 류성룡 역시 이순신의 앞길을 위해 이율곡을 만나볼 것을 권했으나 이순신은 단호하게 거절하였다. 이율곡은 이순신보다 9세가 많았지만 이순신에게는 19촌 조카 관계였다. 『이충무공전서』 권9에 보면 이때 이순신이 한 말이 기록되어 있다.

"나와 율곡은 같은 덕수이씨 문중이라고는 하지만, 그가 병조판서의 자리에 있을 때 만난다는 것은 옳지 못한 일이오."

그야말로 대쪽 같은 이순신이었다.

이순신이 정읍 현감으로 부임하기 전의 일이다. 전라도 도사(都事) 조대중(曹大中)이 정여립의 모반사건에 연루되는 상황이 벌어졌다. 조대중은 이순신과 편지를 주고받는 사이였다. 금부도사가 조대중의 집을 수색하는 과정에서 이순신이 보냈던 편지도 함께 나왔다.

마침 이순신이 차사원(差使員, 중요한 일이 있을 때 임시로 보내던 직원)으로서 서울로 올라가는 길에 그 금부도사와 마주쳤다. 평소에 이순신을 잘 알았던 금부도사는 행여 이순신이 불이익을 받을까 하여 그 편지를 따로 빼겠다고 했다. 그렇지만 이순신은 "그 편지는 서로의 안부를 물었던 것일 뿐이오. 이미 압수를 당하여 공물이 된 것을 사사로운 이유에서 빼낸다는 것은 옳지 않은 일이오."라고 하며 거절하였다.

　　또 이런 일화도 있다. 명량 해전을 앞두고 투옥되었을 때 승려 덕수가 이를 안타깝게 여겨 이순신을 찾아와 미투리 한 켤레를 바쳤다. 미투리는 삼으로 짚신처럼 만든 신이다. 이때도 이순신은 이를 거절했다. 보잘것없는 미투리 한 켤레라도 사사로이 받지 않겠다는 것이다.

　　이처럼 이순신은 공과 사를 분명히 하였고, 의(義)가 아니면 행동하지 않았다. 지금부터는 의에 근거하여 소신 있게 행동한 이순신의 다른 면목을 보자. 명의 선유도사 담종인(譚宗仁)이 일본군과 강화협상 중이니 이순신에게 더 이상 일본군을 공격하지 말라고 했을 때 이순신이 어떻게 소신 있게 처신하였는지 보자.

　　명(明)은 벽제관 전투에서의 패전 이후로 왜(倭)와의 강화 교섭을 추진하였다. 명의 선유도사 담종인은 유격장 심유경(沈惟敬)을 대신하여 1593년 12월부터 거제도 동쪽 웅천의 고니시 유키나가의 진영에 머물렀다. 1594년 봄이 되자 일본 수군은 진해만 내륙 등지에서 살인과 방화, 납치와 약탈을 일삼았는데, 이때 이순신이 출동해서 일본 수군을 쓸어버렸다. 이것이 1594년 3월 4일에 일어난 제2차 당항포 해전이다. 이때 왜선 31척이 격침된다. **이에 잔뜩 겁을 먹은 왜군이 담종인을 설득하여 "왜군은 싸울 생각이 없으니 왜군에 대한 공격을 중지하고 고이 돌려보내라."라는 취지의 패문을 보냈는데 이것이 바로 금토패문(禁討牌文)이다.** 금토패문이라는 것은 일본에 대한 토벌을 금지하라는 문서를 말한다.

제2차 당항포 해전 이틀 후인 1594년 3월 6일 『난중일기』에 보면 이순신이 금토패문을 받는 내용이 나온다. "남해 현감이 급히 보고하기를 '명나라 군사 두 명과 왜놈 여덟 놈이 패문을 가지고 들어왔기에 그 패문과 명나라 군사들을 올려보냅니다'라고 하였다. 그것을 가져오게 하여 살펴보니, 명나라 도사부 담종인의 금토패문이었다. 나는 몸이 몹시 불편하여 앉고 눕는 것도 어려웠다. 저녁에 우수사와 함께 명나라 병사를 만나보고 전송하였다." 이순신은 10일 이상 계속되고 있는 지독한 전염병으로 앉고 눕는 것조차 어려운 상황이었지만 금토패문을 보고 도저히 참을 수 없어서 담종인에게 답서를 보냈는데 이것이 바로 유명한 '답담도사종인금토패문(答譚都司宗仁禁討牌文)'이다.

담종인이 쓴 금토패문은 그동안 일부만 알려져 있었는데 이제 그 전문을 볼 수 있게 되었다. 약포(藥圃) 정탁(鄭琢)의 '임진기록'에서 정탁이 옮겨 적은 이순신의 1594년 3월 10일의 장계(狀啓) 초본에 금토패문의 전체 내용이 있다. 이순신은 이 장계에서 담종인이 황제의 성지(聖旨)를 가져왔다고 알리고 그 내용을 구체적으로 적었다. 우선 담종인이 보낸 금토패문을 본 후에 이순신의 답문을 보기로 하자.

본 도사부에서 황제의 성지를 받들고 와 선유한다

일본의 장수들은 모두가 온 마음을 다하여 귀화하려 하고 있다. 충순함으로써 진심을 바쳐오면서 어제 이미 표문을 갖추어 주청하였고, 지금은 성지의 책봉이 내려오기만을 기다리고 있다. 이미 대사를 황제의 뜻에 맡겼기에 일본의 여러 장수는 모두 무기를 내려놓고 병사들을 쉬게 하여 본국으로 돌아가고자 한다. 이제 너희 조선도 전쟁의 소란을 면하고 태평성세의 즐거움을 누릴 수 있게 되었다. 이것이 어찌 두 나라 모두에 이익되는 일이 아니겠는가? 근자에 초소에서 들어온 보고에 의하면, 너희 조선의 병선이 일본 군영 가까이에 주둔하고서 이채시지(伊採柴之)라는 사람을 죽이고 배도 불태웠다고 한다. 이에 일본의 여러 장수도 모두 출병하여 너희와 더불어 서로 죽이려 한다고 하였다. 그러나 본부와 고니시 유키나가(小西行長) 장군이 재삼금지한 끝에 군사를 내보내지 않을 수 있었다. 이에 마땅히 패문을 보내어 금지를 고하고자 하니, 이 패문을 조선의 각 관리는 우러러 받들도록 하라. 너희 각 병선은 속히 본래의 고장으로 돌아가도록 하고 일본 진영 근처에 진을 치고 어지러이 소란을 일으킴으로써 사달을 만들지 말도록 하라. 만약 너희들이 오고 가며 대나무와 나무나 벨 뿐 별다른 뜻이 없다면 다 베고 난 후에 속히 돌아가도록 하라. 만약 어리석어 깨닫지 못하고 이곳에 주둔하면서 여전히 몇 명 남지 않은 왜인을 추살하고 배를 탈취한다면, 본부에서는 경략 송 총독 군문에 정문을 보내어 이 제독과 유 총병으로 하여금 너희 국왕에게 이문을 보내어 엄중히 조사토록 할 것이다. 그리되면 각 관군은 화를 자초하고 불화를 일으킨 죄로부터 도망칠 수 없을 것이다. 너희 조선의 각 관원은 모두 문리(文理)에 통달하고 시무에 밝은 자들이기에 본부에서 엄중히 고유하는 바이다. 패문이 도착하는 즉시 공문을 갖추어 회보하라. 수지(須至). 패문을 작성한 자로부터. 이상의 패문을 조선의 각 배신(陪臣, 신하)들은 우러러 받들도록 하고, 이에 준거하여 시행토록 하라.

말도 안 되는 억지 주장에 격분한 이순신은 아래와 같은 답문을 보냈다. 과연 이순신의 기개를 읽을 수 있는 명문이다.

이순신이 담종인에게 보낸 답문
조선국의 배신(陪臣, 신하)이 삼가 명나라 선유도사 대인 앞에 답서를 올립니다. 왜인들이 스스로 트집을 잡아 군사들을 이끌고 바다를 건너와서 우리의 무고한 백성들을 죽였으며, 또 서울을 침범하여 자행한 흉악한 짓이 끝도 없습니다. 이에 한 나라의 신하와 백성들은 통분이 골수에 사무쳐 이 적들과 같은 하늘 아래 살지 않겠노라 맹세하였습니다. 그리하여 각 도의 전함들을 수도 없이 정비하여 곳곳에 주둔시키면서 동서에서 책략으로 호응하고 육지의 신장(神將)들과 함께 수륙으로 합공함으로써 남아 있는 잔당들의 배 단 한 척도 못 돌아가게 하여 나라의 원수를 갚으려 하였습니다. 이달 3일에 선봉선 200여 척을 거느리고 곧장 거제에 들어가 적의 소굴을 소탕하고, 차례로 무찔러 씨조차 남기지 않으려 하였습니다. 그런데 왜선 30여 척이 고성 및 진해 등지로 들어와서 여염집을 불사르고 남아 있는 백성들을 죽였을 뿐만 아니라, 수없이 많은 사람을 포로로 잡아가고 기와를 실어 나르고 대나무까지 베어다 배 한가득 실었습니다. 그 정상(情狀, 사정과 형편)을 따져보자면 참으로 분통이 터집니다. 이에 그 배들을 쳐부수고 흉악한 무리를 추격한 다음 수군 도수부에 급히 보고하여 대군과 합세해 이끌고 가 곧장 적을 섬멸하려던 차에, 뜻하지 않게 도사 대인의 선유 패문을 받았습니다. 이를 받들어 읽어보니 재삼 간곡하신 깨우침의 말씀이 참으로 극진하였습니다. 다만 패문에서 말씀하시기를 '일본의 장수들은 모두가 온 마음을 다하여 귀화하려 하고 있다. 모두 무기를 내려놓고 병사들을 쉬게 하여 본국으로 돌아가고자 하고 있다. 너희도 각기 여러 병선을 이끌고 속히 제 고장으로 돌아가고 일본 군사들의 진영 가까이 머무르면서 불화를 야기하거나 혼란을 일으키지 말라'고 하였는데, 왜인들이 진을 친 채 점거하고 있는 거제·웅천·김해·동래 등은 모두 우리나라 땅입니다. 그런데 우리에

하늘을 꿰매고 해를 씻기다

게 일본 진영에 가까이 가지 말라는 것이 대체 무슨 뜻입니까? 우리에게 속히 제 고장으로 돌아가라 하였는데, 제 고장이란 대체 어디를 말합니까? 불화와 혼란을 일으킨 자도 우리가 아니라 왜입니다. 왜인은 권모술수와 거짓에 능하여, 예로부터 신용을 지키는 의로움이 있다는 말을 들어보지 못했습니다. 저 흉악한 무리가 아직도 악행을 멈추지 않은 채 연안으로 물러나 한 해가 다 가도록 돌아가지 않고 있으며, 이곳저곳을 날뛰며 사람과 재물을 약탈하는 것이 전보다 배나 더하니, 무기를 집어넣고 바다를 건너가고자 하는 뜻이 과연 어디에 있단 말입니까? 지금 저들이 강화하겠다는 말은 실로 거짓입니다. 그러나 대인의 뜻을 감히 어길 수 없으니, 우선 시일을 넉넉히 주시면 곧 우리 임금께 급히 보고하도록 하겠습니다. 엎드려 비옵건대 대인께서 이 뜻을 살펴주시어 따르고 거스르는 도리를 알게 해주신다면 천 번만 번 다행한 일이겠나이다.

이 얼마나 논리적이며 당당하며 사람의 마음을 움직이는 글인가. 특히 '왜인은 권모술수와 거짓에 능하여, 예로부터 신용을 지키는 의로움이 있다는 말을 들어보지 못했습니다(日本之人變詐萬端, 自古未聞守信之義也).'라는 말은 많은 곳에서 인용되고 있다.

일본 사람에 대한 이러한 평가는 이승만 전 대통령의 책에서도 찾아볼 수 있다. 이승만 전 대통령은 1941년에 미국에서 『JAPAN INSIDE OUT(일본의 가면을 벗긴다)』을 출간하였다. 이 책에 이승만은 일본이 미국을 공격할 것이라고 썼다. 놀랍게도 몇 달 후에 일본은 미국의 진주만을 기습적으로 공격하였다. 이승만은 1954년 이 책의 한국어판 서문에 이렇게 썼다. "일본인은 옛 버릇대로 밖으로는 웃고, 내심으로는 악의를 품어서, 교활한 외교로 세계를 속이는, 그러면서도 조금도 후회하거나 사죄하는 태도를 보이지 않을뿐더러……." 이렇게 이순신이나 이승만이나 일본 사람을 보는 눈은 다르지 않았다.

당시 일본인은 자신들의 이익을 위하여 권모술수와 거짓을 일삼았다. 이순신은 이를 꿰뚫어본 것이다. 이순신은 비록 전염병으로 몸져누워 있던 처지였지만 불의를 보고 참을 수 없어 단호하게 행동하였다. 이순신은 이런 사람이다. 정의에 반하면 어떤 불이익이 있어도 단호하게 이를 거부한다. 원칙에 입각하여 일을 처리한다. 다시 이순신의 강직한 마음을 읽을 수 있는 장면을 보자.

1597년 정유년이 되었다. 정유년은 특별한 해이다. 그동안 3~4년간 소강상태로 있었던 일본과의 전쟁이 다시 정유재란이라는 이름으로 시작되었기 때문이다. 이때 도요토미 히데요시는 이순신이 있으면 이길 수 없다고 판단해서 고니시 유키나가에게 이순신을 제거할 음모를 꾸미라고 지시하였다. 고니시는 조선에 발을 붙이고 간첩 활동을 하고 있던 승려 요시라를 통해 공작을 하였다.

1월 2일, 이순신에게 부산으로 출정하라는 임금의 명령이 떨어

하늘을 꿰매고 해를 씻기다

졌다. 고니시와 라이벌 관계에 있었던 가토 기요마사의 군대가 다시 부산으로 오니 이순신이 나가서 바다에서 막도록 하라는 것이다. 실제로 임금의 명령을 받은 날은 며칠 뒤였다. 이순신은 그 명령에 어떻게 대응하였을까? 물론 임금의 명령이니까 즉각 배를 이끌고 나가야 한다. 그런데 뭔가 이상하였다. 일본군의 모략이 있을 것 같았다.

『징비록』에 보면, 이 부분에 대해 이렇게 간단하게만 기록되어 있다.

이순신은 왜적들의 간사한 속임수가 있다는 것을 의심해서 출전하지 않았고, 여러 날 동안 머뭇거렸다.

그렇다. 분명히 일본군의 궁궁이가 있을 것이다. 그래서 이순신은 신중을 기하기 위해서 부산 방면으로 척후선을 보냈다. 실제로 가토 기요마사의 선발대는 1월 12일에 서생포에 도착하였다. 그렇다. 곧장 출동했더라면 일본군의 복병에 걸렸을 것이다. 조정에서는 난리가 났다. 이순신이 일본군을 놓쳤다는 것이다. 그래서 잡아들이라 명령하였다. 이때 선조가 얼마나 이순신을 미워했던지 이런 말을 하였다.

『선조실록』1597년 1월 27일자의 기록이다. 선조가 조정 대신들에게 한 말이다.

설사 지금 그(이순신)의 손으로 가토 기요마사의 목을 베어 온다 하더라도 결코 그 죄를 용서할 수 없다.

이순신은 후임인 원균에게 그동안 알뜰하게 비축해두었던 군량미 9,914섬, 화약 4,000근, 총통 300자루 등의 목록과 현품을 꼼꼼하게 인계해주고 조용히 함거에 올랐다. 이때가 2월 26일이다. 이렇게 이순신은 그가 옳다고 믿는 바에 따라 소신 있게 행동하였다.

『손자병법』 제8 구변 편에 "군주의 명령이라도 듣지 말아야 할 바가 있다(군명유소불수 君命有所不受)."라는 어구가 있다. 군인이 군주의 명령을 듣지 않는 것은 항명이다. 군법으로 가장 엄하게 다루어지는 죄목이다. 군주의 명령을 듣지 않을 때는 그에 합당한 분명한 이유가 있어야 한다. 아니면 목숨을 걸어야 한다.

『손자병법』 제10 지형 편에는 이런 말이 나온다. "싸움의 법칙에 비추어볼 때 반드시 이길 수 있다면 비록 군주가 싸우지 말라고 해도 반드시 싸우는 것이 가하고, 싸움의 법칙에 비추어볼 때 이기지 못하면 군주가 반드시 싸우라고 해도 싸우지 않는 것이 가하다(전도필승 주왈무전 필전가야 전도불승 주왈필전 무전가야 戰道必勝 主曰無戰 必戰可也 戰道不勝 主曰必戰 無戰可也)." 바로 이순신의 입장을 대변해주는 어구다. 이순신은 아무리 임금이 나가라고 했지만, 나가지 않는 것이 옳다고 판단했다. 그래야 조선 수군이 살고, 나아

하늘을 꿰매고 해를 씻기다

가 나라가 살 수 있기 때문이다.

이어지는 어구는 이렇다. "그러므로 나아감에 사사로운 명예를 구하지 아니하고, 물러남에 죄를 피하지 않으며, 오직 백성을 위하고 군주에게 이롭게 한다면 이는 나라의 보배이다(고진불구명 퇴불피죄 유민시보이리어주 국지보야 故進不求名 退不避罪 唯民是保而利於主 國之寶也)." 바로 이것이다. 이순신은 원칙과 정의에 입각해서 행동을 결정했다.

이순신이 억울하게 옥에 갇히자 많은 사람이 걱정하였다. 그리고 뇌물을 쓰면 감옥에서 나올 수 있다고 말하기도 하였다. 이때 이순신은 단호하게 말하였다.

죽고 사는 것은 천명이다. 죽게 되면 죽을 것이다(사생유명사당사의(死生有命 死當死矣).

이것이 이순신의 확고한 사생관이다. 죽고 사는 것은 하늘에 달려 있는 것이다. 구차하게 목숨을 구걸하며 살려달라고 하지 않았다. 죽게 되면 그냥 죽는 것이다.

이순신은 무엇을 선택하든지 언제나 나라의 안위를 최우선으로 두었다. 수군(水軍)은 열악한 조건 때문에 도망병이 많았다. 1594년

1월 5일의 『임진장초』를 보면 이순신이 얼마나 도망병으로 고심했는지 알 수 있다.

……근년 이래로 도망자가 더욱 심하여 수군 1호구 4명의 장정 중에 남아 있는 자는 100에 한두 명도 없고 혹은 4명이 모두 도망하거나 혹은 2·3명씩 도망하여 도피자가 매우 많습니다. 평시에 있어서도 다 정비되지 않았지만 하물며 전란이 일어난 지 2년 동안에 군사를 징집하고 군량을 운반하는 일이 거의 빌 날이 없으며, 변방으로 달려가서 방비에 임해야 하는 괴로움 역시 쉴 날이 없으므로 전일에 있었던 자도 흩어져 도망하여 우선 이웃 고을로 피신한 뒤에 형세를 관망하면서 때를 기다립니다. 그래서 변방의 수비가 다 비어 성을 지키거나 출전하는 일에 전혀 믿을 곳이 없습니다. 이같이 겨울, 여름 가리지 않고 적을 상대하여 진 치고 있는 이때 사부의 격군을 보충할 방도가 없습니다.

이렇게 이순신은 어떻게 하면 도망병의 자리를 채울 것인가 고민을 많이 하였다. 그래서 임금에게 '대충 징발(代充徵發)'을 하겠다는 장계를 올렸다. 대충 징발이란 도망병의 친족과 이웃을 수군으로 삼겠다는 것이다. 임금은 이를 허락하지 않았다. 그러자 이순신은 4번이나 장계를 올리면서 반드시 대충 징발을 해야 한다고 주장하였다.

하늘을 꿰매고 해를 씻기다

……친족 중에서 아무 관계가 없는 사람과 늙거나 죽어서 자손이 끊어진 호구는 징발하지 않고, 다만 본인 및 친족과 이웃이 이것을 미끼로 삼아 숨어서 피한 자는 전례대로 징발하도록 하겠습니다. 그리고 대충 징발은 전쟁이 끝날 때까지만 하겠습니다. 신이 죽음을 무릅쓰고 망령되이 진술하오니 조정에서 전후의 장계를 참작하시어 적을 막아 백성을 보호할 수 있도록 처리하여주시기를 바라옵니다.

이렇게 이순신은 그야말로 목숨을 걸고 끝까지 대충 징발을 해야 된다고 진언하였다. 임금과 동궁(광해군)에게 소신을 굽히지 않았다. 자기 한 몸이 어찌 되든 나라의 안위가 늘 최우선이었다.

소신에 관한 또 다른 예가 있다. 이때도 목숨을 건 결단이었다. 명량 해전을 준비하기 위하여 남해안을 도는 중 보성에 도착하였다. 그리고 다음 날 이순신은 충격적인 선조의 유지를 받았다.

전선이 너무 적어 왜적과 맞설 수 없으니 경은 육전에 의탁하라.

수군을 버리고 육전에 임하라는 명령이었다. 명량 해전 약 한 달 전인 1597년 8월 15일의 일이었다. 다음 날 이순신은 목숨을 건 장계를 올렸다.

지금 신에게는 아직도 열두 척의 전선이 있사오니(尙有十二) 나아가 죽을힘(死力)을 다해 싸운다면 능히 막아낼 수 있사옵니다. 지금 만일 수군을 전폐한다면 이것이야말로 곧 왜적이 바라는 것이며, 왜 수군은 거침없이 호남, 호서 연해를 거쳐 서울의 한강에 도달할 것입니다. 이것이야말로 신이 두려워하는 것입니다. 설령 전선의 수가 적다고 하나 미미한 신이 죽지 않는 한(微臣不死) 왜적이 감히 우리를 얕보지는 못할 것입니다.(행록)

'상유십이(尙有十二)', 아직도 열두 척이 있다고 말하였다. 그리고 '미신불사(微臣不死)', 미미한 신이 아직도 죽지 않았다고 말하였다. 그동안 이순신은 임금을 향해서 그저 '침묵'으로 일관하였다. 자신을 드러내지 않았다. 그러나 지금 처음 자신을 드러냈다. "내가 죽지 않았다."라고 하였다. 왜냐하면 어차피 목숨을 걸고 올리는 장계이다. 만약 이순신의 간청을 임금이 듣지 않으면 조선 수군은 끝장날 것이고, 곧 조선이라는 나라마저도 역사에 사라질 판이기 때문이다. 그래서 이순신은 자신의 존재를 드러냈고, 반드시 관철되도록 건의를 한 것이다. 이 목숨을 건 장계에 선조는 "없었던 걸로 해라."고 말하였다. 아찔한 순간이었다.

노량 해전을 앞두고 명나라 장수 유정은 고니시로부터 뇌물을 받고 매수되어 육군을 주전장에서 철수시켰다. 고니시 유키나가는 유정에게 했던 똑같은 수법으로 명의 도독 진린을 뇌물로 구워삶았다.

하늘을 꿰매고 해를 씻기다

진린은 이순신의 배에 와서 이제 히데요시도 죽었고, 고니시도 더 이상 싸우지 않기를 원하니 그만 놓아주자고 수작을 부렸다. 이에 이순신은 진린에게 단호하게 말하였다.

대장불가언화(大將不可言和) **수적불가종유**(讐賊不可縱遺).

이 말은 "대장이란 모름지기 화(和)에 대해서 말하는 것이 아니다. 이 원수들을 그냥 돌려보낼 수 없다."라는 의미다. 이순신의 원칙에 어긋나는 것이었다.

이순신의 칼은 아산 현충사에 2자루, 통영 충렬사에 4자루가 남아 있다. 현충사에 있는 검은 이른바 장검(長劍)이다. 이 칼은 실전용이 아니다. 칼을 쓴 흔적이 없기 때문이다.

장검은 길이가 197.5센티미터이다. 칼날의 길이만 보면 137센티미터이다. 이 장검은 1594년 4월 대장장이 태구련(太九連)과 이무생(李茂生)이 만들어 바친 것이다.

2014년에 칼의 혈조가 붉은 옻칠이 아니라 페인트임이 밝혀져서 지금은 붉은색을 제거한 상태이다. 2023년 8월 24일에 국보 제341호로 지정되었다.

이순신은 이 두 개의 칼에 좌우명을 친필로 새겨 넣었다. 이른바 검명(劍銘)이다.

석자 되는 칼로 하늘에 맹세하니 산과 물이 떨도다.

(삼척서천 산하동색 三尺誓天 山河動色)

한번 휘둘러 쓸어버리니 피가 강산을 물들이도다.

(일휘소탕 혈염산하 一揮掃蕩 血染山河)

이 검명에서 특히 주목할 어구는 바로 '산하동색(山河動色)'이다. 이 말은 중국 송나라의 장군 악비(岳飛)의 고사와 관련이 있기 때문이다.

악비가 한 자 되는 칼로 하늘에 맹세하

고 '산하동색'이란 네 글자로 등에 문신하니 귀신도 슬피 울었다."(류성룡 『정충록(精忠錄)』)

악비는 이순신과 같은 '충무(忠武)'라는 시호를 가졌던 송나라의 이순신급이라 불리는 장군이었다. 악비가 이끄는 군대는 반드시 승리하며 백성들에게 민폐를 끼치지 않아 악비가 지나는 마을의 백성들은 앞을 다투어 술과 고기를 바쳤다고 한다. 악비군은 악비가 이끄는 군대라는 의미로 악가군(岳家軍)이라고 불렀다. 악가군이 얼마나 강했는지 금나라 병사들은 "태산을 흔드는 건 쉽지만 악비의 군사를 흔드는 건 어렵다."라고 한탄할 정도였다고 한다. 당시 송나라는 금나라와 전쟁 중이었는데 계속 전쟁해야 한다는 주전파의 악비에 반대하며 금나라와 화친해야 한다는 재상 진회와 마찰을 빚게된다. 결국 남송의 황제 고종도 진회 편을 들게 되고, 악비는 모함을 받아 39세의 젊은 나이에 감옥에서 살해당하고 만다. 죽기 전에 유언으로 "나의 결백한 마음은 하늘의 태양처럼 밝을 것이다."라고 하였다. 악비는 등에 '산하동색'이라는 글을 새기고 늘 자신을 채찍질했다고 전해진다. 아마 이순신은 이런 악비의 마음을 닮고 싶어서 검명에 '산하동색'이란 글을 새겼는지도 모른다.

참고로, 충무(忠武)라는 시호는 악비 말고 제갈량도 가지고 있었다. 고려에 3명, 조선에 9명이 충무라는 시호를 가지고 있다. 이 책에서 이순신을 일러 굳이 '충무공(忠武公)'이라 일컫지 않은 이유가 있다. 고려와 조선을 합쳐 12명의 충무가 있는데 이순신이 그 많은 충무공 가운데 한 명이라는 것이 여간 탐탁하지 않다. 또한 중국에도 악비와 제갈량이 충무이니 그것도 그렇다. 그런 의미에서 '장군'이라는 칭호도 붙이지 않았다. 이순신이란 이름 앞뒤로는 어떠한 수식어도 필요하지 않다고 생각하기 때문이다. 이순신은 그 이름 자체로 충분하다. 이순신은 그냥 이순신이다.

이순신은 검명을 보면서 마음을 다잡았고, 긴 칼을 쓰다듬으며 나라를 걱정하였다. 어떻게 하면 왜적을 무찌를까를 고민하며 아침에 눈을 뜨면 맨 먼저 이 칼을 바라보았다. 가슴이 미어질 때나 답답할 때는 칼을 어루만지며 달래기도 하였다. 이순신이 울 때 칼도 울었을 것이다. 정의로운 길을 가려면 여러 가지 어려움이 따른다. 구설수도 있을 수 있고, 말도 안 되는 모함도 있을 것이다. 달콤한 유혹도 있을 것이다. 그때마다 이순신은 장검을 어루만지며 검명을 바라보면서 마음을 다잡고 긴 호흡을 하였을 것이다. 옳다고 믿는 바에 따라 행동한다. 그것이 정의이다.

이순신은 '원칙'에 입각하여 '정의'를 '행동'으로 '실천'한 사람이다. 정의는 이순신 리더십의 뿌리이다.

이렇게 이순신 리더십의 양대 뿌리는 '사랑'과 '정의'이다. 여기서 꼭 언급해야 할 것이 있다. 이순신은 '포기'를 모르는 사람이라는

하늘을 꿰매고 해를 씻기다

것이다. 나폴레옹의 사전에 불가능은 없다고 한다. 그렇다면 이순신은 어떠한가? 그렇다. 이순신의 사전에는 포기란 없다. 이순신이 처음으로 무과 시험을 봤을 때의 일이다. 장인 방진의 집에서 장인의 도움으로 22살에 무과 준비를 시작하여 7년이 지난 28살에 훈련원별과에 응시하였다. 이때가 1572년 8월이었다. 말을 타고 화살을 쏘는 시험을 치르는 중에 갑자기 말이 앞으로 거꾸러졌다. 이순신은 말에서 떨어졌고 왼쪽 다리 쪽에 심한 부상을 입었다. 이때 주변의 사람들이 이를 보고 죽었는가 하고 걱정하고 있었다. 이순신은 침착하게 버드나무 가지를 꺾어 왼쪽 다리를 싸매고 다시 말을 타고 남은 과정을 마쳤다. 이를 본 사람들은 이순신이 보통 사람이 아니라고 혀를 끌끌 찼다. 『이충무공전서』권9 행록에 나오는 이야기이다.

이렇게 이순신은 첫 번째 무과 도전에는 실패했지만, 이 예화는 절대로 포기하지 않는 그의 정신을 보여준다. 이른바 '이순신 정신'이다. 그 후 이순신은 다시 무과를 준비해서 4년 후 32살의 나이로 합격한다. 안 되면 될 때까지 하는 것이다.

명량 해전을 앞두고 고작 12척만 남았을 때도 포기하는 법이 없었다. 오히려 "지금 신에게는 아직도 열두 척의 전선이 있사오니"라고 말하였다. 왜 이순신은 어떠한 상황에서도 절대로 포기하지 않았을까? 그 이유는 분명하다. 포기하는 순간, 그가 지켜야 할 '사랑'하는 대상을 지키지 못하기 때문이다. 또한 그가 지켜야 할 '정의'를 지키지 못하기 때문이다. 포기하면 바로 그 순간 끝이다. 사랑이고 정의고 한순간 물거품이 된다. 포기하는 순간, 다 무너진다. 포기하면 사방팔방의 모든 문이 닫힌다. 그런데 포기하지 않으면 어떤 문이라도 열린다. 가끔은 기적처럼 하늘 문도 열린다. 실제로 명량 해전 때 하늘 문이 열리지 않았던가!

이순신은 그의 심장 중심에 있는 '사랑'과 '정의'를 실현하기 위해서라도 절대로 '포기'하지 않았다. 다시 말하지만, 이순신의 사전에 포기란 없다. 마음속에 사랑과 정의를 가진 사람만큼 강한 사람은 없다.

하늘을 꿰매고 해를 씻기다

뿌리 위에 뻗은 열 개의 기둥

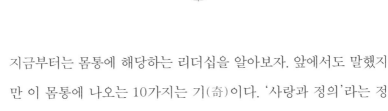

지금부터는 몸통에 해당하는 리더십을 알아보자. 앞에서도 말했지만 이 몸통에 나오는 10가지는 기(奇)이다. '사랑과 정의'라는 정(正)에서 파생되어 나오는 것이다. 그러니 얼마든지 다른 것이 나올 수 있고, 상황에 따라 변하기도 한다.

소통공감

함께하기

존중배려

신상필벌

전심전력

자급자족

솔선수범

겸손희생

사람냄새

실력인품

가히 함께 죽고 살 수 있는 경지_소통공감

소통공감

리더십의 핵심은 소통으로 마음을 하나로 만드는 것이다. 소통은 공감을 불러일으킨다. 마음이 하나가 된다는 것은 『손자병법』 제1 시계(始計) 편에 나오는 '도(道)'의 경지를 이루는 것이다. "도(道)라는 것은 윗사람과 아랫사람이 하나가 되어, 가히 함께 죽고 살 수 있는 경지에 이르러 민중이 의심하지 않는 것이다(도자영민여상동의 가여지사 가여지생 이민불궤야(道者令民與上同意 可與之死 可與之生 而民不詭也)."라는 내용으로, 여기서 그 정점은 함께 죽고 살 수 있는 수준이다.

리더십의 마지막 목표요, 최고의 경지는 바로 이러한 '도(道)'의 수준에 이르는 것이다. 그리하여 삶과 죽음까지 함께할 수 있는 것, 이것은 리더십의 처음이요 마지막이다. 이순신은 그만의 리더십을 발휘해서 이러한 도의 경지를 이루었다.

이순신은 여러 사람의 의견에 귀를 기울였고, 마음을 하나로 만드는 데 전력을 다했다. 이순신이 정읍 현감에서 일약 전라좌수사의 직위에 오르면서 가장 먼저 내건 구호가 있었다. 그럴듯하게 형식적으로 내세운 구호가 아니라 아예 서약서까지 받아놓은 것인데, 바로 모든 사람에게 당파 짓는 행동을 금지하라고 한 것이었다.

내부의 분열만큼 무서운 것은 없다. 그래서 이순신은 서로를 이간하고 내부 결속을 무너뜨리는 당파 짓기를 엄격히 규제했고, 이를 어기면 엄벌에 처하겠다고 거듭 강조하였다. 그래서 모이면 수군거리고, 누구를 험담하거나 불평불만을 일삼고, 자기편끼리만 어울리는 분위기는 재빨리 일신되었다. 이순신은 누구보다도 내부의 불화가 갖는 폐단을 잘 알고 있었고, 그러했기에 내부의 단결력을 결속하는 데 온 힘을 쏟았던 것이다.

당시에는 류성룡을 중심으로 한 동인(東人)과 윤두수를 중심으로 한 서인(西人)이 서로 권력을 잡고자 혈안이 되어 싸웠다. 이런 조선의 붕당정치(朋黨政治)는 거의 250년이나 지속되어 나라를 어지럽게 했다. 파벌을 조장하는 붕당정치는 나라에 위기를 몰고 왔고, 임진왜란의 중요한 원인이 되기도 했다.

이순신은 여러 사람의 의견을 듣고 함께 의논하는 것을 매우 중하게 여겼다. 허심탄회한 대화는 상하의 벽을 무너뜨리는 데 가장 좋은 방법이기도 하고, 최선의 결론을 도출하는 좋은 수단이기 때문이다. 류성룡의 『징비록』에는 이순신이 어떻게 한마음이 되도록 병영 전체에 신뢰와 화합의 분위기를 만들었는지 소개하는 대목이 있다.

순신이 한산도에 있을 때 운주당(運籌堂)이라는 집을 짓고, 밤낮을 그 안에 거처하면서 여러 장수와 더불어 군사 일을 논했는데, 비록 졸병

이라 할지라도 말하려고 하는 자가 있으면 와서 말하는 것을 허락하여 군정(軍情)을 통하게 하였다. 또 전쟁을 하려고 할 때는 매번 부하 장수들을 다 불러 모아서 계책을 물어 작전계획을 정한 뒤에 싸움을 결행했기 때문에 싸움에 패하는 일이 없었다.

여기에서 보듯이 이순신은 졸병을 비롯한 누구와도 대화하였고, 또 어떤 일을 결행할 때는 반드시 사전에 충분히 여러 사람의 의견을 들으며 신중을 기하였다. 그렇기에 류성룡이 언급한 바와 같이 싸움에 패하는 일이 없었다.

이순신은 운주당을 한산도 한 곳에만 설치하지 않았다. 그가 오랫동안 머무는 곳이라면 어김없이 이를 설치하여 작전을 논하였다. 백의종군 중에 다시 기용되어 수군사령부를 설치했던 고하도(高下島)나 고금도(古今島)에도 운주당을 설치하였다. 한산도 해전이나 명량 해전 전날에 모두가 모여서 내일의 작전에 대해 진지하게 토의했던 것은 평소 이순신이 행했던 열린 토의 문화의 단면을 보여준 예다. 사람을 인정하고 칭찬하는 것, 여러 사람의 지혜를 모으는 것, 그리고 공감하는 것. 이것이 이순신의 강점이요 소통의 리더십이다.

얼마나 소통을 중하게 여겼는지 비록 정치적으로 다른 성향을 가졌다 해도 마음을 통하기 위해 꾸준히 노력하였다. 서인(西人) 세력의 우두머리 격인 좌의정 윤두수와 그 동생인 예조판서 윤근수와

도 편지를 주고받았을 정도다. 이들은 원균과 인척 관계에 있었다. 이순신은 누구와도 잘 통함으로써 유사시에 힘을 합해 위기를 이겨 나가기를 원했다.

『난중일기』를 보면 이순신은 수시로 술과 음식을 장만하여 부하들과 함께 즐겼다는 것을 알 수 있다. 고생하는 부하들을 위로하며 한마음이 되도록 하는 조치인 것이다. 일기에는 이런 기록이 21회가 있는데, 그 정도가 지나치지도 않았고 모자라지도 않았다. 1595년 5월 5일 일기에 보면 이런 기록이 있다.

밤이 깊도록 이들로 하여금 즐겁게 마시고 뛰놀게 한 것은 내 스스로 즐겁고자 한 것이 아니라 오랫동안 고생한 장병들의 노고를 풀어주고자 한 것이었다.

　　즐겁게 마시고 뛰놀게 한 이유가 오직 부하들을 위함이라고 하
였다. 그들의 수고를 위로해주기 위함이다. 서로 나누는 술자리에서
마음을 통하게 하고, 공감하게 하는 것이다. 『난중일기』에 보면 이
순신이 술을 마신 기록이 120회나 있다. 본인도 많이 마셨지만 대부
분 활쏘기 후에, 또는 손님이 찾아왔을 때 마셨다.

　　우우후 및 강진 현감이 돌아가겠다고 하므로 술을 먹였더니 몹시 취
　　했다. 우우후는 취하여 쓰러져 돌아가지 못했다.(병자 3월 9일)

　　이순신에게 술은 일종의 소통과 공감을 위한 수단이라 볼 수 있
다. 한산도에 가면 제승당 뒤편에 한산정(閑山亭)이 있다. 이순신은
이곳에서 부하들과 활을 쏘며 술자리를 마련하였다.

　　과녁과의 거리는 145미터로 이는 조선 활의 유효사거리라 할
수 있다. 오늘날 국궁의 사거리이다. 가운데에 바다가 있어서 마치
배 위에서 활을 쏘는 느낌을 받도록 고안했는데, 지혜가 돋보인다.
이순신은 여기서 활도 쏘고 술자리도 마련했으니, 꿩 먹고 알 먹기,
일거양득이 아닌가. 이순신은 모든 여건을 다 이용해서 서로 마음을
통하게 하고, 공감하고, 전쟁도 대비하는 리더십을 발휘하였다.

　　이순신의 수결(手決)을 봤는가? 수
결은 서명을 말한다. 이순신의 수결은
'일심(一心)'이다. 한마음을 뜻한다. 이
순신은 이 수결을 연습하기 위해 똑같
은 모양을 수도 없이 반복했는데, 그 흔
적이 아직도 남아 있다. 일심을 반복해

쓰면서 얼마나 마음이 간절했을까. 한마음! 이것이 곧 이순신이 품고 있었던 소통과 공감, 리더십의 핵심이다.

작은 성공은 혼자서 이룰 수 있지만, 큰 성공은 혼자로는 쉽지 않다_함께하기

함께하기

이순신은 인재를 잘 알아봤고 인재를 잘 활용했던 사람이다. 작은 성공은 혼자 열심히 하면 이룰 수 있지만, 큰 성공은 혼자로는 쉽지 않다. 여러 사람의 힘을 합칠 때, 보다 큰 성공을 이룰 수 있다. 현명한 사람은 여러 사람의 지혜를 잘 활용하는 사람이다. 독불장군은 없다고 하지 않는가. 제갈공명이 말했듯이 때로는 한 사람의 천재보다 세 사람의 평범한 사람이 더 큰 일을 해낼 수 있다. 하물며 세 사람의 천재를 잘 활용할 수 있다면 얼마나 큰일을 해낼 수 있겠는가. 이순신은 혼자 하려 하지 않고 능력 있는 사람을 발굴하여 함께하였다. 이순신의 승리는 여러 사람이 함께하여 이룩해낸 성과이다.

거북선도 그렇다. 거북선은 이순신이 독창적으로 만든 것이 아니다. 거북선이 만들어진 배경에는 나대용(羅大用)이 있었다. 나대용은 배 전문가다. 어릴 때부터 배에 대해서는 모르는 게 없을 정도였다.

하늘을 꿰매고 해를 씻다

그래서 나대용의 고향인 나주시 문평면에는 이런 동요가 전해지고 있다.

> 빙글빙글 돌아라. 잘도 돈다. 물방개야. 비바람 거친 파도 걱정일랑 하지 마라. 크게 쓰일 장수 나와 낙락장송 다듬어서 너 닮은 거북배 바다 오적 쓸어낸다. 어와둥둥 좋을시고 빙글빙글 돌아라. 잘도 돈다. 물방개야.

나대용은 여러 고서를 뒤지다가 『태종실록』에서 거북선을 발견하고는 즉각 이순신에게 거북선에 대해 보고하였다. 이순신은 나대용을 전선감조군관으로 임명하고 거북선 개발에 들어갔다. 평범한 전투함이었던 거북선을 돌격함으로 혁신하였다. 나대용이 없었다면 거북선이 없었고, 거북선이 없었다면 어쩌면 이순신이 존재하지 못했을 수도 있다.

나대용은 이순신과 함께 싸웠다. 처음으로 거북선이 활약했던 사천 해전에서는 이순신의 기함에 승선해서 싸우다가 총탄도 맞았다. 마지막 해전이었던 노량 해전에도 참전하였다.

이순신의 승리에 빼놓을 수 없는 사람이 정걸(丁傑)이다. 정걸이 판옥선을 만드는 데 주도적인 역할을 했다는 말이 있지만 여러 이견이 있다. 정걸은 이순신보다 31살이나 나이가 많았다. 정걸이 무과에 급제했을 때 이순신은 태어나지도 않았다. 임신왜란 진에 이미 경상우도 수군절도사, 전라좌도, 우도 수군절도사, 전라도 병마절도사 등을 두루 역임하고 은퇴하였다. 그러다가 1591년에 전라좌수영 조방장(助防將)으로 임명되었다. 무려 77살의 나이였다. 제승방략에 따르면 전시가 되어야 중앙에 있는 무장이 지역 방어를 위하여 지방으로 내려가는 것인데 정걸은 전시가 아닌데도 조방장으로 임명되었다. 일본의 수상한 움직임을 감지한 조정의 발 빠른 조치 때문이다. 『선조실록』권22, 선조 21년(1588) 4월 13일의 기록을 보자. 임진왜란 발발 딱 4년 전이다.

> 비변사가 아뢰기를 상교(上教)에 하삼도(下三道: 충청도, 전라도, 경상도)에 왜변(倭變)이 일어날까 염려되기 때문에 미리 방어사를 두어야겠으니 먼저 조방장(助防將)을 보내는 일로 공사(公事)를 마련하라고 하였습니다.……

이미 임진왜란 발발 4년 전에 조선 조정에서도 만약을 대비하여 무너진 성을 쌓고, 장수를 파견하는 등 나름대로 여러 조치를 하고 있었다. 정걸이 조방장으로 임명될 때 이순신이 추천했다. 정걸은 새까만 후배인 이순신이지만 그를 돕기 위해 기꺼이 현역으로 복귀한 것이다. 이순신의 인품을 알아보고 말이다. 그는 풍부한 학식과 도량으로 이순신이 어떤 것을 요구하더라도 기꺼이 도왔다. 정걸은 포용와 나눔의 대명사로 통하는 인물이다. 이순신의 진정한 스승이자 멘토였던 그는 1597년 83세의 나이로 숨을 거두었다.

하늘을 꿰매고 해를 씻기다

물길을 모르면 해전을 할 수 없다. 당연하다. 그런데 이순신이라고 해서 물길을 다 알 수는 없었을 것이다. 이순신을 도운 사람으로 빼놓을 수 없는 사람이 바로 어영담(魚泳潭)이다. 성이 '물고기 어(魚)'라 물길을 잘 아는 것일까?

어영담은 1532년생으로 임진왜란이 일어난 1592년에는 환갑의 나이였다. 그는 관직에 올라 주로 여도, 사천, 광양 등 남해안 일대에 오래 있었기에 바다에 대해 관심이 많았다. 남해안의 지형적인 특성으로 인해 물길에 대해 풍부한 지식이 없으면 함부로 배를 움직일 수 없다. 그래서 일본 수군이 조선에 침공했을 때 원해가 아니라 식별이 가능한 해안을 따라 배를 움직였던 것이다. 그편이 안전했다.

1592년 임진왜란이 일어나고 경상우수사 원균이 이순신에게 다급히 구원 요청을 했을 때 이순신이 주저했던 이유 중 하나가 낯선 경상도 해역 때문이었다. 이때 광양 현감인 어영담이 수로의 향도가 되겠다고 자청했기에 이순신은 안심하고 출전하였다. 결국 어영담의 안내로 좁고 복잡한 다도해를 무사히 빠져나가 경상도 앞바다로 진출해서 이순신 최초의 해전인 옥포 대첩을 이뤄낸 것이다.

어영담은 그 후에 이순신과 그의 부하 장수들에게 물길에 대한 전문지식을 전수했고 때로는 직접 출동해서 함대를 인도하여 한산도 대첩과 같은 큰 승리를 이끌어냈다. 어영담은 1594년 3월, 진중에 크게 번진 전염병으로 인해 죽었다. 이순신은 그의 죽음을 매우 안타깝게 여겨『난중일기』에 이렇게 적었다.

1594년 4월 초 9일 ……조방장 어영담이 세상을 떠났다. 이 슬픔을 어찌 말로 할 수 있으랴!

이순신 함대의 특장점은 뭐니 뭐니 해도 총통이라 할 수 있다. 총통이 있었기에 이순신은 학익진도 가능했고 아군의 피해를 최소화하면서 연전연승할 수 있었다. 그런데 총통은 화약이 있어야 발사된다. 화약이 없다면 총통 자체가 무용지물이다. 화약 하면 고려 말의 최무선(崔茂宣)이 생각난다. 최무선이 화약의 제조법을 알아내 화약과 화포를 개발해서 실전에 사용하였다. 최무선은 56세에 얻은 아들 최해산(崔海山)에게『화약수련법(火藥修鍊法)』이라는 책을 물려주었다. 그는 태종과 세종 치세에 군기감에 근무하며 화약 제조와 화포 제작에 공헌하였다.

이순신은 조정에 화약의 재료인 유황을 요청하는 장계를 올릴 때 전라좌수영 군관인 이봉수(李鳳壽)를 언급하였다. 이봉수가 3개월 동안 염초(焰硝) 천 근을 구웠다고 썼다.『난중일기』에 나오는 이봉수의 모습은 실로 다재다능하다. 때로 선생원을 짓는 건축가로, 첨성대처럼 매끈한 봉화대를 만드는 예술가로, 철쇄를 만드는 발명가로, 염초를 만드는 화학가로 활약하였다. 무엇보다도 이봉수의 뛰어난 업적은 화약의 재료인 염초를 제작한 것이다. 다음 기록을 보자.

1593년 1월 26일 ……각 진포의 화약을 다섯 번의 출전을 통해 모두 써버렸기에 군관 이봉수가 염초는 만들었으나 유황이 부족하므로 1백여 근을 내려달라고 장계를 올렸다.

군관 이봉수가 염초를 만들었다고 기록하고 있다. 이순신은 전쟁을 위해 화약을 비축하였겠지만 『난중일기』에서 보는 것처럼 다섯 번의 출전으로 모두 사용해버렸다. 전쟁 준비가 없었던 조정에서는 전국의 전투지역으로 필요한 양의 화약을 공급할 수가 없었다.

임진왜란이 발발하고 한양이 함락되면서 군기시(軍器寺)에 비축해둔 염초 2만 7,000근이 한 방에 날아가버렸다. 염초는 당시 화약의 주 연료가 되는 질산칼륨이다. 질산칼륨은 흙에서 얻는다. 염초장들이 염초를 구하기 위해 각 집을 다니며 화장실 바닥까지 긁고 다닌 배경이다.

『세종실록』에 보면 세종 30년 2월 기사에 이들과 관련된 내용이 나온다. 염초장이 성균관의 문묘(文廟)까지 들어와서 흙을 퍼 갔다는 내용이다. 흙을 한 무더기 모아야 겨우 밥그릇 하나 정도의 염초를 얻을 수 있었으니 그만큼 염초 구하기가 어려웠을 것이다. 선조는 일본인 포로 중에 화약 만드는 법을 아는 자가 있다면 죽이지 말고 화약 만드는 비법을 알아내라는 지시까지 내리기도 했다. 이순신에게 이봉수가 없었다면 그 많은 전투를 어떻게 승리로 이끌 수 있

었을까.

　이 밖에도 이순신을 도운 사람은 많다. 여수시 중앙동에 있는 이순신 광장에는 이순신을 도운 12명의 장수를 소개하는 북 모양의 표지석이 있다. 이억기, 원균, 권준, 어영담, 배홍립, 이순신(李純信), 김완, 김인영, 나대용, 정운, 송희립, 정걸의 표지석이 나란히 배치되어 있는 것이다.

　이억기는 전라우도 수군절도사를 하면서 이순신을 도왔고, 이순신이 투옥되자 죄가 없음을 주장하는 상소를 올렸다. 칠천량 해전에서 원균의 휘하에서 패전하자 배 위에서 뛰어내려 자결하였다.

　한글 이름은 같지만 한자가 다른 이순신(李純信)은 방답진 첨사로 이순신의 중위장이 되어 옥포, 당포, 한산도 등에서 크게 활약하였다. 이순신이 전사하자 곧 군사를 수습하여 노량 해전을 승리로 이끌었다.

　정운은 녹도 만호로 임진왜란 초 원균의 구원 요청에 머뭇거리는 이순신에게 "적을 토벌하는 데 우리 도(道)와 남의 도(道)가 없다."라고 주장하며 이순신을 설득하였다. 부산포 해전에서 용감하게 선봉에서 싸우다가 전사하였다.

　송희립은 이순신의 직속 군관으로 거북선 건조와 수군 교육을 감독하였다. 이순신이 전사할 때 이순신을 대신해서 갑옷을 입고 기와 북채를 들고 군사들을 독려하였다.

　권준은 『난중일기』에 280여 회나 등장할 정도로 이순신이 가장 아꼈던 장수 중 한 명이다. 이순신은 권준의 동생인 권숙(權俶)과도 잘 어울렸는데, 『난중일기』에 보면 둘이서 술을 마시고 있는데 동생이 사라져서 권준이 찾아오는 일도 있었다.

　이렇게 기록된 12명뿐만 아니라 수많은 승병이 함께하였고, 의병도 함께하였다. 힘없는 백성도 함께하였다. 이순신이 옥에 갇혔을 때는 정탁(鄭琢)이 상소를 올려 살려냈다. 명량 해전 직전에 있었던 남해 대장정 중에는 120명의 사람이 목숨을 아랑곳하지 않고 이순신을 따랐다. 놀라운 일이다.

　『난중일기』에는 대략 2,000명이 등장하는데 그중 출신이 밝혀진 사람이 1,000여 명이고, 나머지 1,000여 명은 출신이 기록되어 있지 않다. 출신이 밝혀진 1,000여 명 중에는 거의 절반이 전라도 사람들이었다. 이순신이 직접 싸운 지역이었기에 그러했을 것이다.

이렇게 이순신은 여러 사람과 함께하였다. 이순신은 사람의 약점을 보지 않고 그들의 강점을 봤다. 그들의 강점을 최대한 이용하였고, 마음껏 그들의 특기를 펼치도록 자리를 깔아주었다. 이렇게 이순신은 강점 관리를 잘하였다. 이순신의 인재 등용 원칙은 내 편이냐 네 편이냐를 따지지 않고 '능력 위주'로 전문가를 발탁하는 것이다. 그리고 한번 발탁하면 전적으로 신뢰하고, 그들과 함께하였다. 멀리 가려면 함께 가라는 말이 있다. 큰일을 하려거든 함께하라.

상대의 마음을 깊이 헤아리다_존중배려

존중배려

사람을 존중하고 배려해준다는 것은 너무나 중요한 일이다. 존중을 받고 배려를 받는 입장에서는 어떻게 하든지 그 은혜에 보답하려고 애를 쓸 것이다. 이순신은 부하들이 무엇을 원하고 있는지 잘 알았다. 그것은 다름 아닌 출세의 기회를 얻는 과거 시험이었다. 그런데 서울과 멀리 떨어진 남해안 바다에서 어떻게 과거 시험을 치를 수 있겠는가. 그래서 똑똑한 인재들은 속으로만 끙끙 앓을 뿐 감히 말로 꺼내지 못했다. 본래 이런 문제는 누구에게 말하기도 어렵다. 그런

하늘을 꿰매고 해를 씻기다

데 이순신은 이러한 부하들의 심정을 잘 알았다.

이순신은 평소에는 부하들을 혹독하게 훈련시키고 전투에 임해서는 반드시 이기는 무서운 장수이기도 했지만, 부하들의 개인 신상만큼은 매우 꼼꼼하게 관리했다. 비록 하급자이지만 그들을 존중하고 배려하는 것이 이순신의 타고난 인품이다.

삼도수군통제사가 된 지 3개월이 지난 1593년 12월 29일, 이순신은 장계를 올리면서 당시 군사들이 머물고 있던 한산도에서 과거 시험을 볼 수 있도록 해달라고 건의하였다. 그리고 여기에 덧붙여서 해상의 특성을 십분 고려한 과거 시험 방식을 별도로 적용해줄 것까지 요청하였다. 이 부분에서 그날의 장계를 보면 다음과 같다.

> 규정 중에 있는 '말을 달리면서 활을 쏘는 것'은 먼바다에 떨어져 있는 섬인지라 말을 달릴 만한 장소가 없사오니 그 대신 편전(片箭)을 쏘는 것으로 시험을 받으면 좋을 것 같아서 조정의 선처를 기다립니다.

여기 보면 '편전'이 나온다. 편전은 애기살이라고도 부른다. 그 길이가 보통 화살의 4분의 1정도로 대략 15~20센티미터이다. 당시 한 의병장이 쓴 『고대일록』에 보면 편전은 우리나라에만 있고, 중국의 창이나 일본의 총과 함께 천하무적이라 하였다. 그만큼 치명적인

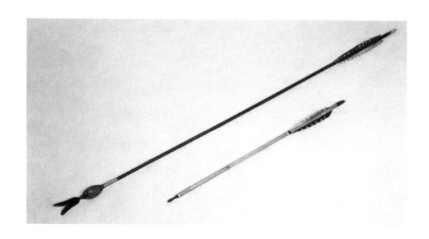

화살이었다. 고려 시대 대몽항쟁 중 보통 화살을 네 개로 쪼개 사용한 것이 시초라고 한다.

이순신의 노력 덕분으로 결국 다음 해인 1594년 4월 6일 한산도에 과거 시험장이 개설되기에 이른다. 이른바 출장 과거 시험장이었다. 권율의 도움으로 시험관을 정하였고, 3일 동안 시험을 치른 후 9일에는 100명의 합격자를 배출하였다. 그들 대부분은 이순신 휘하에서 열심히 싸웠고, 나라를 위하여 목숨을 바쳤다.

이순신이 1583년 함경도 건원보 권관으로 근무하고 있을 때였다. 그때 병졸 하나가 부모가 상을 당했는데도 가난하여 달려가지 못하고 있다는 말을 듣고 이를 너무 딱하게 여긴 이순신은 그 자리에서 자기가 타고 있던 말을 내주었다. 이 이야기는 이항복의 『충민사기』에 나온다.

하늘을 꿰매고 해를 씻기다

존중과 배려는 다른 사람을 면밀하게 관찰하는 데서 시작된다. 그 사람의 표정, 그 사람의 말투, 그 사람의 걸음걸이를 보면서 뭔가를 찾아내는 것이다. 세심하고 민감한 관찰력이 필요하다. 이순신은 특별한 관찰력의 소유자였다.

1592년 2월 27일의 『난중일기』를 보자. 이때는 아직 임진왜란이 일어나기 전인데도 얼마나 현장을 다니면서 방어 태세를 꼼꼼히 점검했는지 잘 알 수 있다. 현장을 보되 건성으로 보지 않았다. 아주 세밀하게 관찰한 것이다.

아침에 점검을 마친 뒤에 북쪽 봉우리에 올라가 지형을 살펴보니, 깎아지른 외딴섬인지라 사면에서 적의 공격을 받을 수 있고, 성과 해자 또한 매우 엉성하니 무척 근심이 된다.

이순신이 가지고 있는 특이한 재주가 하나 있다. 그것은 그림을 잘 그린다는 점이다. 그림을 잘 그린다는 것은 그만큼 상상력도 뛰어나고, 그림을 이용한 여러 장점을 잘 살릴 수 있다는 것이다. 1597년 5월 24일의 일기를 보자.

체찰사가 군관 이지각을 보내어 안부를 묻고, 경상우도 연안의 지도를 그리고 싶으나 그릴 수가 없으니 본 대로 그려 보내주면 고맙겠다 하여 거절할 수 없어서 그려 보냈다.

본 대로 꼼꼼하게 그렸을 것이다. 이순신은 현장에서 보는 지형 분석력이 뛰어났다. 1597년 6월 4일의 일기를 보자.

기암절벽은 천 길이나 되고, 강물은 굽이굽이 깊기만 하구나. 길 또한 험하고 위태하구나. 만일에 누가 있어 이 험지를 지킨다면 만 명의 용사라도 지나가기 어려우리.

이순신은 그림 그리는 솜씨와 탁월한 현장 감각을 가졌다. 이런 감각으로 아주 세심하게 관찰하여 위기를 모면한 예를 보자.

1580년 7월, 발포 만호로 부임하였을 때다. 당시 전라감사 손식(孫軾)이 이순신에게 빌미를 걸어 처벌하기 위해 그를 급히 능성으로 출두시켰다. 손식은 이순신에게 발포의 수군 현황과 진형도(陣形圖)를 그 자리에서 그리라고 명령하였다. 이순신은 조금도 주저하지 않고 현황을 보고하면서 붓을 들어 마치 물이 흐르듯이 순식간에 발포의 진형도를 그렸다. "여기 있소이다."

손식은 한참 그 그림을 뜯어보고는 "어떻게 이렇게 상세하고 정확히 그릴 수 있느냐?"라면서 감탄했고, "내가 당신을 잘못 본 걸 후회하네."라고 말하였다.

이순신의 성격을 단적으로 알 수 있는 장면이다. 항상 현장을 중

하늘을 꿰매고 해를 씻기다

시하여 부지런히 다녔기 때문에 정확히 현황을 말할 수 있었고, 자세히 그림으로 그릴 수 있었던 것이다. 그런데 그냥 부지런히 다닌다고 다 이순신처럼 되는 것은 아니다. 세심하게 관찰하며 다녀야 제대로 볼 수 있다.

이순신의 세심한 관찰력을 다른 장면에서 보자.

맑았다. 동헌에 나가 공무를 처리한 뒤, 북봉(北峰)의 연대(煙臺, 봉수대) 쌓는 곳에 올라갔다. 쌓는 자리가 아주 좋았다. 허물어질 까닭이 전혀 없었다. 이봉수가 부지런히 일한 것을 알 수 있었다. 내내 자세히 살펴보며 바라보았다. 저녁이 되어 내려왔다. 해자 구덩이를 돌아보았다.(1592년 2월 4일)

이봉수가 '부지런히 일한 것'을 봤고, 내내 '자세히' 살펴보았다.

녹도를 순시한 뒤 녹도 만호 정운이 온 정성을 다한(진심 盡心) 모습이 모든 곳에 있었다.(1592년 2월 22일)

정운이 정성을 다하는 모습을 '자세히' 본 것이다. 이렇게 이순신은 사람을 대할 때나 지형을 대할 때나 어떤 것을 대할 때 그냥 보지 않았다. 자세히 세심하게 살폈다. 그래서 무엇이 부족하고, 무엇이 필요한가를 알아차려 그에 알맞게 조치했다. 바로 존중과 배려의 모습이다.

이순신은 또한 누가 잘되면 시기하거나 질투하지 않았다. 오히려 그를 칭찬하고 함께 기뻐하였다. 존중과 배려가 몸에 밴 까닭이다. 이순신이 1576년 32살의 나이로 1차 무과 시험 초장(初場)에 합격하였을 때의 일이다. 이때 장원을 한 동료에게 축하의 편지를 보냈다. "이번에 장원을 하시고 저도 합격한 것은 감축할 일이며, 앞으로 치를 일을 생각하면 참으로 우연이 아닙니다. 매우 행복함을 더욱 절감합니다." 이순신은 이런 사람이다. 사사건건 이순신을 시기하고 질투하였던 선조와 원균과는 전혀 달랐다.

그런데 이순신에게 의외의 행동이 있었다. 전쟁 중에 부채를 만들어 고위 관료들에게 선물을 보낸 것이다. 1594년 11월 28일 『난중일기』의 기록을 보자.

백첩선(白貼扇, 큰부채) **358자루, 별선**(別扇) **453자루에서 순변사에게 15자루를 보냈다.**

순변사뿐만 아니라 여러 사람에게 보냈다. 이는 뇌물을 주어 아부를 하려는 것이 아니었다. 나라가 어려울 때 모두 이순신의 편으로 만들어 오직 나라를 잘 지키기 위함이었다.

또한 이순신은 명의 군에도 여러 가지 선물을 했는데, 그중에 휴대용 불을 붙이는 도구인 부시가 있었다. 『난중일기』 중 1594년 11

월 28일 일기 뒤 메모에 보면, 이순신은 명나라 장군에게 줄 선물 목록을 작성하면서 이 부시를 '화금(火金)'이라고 썼다. 이순신은 이 화금을 70개나 준비하였다. 이순신은 이 선물로 명나라 장수의 환심을 사려고 했을 것이다. 그렇게 해서라도 그들이 더 열심히 잘 싸워 우리 백성을 지켜주기를 바랐기 때문이다. 이순신에게 '선물을 준다'는 것은 또 다른 의미의 존중과 배려였다.

이순신이 명나라 도독 진린(陳璘)을 어떻게 대했는지 보면 그의 존중과 배려의 깊이를 알 수 있다. 그야말로 차원이 다른 배려다. 포악한 진린을 맞이한 조정에서는 걱정이 이만저만이 아니었다. 『징비록』에 보면 이런 글이 나온다.

임금께서 청파까지 나아가 진린을 전송하였다. 나는 진린의 군사가 수령을 때리고 욕하기를 함부로 하고 노끈으로 찰방 이상규의 목을 매어 끌어서 얼굴이 피투성이가 된 것을 보고 약관을 시켜 말렸으나 막무가내였다. 안타깝게도 이순신의 군사가 장차 패하겠구나…… 진린과 같이 중군에 있으면 견제를 당하고 의견이 틀려서 반드시 장수의 권한을 빼앗고 군사들을 학대할 것이다. 이것을 제지하면 더욱 화를 낼 것이고 그대로 두면 끝이 없을 것이니 이순신의 군사가 어찌 싸움에서 지지 않겠는가.

교만하고 포악한 진린과 강식한 이순신의 만남. 상상이나 하겠는가? 결과가 뻔히 보이는 듯하다. 그래서 조정에서는 큰 걱정을 하고 있었다.

진린의 수군은 1598년 7월 16일, 이순신이 있는 고금도로 출발하였다. 그런데 과연 이순신은 어떻게 행동했을까?

그는 파격적으로 움직였다. 진린을 환영하는 잔칫상을 준비해두고 미리 부하 장수들과 함께 멀찌감치 나가서 진린을 맞이한 것이다. 그리고 정중하게 예를 표하였다. 그러자 오히려 진린이 놀랐다. 소문난 조선의 강직한 장군이 이렇게까지 예를 차리다니!

속 깊은 배려에 장차 조선의 미래가 달려 있다. 자존감이 높은 이순신은 그 사실을 누구보다 잘 알고 있었다. 자존심(自尊心)과 자존감(自尊感)은 확실히 구분해야 한다. 국어사전을 보면 거의 같은 의미로 풀이해두었지만, 실제에 있어서는 차이가 많이 난다. 자존감은 자존심보다 차원이 높다. 이순신은 조선의 미래를 위하여 얄팍한 자존심은 버렸지만, 자존감은 버리지 않았다. 존중과 배려는 자존감이 높은 사람만이 할 수 있는 것이다. 자존심만 내세우는 사람에게서는 존중과 배려가 나올 수 없다. 자존감이 굳건하면 어떤 상황에서도 흔들리지 않는다. 뚝심이 있고, 자신감이 있고, 여유가 있다. 이순신은 자존감이 강한 사람이기에 진린을 여유롭게 다룰 수 있었다.

1598년 9월 13일의 『선조실록』에 수록된 이순신의 보고서에 따르면, 조명연합 함대가 전투할 때 명나라 수군은 일본군을 보고 겁이 나서 멀찍이 떨어진 채 구경만 하였다. 조선 수군은 적의 수급을 70개 정도 획득한 반면 명나라 수군은 하나도 획득하지 못하였다.

전투가 끝난 뒤에 자존심이 상한 진린은 이순신이 보는 앞에서 자기 부하를 꾸짖고 급기야 이순신에게 화풀이를 해댔다. 그러자 이순신은 수급의 40여 개를 진린에게 바쳤다. 그리고 "도독께서 직접 싸워서 확보하신 것으로 하십시오."라고 말하였다.

과연 이순신은 협상의 귀재라고도 할 만하다. 협상을 성공시키는 핵심적인 비결은 '상대가 무엇을 원하는지 알라'가 아닌가. 이순신은 진린이 무엇을 원하고 있는지 정확하게 꿰뚫고 있었다. 심리전의 명수 이순신이다. 저 멀리 외지에 나간 장수가 무엇을 원하겠는가? 전과(戰果)이다. 이렇게 잘 싸웠노라고 대외적으로 보여줄 수 있는 것 말이다. 이순신이 이것을 잘 알고 수급을 바치니 진린의 마음이 어떠하였겠는가.

진린은 예상을 뛰어넘는 파격적인 배려에 매우 기뻐하며 선조에게 말하였다. "이순신은 천지를 주무르는 재주와 하늘을 꿰매고 해를 씻긴 공로가 있는 인물입니다."

이런 일이 한두 번이 아니었다. 이순신은 지극 정성으로 진린을 예우하였다. 마침내 진린은 이순신의 인품에 감동해서 그를 높여 '이야(李爺)' 또는 '노야(老爺)'라고 불렀다. 부하들에게는 이순신보다 한 발자국도 앞서지 말라고 명령하였다. 그리고 명나라 황제 신종 만력제(神宗 萬曆帝)에게 이순신의 인물됨을 크게 칭송하는 글을 올리며 그를 중용하라고 건의하였다. 만력제는 명나라의 역대 황제 중 가장 오래 재위한 황제이다.

황제 폐하! 이곳 조선에서 전란이 끝나면 조선의 왕에게 명을 내리시어 조선국 통제사 이순신을 요동으로 오라 하게 하소서. 신이 본 이순신은 그 지략이 매우 뛰어나고 그 성품과 또한 장수로 지녀야 할 품덕을 고르게 지닌바 만일 이순신을 황제 폐하께서 귀히 여기신다면 우리 명(明)국의 화근인 저 오랑캐(훗날 청)를 견제할 수 있을 뿐 아니라, 저 오랑캐의 땅 모두를 우리의 명(明)국으로 귀속시킬 수 있을 것이옵니다. 혹여 황제 폐하께서 통제사 이순신의 장수됨을 걱정하신다면 신(臣)이 간청하옵건대 통제사 이순신은 전란이 일어나고 수년간 수십 차례의 전투에서 단 한 번도 패하지 않았음에도 조선의 국왕은 통제사 이순신을 업신여겼으나 그러한 모함과 멸시에도 굴하지 않고 국왕에게 충의를 보였으니 이 어찌 장수가 지녀야 할 가장 큰 덕목이라 하지 않을 수 있겠나이까.

이른바 대국의 장수에게 이런 칭송을 받는 장수가 이순신 말고

하늘을 꿰매고 해를 씻기다

는 누가 있을까? 이순신은 명나라 만력제에게 사후 추존이 아닌 생전에 대명수군도독(大明水軍都督)을 제수받게 되는데, 이는 명나라 정1품 벼슬로 선조보다 높은 벼슬이었다. 이때 받았다고 알려진 팔사품(八賜品)은 명나라 황제가 내린 것이 아니라고 새롭게 밝혀지고 있다. 어쨌든 이렇게 이순신은 차원이 다른, 통 큰 존중과 배려로 나라를 살렸다.

진린은 노량 해전에서 일본 수군에게 포위되어 죽을 뻔했으나 이순신이 구해서 살아남았다. 해전이 끝나고 이순신에게 고맙다고 선물을 전하러 갔는데 전사했다는 말을 듣고 그 자리에 주저앉아 통곡하였다. 그리고 명나라 군사들과 3일간 고기도 먹지 않았다. 진린은 그 후 명으로 돌아가서 반란군과 묘족을 토벌하는 공을 세웠고 정유재란이 끝나고 9년 뒤 사망하였다. 진린의 아들 진구경은 청나라군과 전투 중에 전사하였다. 그 아들이자 진린의 손자인 진영소는 명나라가 망하자 "원수들과 하늘을 같이할 수 없다"라고 하면서 조선으로 이주를 결심하였다. 1644년 난징에서 출발한 진영소는 남해 장승포에 도착하였다. 이후 진린이 진을 쳤던 완도 고금도로 옮겨와 살다가 다시 해남으로 나와 정착하면서 결혼하여 아들 석문을 낳았다. 진석문은 12살 때 아버지가 죽자, 지금의 해남 산이면 황조리에 이주하였다. 오늘날 광동진씨(廣東陳氏) 집성촌 황조마을이 그래서 생겨났다.

　지난 2014년 7월 4일, 서울대를 방문했던 시진핑은 특강에서 이런 말을 하였다. "역사상 위태로운 상황이 발생했을 때마다 한국과 중국은 서로 도우며 고통을 극복해냈다. (명나라) 등자룡(鄧子龍) 장군과 (조선) 이순신 장군은 노량 해전에서 함께 전사하였다. 명나라 장군 진린(陳璘)의 후손은 오늘날까지도 한국에서 살고 있다." 시진핑이 언급하였던 그곳이 바로 황조마을이다. 시진핑의 발언 때문인지 이제 황조마을은 주한 중국 대사들이 취임하게 되면 필수로 방문하는 곳이 되었다.

　이순신의 존중과 배려가 오늘날까지 영향을 미친 것이다. 존중과 배려는 사람에게 덕을 끼치며, 나아가 국가의 운명도 좌우하며, 의미 있는 역사의 한 획을 긋기도 한다. 사람을 너그럽게 품는 것, 포용하는 것은 존중과 배려의 마음이 있을 때 가능하다. 위대한 리더란 포용하는 마음으로 존중과 배려가 늘 삶 가운데 행해지는 사람이다.

　　　　　　　　　　하늘을 꿰매고 해를 씻기다

상과 벌을 엄격히 시행하여
사람들의 마음을 하나로 묶다_신상필벌

신상필벌

이순신은 잘하는 사람에게는 상을 주고, 못하는 사람에게는 그에 상응하는 벌을 주는 데 철두철미하였다. 이것은 신뢰와 관계되는 문제였다. 상과 벌이 명확할 때 신뢰가 생긴다. 상 주지 않아야 할 사람에게 상을 주고, 벌을 줘야 할 사람에게 벌을 주지 않는다면 어떻게 신뢰가 생기겠는가. 상벌은 신뢰와 밀접한 관계에 있다. 신뢰는 리더에게 생명과 같은 가치이다. 신뢰를 잃은 리더는 조직을 제대로 이끌 수 없다.

지금부터 이순신이 얼마나 상 주는 일에 세심하게 신경을 썼는지 알아보자.

피비린내 나는 전쟁이 끝나면 이순신은 부하 중에 전사자는 반드시 고향으로 보내 후히 장사를 지내게 하였고, 그 처자는 구휼법(救恤法)에 따라 잘 대우했으며, 부상자는 약을 나누어주어 충분히 치료하게 하였다.

전리품이 생길 때는 반드시 부하들에게 나누어주었다. 이순신은 옥포 해전이 성공적으로 종료된 이후 노획품 가운데 쌀 300섬과 의복과 무명베를 부하들에게 분배해주었다. 사람의 마음은 자기에게 베푸는 사람에게 저절로 향하는 법이다. 인색한 사람에게는 마음이 가지 않는다. 이순신은 어떻게 하면 부하들에게 좋은 것을 줄까 늘 고심하였다.

이순신은 철저하게 부하들의 공을 적어서 조정에 보고해서 상을 받도록 하였다. 비록 작은 공이라도 공을 세운 자가 있으면 신분이나 지위를 따지지 않았다. 심지어 병졸이 아닌 백성이나 노비라고 하더라도 놓치지 않았다. 그것도 아주 꼼꼼하게 숫자를 기록하였다. 치밀한 이순신의 성격을 알 수 있다.

> 좌부장인 낙안 군수 신호는 왜적의 큰 배 1척을 쳐부수고 머리 하나를 베었는데 배 안에 있던 칼, 갑옷, 의관 등은 모두 왜장의 물건인 듯했습니다. 우부장인 보성 군수 김득광은 왜적의 큰 배 1척을 쳐부수고 우리나라 포로 1명을 도로 빼앗아 왔으며, 전부장인 흥양 현감 어영담은 왜적의 중간 배 2척과 작은 배 2척을 쳐부수었고, 중위장인 방답 첨사 이순신은 왜적의 큰 배 1척을 쳐부수었고, 우척후장인 사도 첨사 김완은 왜적의 큰 배 1척을 쳐부수었고, (중략) 신의 군관 급제 최대성은 왜적의 큰 배 1척을 쳐부수었고, 참퇴장(斬退將)인 신의 군관 급제 배응록은 왜적의 큰 배 1척을 쳐부수었고, 돌격장인 신의 군관 이언량은 왜적의 큰 배 1척을 쳐부수었고, 신이 데리고 부리는 군관

훈련 봉사 변존서, 전 봉사 김효성 등이 힘을 합쳐 왜적의 큰 배 1척을 쳐부수었고, 경상도 여러 장수가 힘을 합쳐 왜적의 배 5척과 우리나라 포로 3명을 도로 빼앗아 왔습니다.(옥포파왜병장)

여기 잘 보면 일본 전선의 큰 배 4척을 깨뜨린 공을 이순신 자신의 것으로 보고할 만도 한데 그는 이 모두를 '신의 군관'이라는 말로 언급하였다. 이순신 자신이 아니라 부하가 했으니 그들에게 상을 주라는 뜻이다. 그 대신에 마지막에 이런 말을 넣었다. "신도 싸웠습니다(臣亦戰)." 겸손한 그의 태도를 엿볼 수 있다.

이순신은 부하들이 상에 눈이 멀어 그저 일본군의 머리 사냥이나 하고, 혹은 조선의 포로들이나 무고한 사람의 목을 베는 것을 우려해서 이런 장계도 올렸다.

신은 당초에 여러 장수와 군사들에게 약속하기를, 전공을 세워 이익을 얻으려고 탐을 내어 적의 머리를 서로 먼저 베려고 다투다가는 자칫하면 도리어 해를 입어 죽거나 다치는 자가 많이 생기니, 쏘아서 죽인 뒤 비록 목을 베지 못하더라도, 논공을 할 때 힘껏 싸운 자를 으뜸으로 할 것이라고 거듭 지시했기 때문에, 이제까지 네 번 맞붙어 싸울 때 활에 맞아 죽은 왜적들이 매우 많았지만, 목을 벤 숫자는 많지 않습니다.(당포파왜병장)

참으로 사려 깊고 치밀하며 앞을 내다보는 이순신이 아닌가!

이순신은 공이 있는 장병에게는 일일이 3등급으로 나누어 조정에 논공행상을 건의하였다. 『임진장초』장9에 보면 이런 기록이 있다.

군사들의 심정을 감동시킬 수 없으므로 우선 공로를 참작하여 1, 2, 3등으로 별지에 기록하였습니다. 당초의 약속대로 비록 머리를 베지는 않았을지라도 죽을힘을 다해 싸운 사람들은 신이 직접 본 그대로 등급을 나누어 결정했음을 함께 기록했습니다.

꼼꼼하게 공로를 판단해서 그에 맞는 상을 건의한 것이다.

이순신의 진영에는 항복한 일본 사람이 많았다. 왜냐하면 일본 사람일지라도 이순신에게 항복하면 상까지 받을 수 있었기 때문이다. 을미년 11월 26일의 일기다.

항복한 왜인 8명과 그들을 인솔해 온 김탁 등 2명이 같이 왔으므로 술을 먹였다. 그리고 김탁 등에게는 각각 무명 1필씩을 주어 보냈다.

왜인을 인솔해 온 사람을 잘 챙긴 것은 물론이고, 항복해 온 왜인도 잘 챙긴 기록이다. 또한 부하가 공을 세웠는데 그에 맞는 상이 내려오지 않으면 반드시 조정에 보고해서 상을 받도록 하였다. 방답첨사 이순신(李純信)이 1등에 해당하는 상을 받지 못하자 이순신은 다시 그의 공로를 적어서 상을 받도록 하였다.

> **방답첨사 이순신은 변방 수비에 온갖 힘을 다하고 사변이 일어난 뒤
> 에는 더욱 부지런히 힘써 네 번 적을 무찌를 때 반드시 앞장서서 공
> 격하였으며…… 이번 포상 문서에 홀로 순신의 이름이 들어 있지 않은
> 바…… 이제 조정에서 포상하라는 명령을 내리시기를 엎드려 기다리
> 오니…….

여도 만호 김인영은 이순신과 함께 열심히 싸웠지만 성격이 워
낙 조용해서 묵묵히 자기 일만 하다 보니 진급이 늦어 훈련부장에만
있었다. 이것을 알게 된 이순신은 조정에 장계를 올려 김인영이 그
동안 싸운 공적을 알리고 진급할 수 있도록 조치하였다. 나중에 이
사실을 알게 된 김인영은 어떤 마음이 들었을까? 이순신의 말이라
면 죽어라 해도 죽었을 것이다.

이순신 주변에는 400여 명의 승병이 있었다. 이들에게도 열심히
싸운 공로대로 공평하게 상을 주었다.

예로부터 논공행상이 잘못되면 예기치 못하는 일이 생기는 것
을 알 수 있다. 당 태종은 부왕을 도와 당나라 건국에 큰 공을 세웠
지만 장자가 아니라는 이유로 세자의 자리에서 밀려나자 '현무문의
변'을 일으켜 권력을 잡았다. 조선 태종도 조선 건국에 어느 왕자보

다 큰 공을 세웠지만 어린 이복동생에게 세자 자리가 넘어가자 왕자의 난을 일으켜 왕이 되었다. 공을 세웠으면 그에 맞는 상을 주어야 한다. 이는 신뢰의 문제다. 신상필벌이 무너지면 다 무너진다.

이순신은 자기 밑에서 열심히 임무를 수행하면 반드시 그에 맞는 보상을 받을 수 있다는 것을 확신하게 했다. 상과 벌은 분명히 해야 한다. 그래야 질서가 잡히고 신뢰가 생긴다.

이순신은 상에 대해서는 정확히 조치했고, 벌을 가할 때는 무서우리만큼 냉혹하였다. 1592년에서 1598년까지의 『난중일기』에 보면 100회에 걸쳐 엄격한 군법을 시행한 기록이 나오는데 처형이 28회, 곤장이 44회, 각종 처벌이 36회, 구속이 15회가 나온다.

승군들이 돌 줍는 것을 성실히 하지 못했으므로 책임자를 잡아다가 곤장을 쳤다.(1592년 3월 4일)

아침밥을 먹고 출근하여 군기물을 점검하였는데, 활, 갑옷, 투구, 전통, 환도 등이 깨어지고 헌것이 많아 색리, 궁장, 감고 등을 문책하였다.(1592년 3월 6일)

색리, 영리를 잡아서 지휘에 응하지 않고 적의 상황을 빨리 보고하지 않은 죄를 물어 곤장을 쳤다.(1594년 4월 16일)

하늘을 꿰매고 해를 씻기다

이순신은 특히 전쟁 준비와 적정에 관해 신속하게 보고하지 않으면 용서하지 않았다. 그의 주된 관심 분야를 알게 해주는 대목이다. 이 순신은 엄정한 군의 기강을 위해 때로는 사람의 목까지 베었다. 어 란포에 머물고 있던 25일에는 한 어부가 피란민이 소를 훔쳐 와서 이를 잡아먹기 위해 "적이 쳐들어온다"라고 허위 보고를 했기에 이 순신은 이자의 목을 베어 군중에게 효시하였다. 이순신 함대의 편성 에 참퇴장(斬退將, 도망가면 목을 베는 장수)이 있는 것은 도망병의 목을 베기 위함이다. 비록 어쩔 수 없이 목을 베었지만, 반드시 그 죽은 자의 가족에게는 별도의 음식과 돈을 보내어 따뜻한 위로를 잊 지 않았다. 이러한 것들이 바로 부하들이 목숨을 내놓고 이순신을 따랐던 이유였다.

전체적으로 보면 이순신은 벌보다는 상을 많이 줬다. 조정에 건 의해서 직위를 주거나 승진을 시키는 일은 18회나 하였고, 부하들 과 회식하거나 상품을 주거나 노획물을 나눠주는 일은 123회를 하 였다. 사실 사람의 깊은 마음을 움직이는 것은 벌보다는 상이다. 이 순신은 상과 벌을 적절하게 활용하면서 사람들의 마음을 하나로 묶 었다. 상벌은 신뢰의 문제이다. 신뢰를 잃으면 다 잃는다. 말로 한 것 을 행동으로 보여주지 않으면 신뢰를 잃게 된다. 말만 번지르르하게 잘하거나, 곤란한 순간을 모면하기 위하여 여러 구차한 변명을 하는 사람에게 신뢰를 주는 사람은 없다. 이랬다저랬다 갖다 붙이는 사람 이 얼마나 많은 세상인가. 한번 약속의 말을 했으면 지켜야 한다. 지키지 못하면 왜 지키지 못했는지 설득력 있게 말해야 한다. 이순신은 그가 한 약속은 반드시 지켰다. 특히 상벌에 대해서만큼은 조금도 어긋남이 없이 정확하게 지켰다. 신뢰의 이순신이다.

'죽을힘'을 다하면 반드시 하늘이 돕는다_전심전력

전심전력

> 신이 거느린 여러 장수가 한마음으로 분발하여 모두 죽을힘을 다하니 또 배 안에 있던 관리와 군사들 또한 그 뜻을 본받아 서로 격려하며 죽음을 각오하고 공을 세우려 하였습니다.

이순신이 옥포 해전을 치른 후에 임금에게 올린 '옥포파왜병장(玉浦破倭兵狀)'의 일부이다. 이순신은 "모두 죽을힘을 다하니"라고 표현하였다. 이는 모든 해전에서 그가 보여준 모습이다. 아무리 작은 규모의 해전이라 해도 마치 사자가 먹이를 사냥하듯이 '죽을힘'을 다하였다. 이것이 바로 '전심전력(全心全力)'이다. 전심전력의 뜻은 '온 마음과 온 힘을 다하는 것'을 말한다. 무엇을 하든 대충하지 않고, 흉내만 내지 않고, 죽을힘을 다하는 것이 '전심전력'이다. 이순신이 명량 해전을 앞두고 행한 연설에 나오는 '필사즉생'이 바로 '전심전력'의 정신을 말한다. 죽기를 각오하고 온 마음과 온 힘을 다하면 반드시 살길이 열린다는 것이다.

'옥포파왜병장'의 첫머리를 보자.

삼가 적을 무찌른 일로 아뢰나이다. 전날 경상우수사(원균)와 협력하여 적의 배를 쳐부수라는 분부를 받고, 지난 5월 4일 새벽 2시경(丑時)에 출발하면서 전라우도 수사 이억기에게는 수군을 거느리고 신의 뒤를 따라오라는 내용의 공문을 보냈는데, 이에 대하여는 이미 보고를 드렸습니다. 그리고 같은 날 같은 시각에 수군 여러 장수가 판옥선 24척, 협선 15척, 포작선 46척을 거느리고 떠나 경상우도 소비포(所非浦) 앞바다에 이르니 날이 저물기로 진을 치고 밤을 지냈습니다.

이 내용을 하나씩 들여다보면 이순신이 얼마나 정성을 다해 부대를 이끌고 있는지 알 수 있다. 아주 치밀하고, 아주 계산적이고, 아주 전략적이다. 대충하지 않았다. 흉내만 내는 것이 아니었다. 첫 번째 전쟁을 앞두고 있다. 이순신도 한 번도 실전 경험이 없는 상황이다. 불안할 수도 있다. 걱정도 된다. 부하들은 얼마나 더 두렵고 걱정이 되겠는가. 그런데 이순신은 마치 오랫동안 싸워온 것처럼 신중하게 행동하고 있다. '죽을힘'을 다하여 첫 번째 전쟁을 준비하고, 진행하고 있는 모습이다.

이순신이 정철총통을 개량할 때도 '죽을힘'을 다하는 모습을 볼 수 있다. 1593년 9월 15일의 『난중일기』를 보면 '백이사득(百爾思得)'

이라 하여 '온갖 방법을 다 하여 얻었다'라고 표현하고 있다. 일본 조총의 이치를 깨치려고 온갖 방법을 다하여 백방으로 노력하였으니 그야말로 '죽을힘'을 다한 것이다. 이순신은 '몰입'의 천재가 아닌가 싶다. 몰입(沒入, flow)이 무엇인가? 주위의 모든 잡념, 방해물들을 차단하고 원하는 어느 한곳에 자신의 모든 정신을 집중하는 일이다. 몰입하는 사람의 심리 상태는 에너지가 한곳으로 쏠리고, 완전히 빠져들어 그 활동을 즐기는 상태이다. 여기서 '즐기는'이라는 말이 나오는데 실제로 완전한 몰입상태에 들어가면 행복 도파민이 넘친다. 이순신은 정철총통을 만들었을 때나, 거북선을 만들었을 때나, 학익진을 새롭게 구상했을 때 이러한 몰입의 경지에 들어갔을 것이다. '즐기면서' 말이다. 만약에 즐거움이 없이 온갖 스트레스를 받아가며 어떤 일을 해결하려고 한다면 절대로 좋은 결과가 나올 수 없고, 오래 할 수도 없다. 창의성은 즐거움을 느끼며 몰입할 때 가장 잘 발휘된다.

아인슈타인은 이런 말을 하였다. "나는 몇 달이고 몇 년이고 생각하고 또 생각한다. 그러다 보면 99번은 틀리고, 100번째가 되어서야 비로소 맞는 답을 얻어낸다. 내가 과학에서 성취한 것은 어떤 것이건 오로지 끈질기게, 열심히, 오랫동안 생각한 결과이다." 영국 옥스퍼드 대학교의 앤드류 와일즈 교수는 300여 년 동안 풀지 못했던 '페르마의 마지막 정리(Fermat's Last Theorem)'를 풀어내는 데 성공하였다. 그는 이런 말을 하였다. "나는 자나 깨나 한 가지 생각뿐이었다. 아침에 일어나서 밤에 잠자리에 들 때까지 나는 생각하고 또 생각하였다. 아무런 방해도 받지 않은 채 내 마음속에는 계속해서 동일한 과정이 되풀이되고 있었다."

어떤 문제에 부딪혔을 때 그 문제를 붙잡고 생각하고, 생각하고, 또 생각하면 어느 순간 해결책이 보인다. 포기만 하지 않으면 말이다. 이순신은 누구보다도 생각을 많이 하는 사람이었고, 누구보다도 몰입의 습관이 잘 형성되어 있었던 사람이다.

이순신의 평소 업무 스타일은 어떠하였을까? 이순신은 1589년 12월 45세의 나이로 정읍 현감으로 부임하였다. 그리고 전라좌수사가 되는 1591년 2월까지 있었다. 정읍 현감으로 있을 때 그의 업무 능력은 탁월하였다. 오랫동안 밀렸던 민원을 재빨리 해결하였고, 선정을 베풀어 백성의 칭송이 자자하였다. 아마도 '죽을힘'을 다하여 근무하였을 것이다. 정읍 사람들은 그의 선정에 감사해서 유애사와 충렬사를 지었다.

이순신은 정읍뿐만 아니라 인근에 있는 태인현(泰仁縣)의 일까지 처리하였다. 태인현은 오랫동안 현감이 없어서 여러 복잡한 일들이 산적해 있었다. 그것을 이순신이 신속하게 모조리 처리해준 것이다. 비록 옆 동네를 도와주는 것이었지만 아마도 이순신은 '죽을힘'을 다했을 것이다. 그래서 태인현에 사는 백성이 이순신을 태인현 현감으로 오게 해달라고 조정에 간청하기도 하였다.

　이순신은 병과 4인으로 급제하였다. 전체 29명 중 12등이었다. 어떤가? 실망했는가? 그런데 잘 볼 것이 있다. 임금이 내린 합격 교지에 보면 첫머리에 '보인(保人)'이 있다. 보인은 현직에 있지 않고 군에 있는 사람을 부양하고 돕는 사람이라는 뜻이다. 그러니까 어떠한 관직도 없는 사람이다.

　무과 합격자 중에는 이순신과 같은 보인이 4명이 있다. 나머지는 전부 현직 군관들이다. 정3품 당하관 이하의 전현직 군관도 응시할 수 있었기 때문이다. 급제하면 정식 관직에 임명하거나 품계를 승진시켜주는 특혜를 주었기 때문에 많은 사람이 이미 관직을 가지고 있었음에도 과거 시험에 응시하였다. 그러니 쟁쟁한 군관들과 경쟁해서 전체 29명 중 12등을 했으니 그리 나쁜 성적은 아니지 않은가? 독학

　　　　　　　하늘을 꿰매고 해를 씻기다

으로 말이다. 이순신의 나이가 32살. 당시 급제 평균 나이가 34살이 었으니 그래도 2년은 빠른 출세가 아니던가. 이순신보다 나이가 많은 사람이 17명이나 있고, 1명이 동년배, 10명이 이순신보다 어렸다. 최연소 합격자는 23살, 최고령 합격자는 무려 52살이었다. 이때 대망의 1등 장원은 누구였을까? 여러분은 누군지 알겠는가? 아마도 모를 것이다. 바로 문명신(文命新)인데 이순신보다 1살이 많았다. 그런데 오늘날 사람들이 문명신을 기억하는가? 12등이었던 이순신은 기억해도 1등이었던 문명신은 기억하지 못한다. 그러니 성적이 1등이라고 다 잘된다는 보장도 없다.

어쩌면 이순신은 타고난 천재가 아닐 수 있다. 그러나 이 부분에서 다시 이순신을 보자. 비록 1등으로 출발하지는 못했을지라도 그 어떤 1등보다도 큰일을 해냈다. 많은 것을 새롭게 만들었고, 나라의 위기를 지혜롭게 극복해나갔다. 이를 위하여 얼마나 '죽을힘'을 다하여 공부도 하고, 온갖 노력을 다했겠는가.

'죽을힘'을 다하면 어떤 일이 일어날까? 그렇다. 믿기지 않을 만큼 놀라운 일이 일어날 수 있다. 명량 해전 하루 전인 1597년 9월 15일의『난중일기』를 보자.

이날 밤 꿈에 어떤 신인(神人)이 나타나서 이렇게 하면 크게 이기고 저렇게 하면 진다고 가르쳐주었다.(시야신인몽고왈여차즉대첩여차즉취패운

是夜神人夢告曰如此則大捷如此則取敗云).

참으로 놀라운 장면이 아
닐 수 없다. 12척으로 일본 전
선 300여 척을 막아야 할 상황
이었다. 막지 못하면 조선은 끝
이다. 더 이상 버틸 여력이 없
다. 그런데 아무리 이순신일지
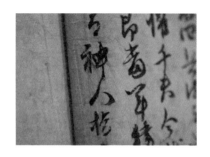
라도 어떻게 겨우 12척으로 300척을 막을 수 있단 말인가. 낮에는
이순신이 우수영에서 장수들을 모아놓고 그 유명한 '필사즉생'의
연설을 했지만, 그러한 정신 무장도 잠시뿐 아니겠는가. 압도적인
규모의 적선을 눈으로 보게 되면 그 단단했던 정신도 금방 무너져내
릴 것이 뻔하다. 그러니 이순신의 고뇌가 얼마나 컸을까? 잠을 못 이
루고 땀을 흘리며 이리저리 뒤척이는 중에 꿈에 '신인(神人)'이 나
타난 것이다.

그리고 그 신인이 이순신에게 '이렇게 하면 크게 이길 수 있다.'
라고 말해주었다. "아! 이 전쟁은 이미 이겼구나!" 바로 이때 이순
신은 승리에 대한 확신을 가졌을 것이다. 지휘관이 승리를 확신하게
되면 상황을 해석하는 태도가 달라진다. 어떤 위기가 닥치더라도 정
신을 차릴 수 있으며 대담하게 헤쳐나갈 수 있다. 이미 이겼다고 하
는 확신! 『손자병법』 제4 군형 편에 나오는 "먼저 이겨놓고 그 후에

싸움을 구한다(선승이후구전 先勝而後求戰)."라는 내용이 바로 이것이다.

그런데 이순신에게 승리의 확신을 준 신인의 정체는 무엇일까? 무엇이든 상관이 없다. 각자가 믿는 종교적인 대상도 좋다. 중요한 것은, 이순신의 그 간절한 호소에 하늘이 응답했다는 것이다. 틀림없이 이순신은 '죽을힘'을 다해 승리를 구했을 것이다. 무엇이 하늘을 움직였던가? 의(義)를 이루기 위한 '간절함'과 '죽을힘'을 다한 기도가 아니었을까? 실제로 그다음 날 일어났던 명량 해전에서 이순신은 300여 척이나 되는 압도적인 일본 함대의 '기습 공격'을 받았지만, 기적 같은 승리를 거두었다.

필자가 재해석한 명량 해전의 실상을 보면, 당시 일본 수군은 이순신보다 한 발 앞서 울돌목을 통과하고 '기습적'으로 이순신 함대 앞으로 진입해 와서 포위망을 구축하였다. 여기서 '기습'의 군사적인 의미는 적이 예상치 못하게 한다는 뜻도 있지만, 비록 알았다 하더라도 효과적으로 대응하지 못한 것을 의미하기도 한다. 실제로 조선 수군은 그날 아침에 효과적으로 대응하지 못하였다. 명량 해전 당일인 1597년 9월 16일의 『난중일기』를 보면 이렇게 기록되어 있다.

맑다. 아침에 망군(望軍)이 나와서 보고하기를 '적선이 헤아릴 수 없을

만큼 많이 곧장 우리 배를 향해 옵니다.'라고 했다. 곧 여러 배에 명령하여 닻을 올리고 바다로 나가니 적선 130여 척이 우리의 여러 배를 에워쌌다.

망군이 급히 와서 이순신에게 보고했을 때는 일본 전선이 이미 매우 가까이 들어온 뒤였다. '즉적선백삼십척 회옹아제선(則賊船百三十餘隻 回擁我諸船)', 즉 '적선 130여 척이 아군의 여러 배들을 에워쌌다'는 뜻이다. 『난중일기』에 붉은색으로 표시한 부분이 바로 '회옹아제선'이다. 여기서 '회옹(回擁)'이라는 특이한 한문이 나오는데 이것은 '에워싼다'는 뜻이다. 포위를 당한 것이다. 절체절명의 상황이다. 무려 25배나 압도적으로 많은 적을 상대해서, 그것도 적에게 기습 공격을 당한 상황에서 승리한 예는 동서고금의 해전사에서 찾아보기 어

하늘을 꿰매고 해를 씻기다

럽다. 실제로 불가능하기 때문이다. 그런데 이순신이 이겼다. 놀라운 것은 새까맣게 에워싸고 있는 적선을 보고도 이순신은 혼자 앞으로 나가 무려 1시간이나 싸웠다는 점이다. 어떻게 이게 가능했을까? 아무리 이순신이라 할지라도 겁도 없이 어떻게 혼자 앞으로 나갈 수 있단 말인가? 그렇다. 바로 전날 밤에 이순신의 꿈에 나타났던 '신인' 때문일 것이다. 어떤 상황이 닥치더라도 '이미 이겼다'라는 확신과 '신인'이 함께할 것이라는 믿음이 그에게 있었을 것이다. 그 믿음으로 이순신은 그야말로 '죽을힘'을 다해 싸웠고, '신인'은 약속한 대로 이순신을 도왔다.

『난중일기』에 보면 조선 수군에 의해 분멸된 일본 전선은 31척이었다. 놀라운 것은, 일본 측의 기록에 의하면 조선 수군에 의해 분멸된 31척 외에 일본 전선이 무려 90여 척이나 파괴되었다고 나온다는 점이다. 명량의 좁은 해협에서 급히 도망쳐 나오다가 자기들끼리 부딪혀 이른바 자중지란(自中之亂)에 빠진 것이다. 자중지란! 이 놀라운 일은 일부러 그렇게 하고 싶어도 할 수 없다. 전쟁사에도 자기들끼리 싸워 무너지는 예는 극히 드물게 나온다.

31척을 분멸시킨 것은 이순신이 '죽을힘'을 다한 결과이고, 90여 척이 '자중지란'으로 깨진 것은 하늘이 도왔다 할 수 있다. 이순신이 언급한 대로 '차실천행'이 저절로 이루어진 장면이다. 의로운 일에 '죽을힘'을 다하면 반드시 하늘이 돕는다는 것을 알 수 있다.

이렇게 이순신은 무엇을 하든 '필사즉생'의 정신으로 '죽을힘'을 다하였다. 이것이 바로 '전심전력'이다.

환경을 탓하지 않고 스스로 필요한 것을 마련하다_자급자족

자급자족

현명한 사람은 주어진 여건을 최대한 잘 이용해서 스스로 일어서는 사람이다. 자급자족(自給自足)의 사람이다. 남의 도움을 의지해서 스스로 해야 할 일을 하지 않는 사람이 조직의 리더가 된다면 그 조직은 불행해질 수밖에 없다. 이순신은 뛰어난 자력가(自力家)이다. 누구의 도움도 의지하지 않고 스스로 필요한 것을 만든 사람이다.

나라가 난리 통에 모든 것이 부족하였다. 마땅한 지원이 없었다. 그렇다고 멍하니 앉아서 불평이나 할 것인가? 그대로 굶어 죽을 것인가? 이순신은 1576년 2월에 무과에 급제한 후에 1598년 11월 노량 해전에서 전사하기까지 22년 9개월을 군에 복무하였다. 1591년 2월 전라좌수사가 되었는데 따져보면 13년 1개월을 육군으로 마지막 9년 8개월을 수군으로 지낸 셈이다. 그는 육군이든 수군이든 어느 직책에 있든지 스스로 일어서는 법을 배웠고, 실행에 옮겼다.

하늘을 꿰매고 해를 씻기다

이순신은 초급장교 시절 함경도 녹둔도(鹿屯島)에서 둔전(屯田)을 경영한 경험이 있다. 둔전은 병사들로 하여금 땅을 경작하게 하여 자급자족을 꾀하는 것이다.

이순신은 녹둔도를 비롯해서 함경도 북방의 동구비보, 건원보, 조산보 등 험악한 땅에서만 67개월을 근무하였다. 변변한 농사도 지을 수 없는 그 척박한 땅에서 이순신은 스스로 일어서는 법을 배웠다. 이때의 둔전 경험이 여수의 전라좌수영, 한산도의 삼도수군통제영을 운영하는 데 많은 도움이 되었다.

'해로통행첩(海路通行帖)'이란 것이 있다. 명량 해전이 끝난 후 이순신은 군량미 부족으로 고민에 빠졌다. 이때 군량을 관리하던 이의온(李宜溫) 청년이 이순신에게 제안하였다. 해로를 통과하는 배에 안전을 보장해주는 대신에 통행세를 받자는 의견이었다. 이 제도는 성공하였다. 백성도 안전했고 군량미도 쌓였다. 얼마나 효과적이었는지 류성룡의『징비록』에 이렇게 기록되어 있다.

이순신이 해로통행첩을 만들고 명령하기를 '3도(경상, 전라, 충청) 연해를 통행하는 모든 배는 공사선(公私船)을 막론하고 통행첩 없이는 모두 간첩선으로 인정하여 처벌할 것이다'라고 하였다. 그리고 선박이나 선주의 신원을 조사하여 간첩과 해적 행위의 우려가 없는 자에게는 선박의 대소에 따라 큰 배 3섬, 중간 배 2섬, 작은 배 1섬의 곡식을 바치도록 하였다. 이때 피난민들은 모두 재물과 곡식을 배에 싣고 다

넜기 때문에 쌀 바치는 것을 어렵게 여기지 않았고, 또한 이순신 수군을 따라다녔기 때문에 아무런 불평 없이 갖다 바쳤으니 10여 일 동안에 무려 군량미 1만여 섬을 얻었다.

해로통행첩의 공로자는 이를 건의했던 이의온이다. 그래서 이순신이 그의 공로를 조정에 보고하여 나라에서 군자감직장(軍資監直長)을 제수했지만 사양하였다. 이의온은 전쟁이 끝난 후에 포항에 작은 정자를 짓고 말년을 보내다가 편안하게 생을 마감하였다. 공로가 있으면 반드시 상을 주는 이순신의 마음도 돋보이고, 엄청난 공을 세우고도 겸손하게 뒤로 숨는 이의온도 대단한 사람이다.

이순신의 머릿속은 늘 백성 생각으로 가득 차 있었다. 당사도, 칠산도, 어외도, 고참도, 고군산도 등 섬 지역으로 몸을 피한 피난민에게 둔전과 염전, 고기잡이를 할 수 있는 여건을 최대한 마련해주었다. 이순신이 1598년 2월 17일 완도의 고금도로 본영을 옮길 때는 군사 수만 무려 8천여 명까지 늘었다. 피난민도 몰려오니 그 수가 헤아릴 수 없었다. 이때 이순신은 그들을 위해 집을 짓고 장사를 할 수 있는 터전도 마련해주었다.

『징비록』의 기록을 보자.

이순신은 또 백성들이 가지고 있는 구리와 쇠를 모아 대포를 주조하고 나무를 베어다 배를 만들어서 모든 일이 순조롭게 추진되었다. 이때

병화(兵禍)를 피하려는 사람들이 모두 이순신에게로 와서 의지하여 집을 짓고 막사를 만들고 장사를 하며 살아가니 온 섬이 이를 다 수용할 수가 없었다.

신경(申炅)이 지은『재조번방지(再造藩邦志)』에 보면 "(이순신이) 집을 지어 피난민들에게 팔아 살게 하니, 섬 안에서는 피난민들을 다 수용할 수 없을 정도"라고 당시의 번창했던 상황을 기록하고 있다. 성리학자인 윤휴(尹鑴)는 "섬 안이 시장이 되었다(島中成市)." 라고 말하기도 하였으니 그 당시 상황이 얼마나 대단했는지 짐작하고도 남는다.

오랜 전쟁으로 굶어 죽는 사람이 부지기수였다.『징비록』에 "어린아이가 길에 죽은 어미의 젖을 빨고 있는 것을 보고" "여기저기 굶어 죽는 사람이 즐비하였다." "살아 있는 사람은 다 굶주리고 병들어 낯빛이 귀신과 같았다."라고 기록되었을 정도다. 아버지와 자식, 남편과 아내가 서로 잡아먹었다는 기록도 있으니 당시 어떤 상황이었는지 짐작이 간다. 다시『징비록』의 기록을 보자.

조선 전역이 굶주림에 허덕였고, 군량 운반에 지친 노인과 어린이들은 곳곳에 쓰러져 누웠으며, 장정들은 모두 도둑이 되었다. 더욱이 전염병으로 인해서 거의 죽어 없어지고 심지어는 아버지와 아들, 남편과 아내가 서로 잡아먹는 지경에 이르러 노천에는 죽은 사람의 뼈가 잡초처럼 드러나 있었다.

류성룡은 눈물을 흘리며 걱정했을 뿐이지만, 이순신은 백성이 굶어 죽도록 그냥 놔두지 않았다. 이순신은 나라의 정책까지도 지혜롭게 활용하여 백성을 구제하였다. 당시 말은 나라의 큰 재산이었다. 전쟁에 꼭 필요했으니 말이다. 말을 키우는 섬에서는 농사를 짓지 않도록 규정한 것도 그 때문이다. 그런데 이순신이 보니까 말 때문에 백성이 모조리 굶어 죽게 생겼다. 이에 이순신은 단단히 결심하고 조정에 이렇게 건의한다. "농사가 금지된 돌산도에 백성들을 들여보내 농사를 짓게 해도 말을 키우는 데 해가 되지 않습니다. 그렇게 하면 말도 기르고 백성도 구할 수 있어(목마구민, 牧馬救民) 백성과 나라 양쪽이 모두 편리할 것입니다(서사양편, 庶使兩便)." 조정에서는 당장에 급한 말을 우선 보호해야 한다고 난색을 표하였지만, 이순신의 끈질긴 요청에 결국 영남지역 피난민 200여 호가 돌산도로 입주할 수 있었다. 그 결과 굶어 죽는 민생도 살리고 군량미까지 확보하는 일거양득 상황이 되었다. 이순신은 백성과 함께 소금도 굽고, 물고기를 잡았다. 물고기는 내륙의 곡식과 바꾸기도 하였다. 백성을 위한 것이라면 물불을 가리지 않는 이순신의 모습이다.

이순신은 육지는 물론 바다를 경제 수단으로 삼았던 독특한 인물이다. 바다를 거점으로 삼아 경제활동도 하고 심지어 무역 활동까지 하였다. 이른바 수국(水國) 건설이다.

수국에 대한 구체적인 언급은 이순신이 지은 「한산도야음(閑山島夜吟)」에 나온다.

하늘을 꿰매고 해를 씻기다

한산도야음(閑山島夜吟)

넓은 바다에 가을 햇빛 저무는데

(수국추광모 水國秋光暮)

추위에 놀란 기러기 떼 하늘 높이 날아간다

(경한안진고 驚寒雁陣高)

근심스런 마음에 잠 못 자는 밤

(우심전전야 憂心輾轉夜)

새벽달은 무심코 활과 칼을 비추네

(잔월조궁도 殘月照弓刀)

-을미년(1595년, 선조28) 10월 20일-

수국은 이순신이 마음껏 하고 싶은 대로 했던 한산도일 것이다. 이순신은 수국을 통해서 그의 꿈을 실현하려 했을지 모른다. 다시 일어서는 꿈이다.

앞의 사진은 한산도 제승당 안에 있는 한산도야음 글씨이다. 왼쪽 위에 수국이란 글씨가 보인다. 아무리 자원이 부족하고, 여러 여건이 불리하고, 주변의 강대국이 핍박해도 절대로 포기하지 않고 다시 일어서는 꿈이다. 환경이나 여건을 탓하지 마라. 누구 때문이라고 핑계 대지 마라. 누구의 도움을 바라지 마라. 누가 해줄 것이라는 생각을 버려라. 자급자족하라. 스스로 일어서라. 이것이 오늘날의 우리에게 이순신이 해주고 싶은 말이 아닐까?

부하들에게 나의 뒷모습을 보이다_솔선수범

솔선수범

이순신은 장군이었지만 자기가 할 일은 누구를 시키지 않고 직접 하였다.

혼자 돌아앉아 등불을 돋우고 내가 내일 쓸 화살을 다듬었다(獨坐排燈 手自理箭).

하늘을 꿰매고 해를 씻기다

이렇게 이순신은 자기가 해야 할 일은 누구를 시키지 않고 '직접' 하였다. **이순신은 자신이 사용할 화살을 직접 다듬었을 뿐만 아니라 전투 중에도 부하들과 똑같이 활을 쏘았다.** 이때 걱정한 부하들이 "어찌 나라를 위하여 자신을 아끼지 않습니까?"라고 하면서 그만 쏘라고 건의하였다. 이순신은 하늘을 가리키며 "내 명(命)이 저기에 달려 있는데 어찌 너희들에게만 적을 대적하게 할 수 있겠느냐!"라고 답하였다. 이 이야기는 윤휴가 쓴 『충무공유사』에 나온다.

1587년 8월 녹둔도 둔전관을 겸할 때였다. 녹둔도는 북한과 러시아의 경계에 있는 작은 섬이다. 현재는 러시아 땅에 속하여 있다. 당시 추수기에 북쪽의 여진족이 녹둔도에 침입하였다. 그 규모가 무려 1,000명이 넘었다.

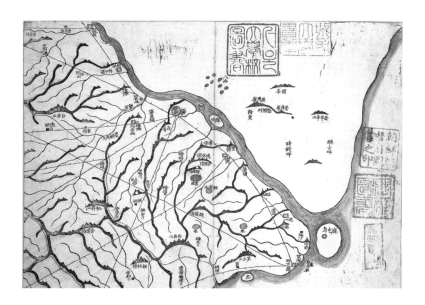

이순신은 불과 몇십 명의 부하들과 이들을 상대해야 했다. 이럴 줄 알고 이순신은 평소에 병력을 증원해달라고 상부에 수차례나 건의했지만 번번이 무시되었던 터였다. 이순신은 앞장서서 용감하게 이들과 싸웠지만 역부족이었다. 이 전투에서 조선인 11명이 전사하고, 군민 160여 명이 납치되며, 15필의 말도 약탈당하였다. 이순신 생애의 첫 전투에서 패배한 셈이다. 하지만 이순신은 이 전투에서 놀라운 행동을 보였다. 물러가는 여진족을 뒤쫓아 가서 60여 명의 포로를 구출해낸 것이다. 이 과정에서 여진족의 화살을 맞아 왼쪽 넓적다리를 다쳤지만, 부하들이 놀랄까 걱정하여 몰래 스스로 화살을 뽑아버렸다. 이때 함경북병사 이일(李鎰)이 책임을 회피하기 위해 이순신을 무고로 고발하였다. 장계를 받아 본 선조는 이순신은 패배한 것과는 다르다며 구분 짓고 장형을 친 후에 백의종군으로 마무리 지었다. 이순신의 일차 백의종군이다. 43세 때였다. 이 녹둔도 전투는 선조와 조정에 이순신의 이름이 알려지게 되는 계기가 되었다. 녹둔도 전투를 보면 이순신이 얼마나 용맹하며 솔선수범하는 사람인지 금방 알 수 있다. 이 녹둔도 전투를 담은 조선시대의 그림이 고려대 박물관이 소장하고 있는 〈북관유적도첩(北關遺蹟圖帖)〉이다.

조직원들이 리더를 신뢰할 수 있는 가장 효과적인 지름길은 리더의 솔선수범이다. 말로만 하고 행동하지 않는 리더를 따를 사람은 아무도 없다. 특히 위기 시에는 더욱 그렇다. 어려움이 오고 위기가 닥칠 때 리더가 하는 행동은 곧 모든 조직원에게 직접적인 영향을 준다.

하늘을 꿰매고 해를 씻기다

이순신은 싸움할 때 언제나 맨 앞에 서서 진두지휘하였다. 『임진장초』'당포파왜병장'을 보자.

신은 더욱 분발하여 배를 독촉하고 선봉에 나아가 곧장 적진을 공격하니……

이순신은 늘 맨 앞, 선봉에 섰다. 『난중일기』 계사년 9월 이후에 쓴 기록을 보자.

신이 비록 노둔하고 겁이 많지만, 몸소 화살과 탄환을 무릅쓰고 나아
가 선봉장으로서 몸을 바쳐 나라에 은혜를 갚으려 하는데, 지금 만
약 시기를 놓친다면 후회한들 무슨 소용이 있단 말인가.

여기서도 선봉장으로 앞장섰다. 특이한 대목이 자신을 일러 스
스로 '겁이 많다'라고 표현한 점이다.

이순신이 처음으로 총탄을 맞았던 사천 해전을 보자. 옥포 해전
이 끝나고 이틀 후인 1592년 5월 29일의 해전인데, 우선 그날의『난
중일기』를 읽어보자.

……군관 나대용이 총에 맞았으며 나도 왼쪽 어깨에 탄환을 맞았다.
탄환이 등을 뚫고 나갔으나 중상이 아니었다. 사부와 격군 가운데도
탄환 맞은 사람이 많았다. 적선 13척을 불태우고 물러나왔다.

　　　　　　　　　　　　하늘을 꿰매고 해를 씻기다

전투가 끝난 뒤에 사람을 시켜 칼끝으로 살을 쪼개고 탄환을 꺼냈는데 그 깊이가 두 치(약 6센티미터)나 되었다. 군졸들이 이를 알고 경악했지만, 이순신은 태연하게 웃으면서 그들을 안심시켰다.

부상 인원 세 사람 모두 기함에 승선해 있던 지휘관들이다.

이는 이순신의 기함이 조총의 유효사거리 안에 들어갔다는 것이다. 아마도 50미터 이내였을 것이다. 지휘관이라고 해서 항상 후방에만 있는 것이 아니라 앞장서서 솔선수범하는 이순신의 모습을 엿볼 수 있는 부분이다.

이때의 부상이 얼마나 오래갔던지 거의 1년 후인 그 이듬해 1593년 3월에 류성룡에게 보낸 편지에 이렇게 적었다.

……교전할 때 격분하여 몸을 돌보지 않고 시석(矢石, 화살과 돌)을 무릅쓰고 들어가다가 탄환을 맞은 것이 매우 중하였습니다. 비록 죽을 만큼 다치지는 않았으나 그 뒤로 연일 갑옷을 입고 적과 싸웠으니 탄환 맞은 헌 상처가 뭉그러져 진물이 흘러나와 아직도 옷을 입지 못했습니다. 뽕나무 잿물과 바닷물로 밤낮을 이어가며 씻고 있지만 아직도 차도가 없고, 여러 날 출동 준비를 했으나 아직 신속하게 진군하지 못하니 매우 걱정됩니다.……

사천 해전이 포함된 '당포파왜병장'에서는 "그 가운데는 간혹 우리나라 사람들도 저들과 섞여서 쏘았으므로 신은 더욱 분하여 노를 재촉하여 앞으로 나아가"라는 대목이 있다. 이것이 아마도 이순신을 더욱 격분하게 만든 이유일 것이다. 이순신은 또 거북선이 첫 출전이라 조금 더 가까이서 지휘하고자 했다.

류성룡에게 보낸 편지를 보면 뽕나무 뿌리 즙을 발랐으나 효과가 없었다고 나와 있는데, 운흥사에 있는 어떤 승려가 차나무 열매를 짠 기름을 바르게 하여 쉽게 나았다고 전해지기도 한다.

훗날 류성룡은 이순신의 죽음에 대해서 이렇게 기록하였다.

전투하는 날에 직접 시석을 무릅쓰자, 부장들이 진두지휘하는 것을 만류하며 말하기를 '대장께서 스스로 가벼이 하시면 안 됩니다'라고 했으나 듣지 않고 직접 출전해 전쟁을 독려하다 이윽고 날아온 탄환을 맞고 전사하였다. 아아!(戰日 親當矢石 편裨諫止曰 大將不宜自輕 ……(不)聽 親出督戰 旣而爲飛丸所中而死 嗚呼)

이순신의 최후를 정확하게 묘사한 글이다. '친출독전(親出督戰)' 즉 직접 출전해서 싸움을 독려하다가 죽었다.

이 기록은 1600년 경자년 한 해의 기록이 담긴 달력『류성룡비망기입대통력』에 기록되어 있다. 류성룡이 늘 가까이 두고 사용한 달력이었을 것이다.

솔선수범은 말로만 하지 않고 행동으로 '보여주는' 것이다. '보여주

하늘을 꿰매고 해를 씻기다

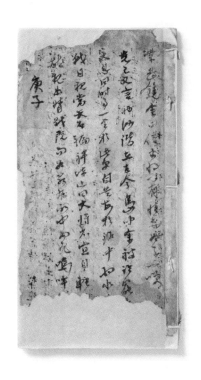

는' 것이야말로 사람의 마음을 움직이는 최고의 리더십이다. 자식은 아비의 뒷모습을 보고 배운다고 하지 않았는가. 뒷모습은 그가 걸어 가고 있는 모습이다. 이순신이 억울한 옥살이를 하고 백의종군 중에 도원수 권율 휘하에 있을 때였다. 졸지에 칠천량 해전에서 조선 수 군이 전멸하자 권율이 찾아와서 방책을 물었다. 이순신은 아침 10시 까지 어떤 말도 하지 않다가 입을 뗐다. 『난중일기』 1597년 7월 18 일의 기록이다.

　　나는 '내가 직접 연해 지방에 가서(오왕연해지지 吾往沿海之地) 듣고 본 뒤에 결정하겠다(문견이정지 聞見而定之)'고 말했더니 원수(권율)가 매우 기뻐하였다.

여기에 보면 '직접' '가서 듣고 본 뒤에'라는 말이 나온다. 그냥 책상머리에 앉아서 말로만 하지 않겠다는 것이다. **직접 몸을 움직여 '현장'에서 답을 찾겠다는 뜻이다. 이것이 솔선수범이다. 그리고 바로 그 날 즉시 움직였다.** 뜸을 들이거나 지체하지 않았다. 급한 상황이면 이렇게 빨리 행동으로 옮기는 것이다. 송대립, 유황, 방응원 등 군관 9명과 사졸 6명을 대동하고 7월 18일 바로 그날에 감사현에 도착하는 등 남해 대장정에 들어갔다.

일본군이 이를 알고 뒤를 추격하는 긴박한 상황에서 이순신은 군사와 군기, 군량, 군선을 복원하기 위하여 진력하였다. 두치에서는 반나절 차이로 일본군의 추격을 따돌리기도 하였다.

구례에서는 장정과 병사를 모았고, 곡성에서는 군관들과 수군 재건을 논하였다. 순천에서는 무기와 화살을 구하였고, 보성에서는 식량을 배에 실었다. **이렇게 이순신은 말로 하지 않고 직접 몸으로 움직이며 전쟁을 준비하였다.** 그리하여 드디어 9월 16일에 역사에 길이 남는 명량의 대첩을 이루어낸 것이다. 말로 해서는 절대로 되지 않았을 일이다.

이순신은 7월 27일 비가 오는 날, 진주 수곡면 정개산성 건너편

에 있는 손경례의 집에 머물고 있었다. 바로 위 사진의 집이다.

8월 2일의 『난중일기』에 보면 특별한 꿈 이야기가 있다.

홀로 병영 마루에 앉았으니 그리운 마음이 어떠하랴. 비통함이 그치
지 않는다. 이날 밤 꿈에 임금의 명령을 받을 징조가 있었다.

이순신은 꿈을 통해 앞일을 미리 아는 일이 많았다. 임금이 꿈에
나타났다. 역시 이 꿈은 맞았다. 8월 3일의 일기를 보자.

이른 아침에 선전관 양호가 뜻밖에 들어와 교서와 유서를 주었는데,
그 유지 내용은 곧 삼도통제사를 겸하라는 명령이었다. 숙배를 한 뒤

에 삼가 받았다는 서장을 써서 봉해 올렸다. 이날 바로 길을 떠나 곧 장 두치 가는 길에 들어 초경(저녁 7시~9시)에 행보역에 이르러……

이 일기의 앞부분에 '뜻밖에'라는 말이 나온다. 이순신은 비록 전 날 임금이 명령을 내리는 꿈을 꾸었지만 정말 그렇게 될 것이라는 생각은 전혀 하지 않았을 것이다. 현실적으로 이루어질 수 없기 때 문이다. 그래서 묵묵히 자기가 해야 할 일을 하고 있었던 터였다. 누 가 시키든 시키지 않든 마땅히 해야 할 일을 하던 터에 갑자기 이른 아침에 선전관 양호가 들이닥치니 '뜻밖에' 맞이하게 된 것이다. 이순 신의 성실함이 드러나는 장면이다.

그리고 '이날 바로 길을 떠나'라고 되어 있다. 이순신은 해야 할 일이 생기면 지체하거나 머뭇거리는 법이 없었다. 바로 행동으로 돌 입하였다. 이것이 바로 솔선수범이다.

삼도수군통제사 재임명의 교지는 2011년에 문화재청에서 보물

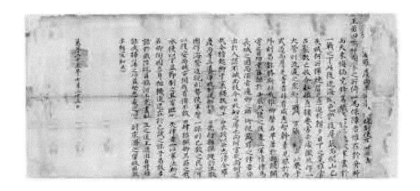

하늘을 꿰매고 해를 씻기다

로 지정하였다. 선조가 처음으로 이순신에게 공식적으로 사과한 교지라 할 수 있다. 그 내용 전체를 보자.

국가가 의지하는 것은 오로지 수군뿐인데
흉한 칼날이 번뜩여 마침내 삼도의 수군이
한 번의 싸움에 모두 쓰러졌다.
임진년 승첩이 있은 뒤부터
그대의 업적이 크게 떨치어
군사들이 만리장성처럼 든든히 믿었는데
지난번 그대의 삼도수군통제사 직함을 박탈하고
백의종군하게 하였던 것은
사람이 어질지 못함에서 생긴 일이었거니와
그리하여 오늘 이와 같이 패전의 욕됨을 입었으니
내 무슨 할 말이 있으리오.
무슨 할 말이 있으리오.
예전같이 삼도수군통제사로 임명하니
그대는 충의의 마음을 굳건히 하여
나라를 구해주길 바라노라.
- 1597년 7월 23일

이 내용을 보면 선조가 이순신에게 "내 무슨 할 말이 있으리오. 무슨 할 말이 있으리오." 하면서 사과하는 듯이 보인다. 그런데 그 속내를 이순신이 모를 리가 없다. 지금 어떤 상황인가? 조선 수군이 전멸된 상황이다. 그나마 12척을 발견한 것은 그 뒤의 일이다. 지금은 아무것도 없다. 그런 상황을 뻔히 알면서 이순신에게 다시 삼도수군통제사를 맡아달라는 것이다. 무슨 속셈이 있을까? 그렇다. 죽으라는 것이다. 그 중책을 맡아 책임지고 죽으라는 것이다. 이순신이 이것을 모를 리 없다. 그러나 대단한 것이, 이순신은 조금도 임금을 원망하지 않고 임금을 향해서 숙배(肅拜)를 하였다. 숙배가 무엇인가? 삼가 정중하게 절을 한다는 뜻이다. 이순신은 그저 자기가 옳다고 믿는 바를 따라 행동한 것이다. 이것이 진정한 솔선수범이 아닌가.

겸손한 마음으로 적을 헤아리고,
모든 공은 위와 아랫사람에게 돌리다_겸손희생

겸손희생

이순신은 겸손이 몸에 밴 사람이었다. 1597년 4월 1일, 이순신이 옥살이를 하고 28일 만에 감옥문을 나왔을 때의 일기이다.

> 맑음. 감옥문을 나왔다. 남대문 밖 윤간의 종 집에 이르니, 조카 봉, 분과 아들 울이 윤사행, 원경과 더불어 한 방에 함께 앉아 오랫동안 이야기하였다. 윤지사가 와서 위로하고······.

하늘을 꿰매고 해를 씻기다

이 내용을 보면, 그 억울한 옥살이를 하고 막 나왔을 때도 누구를 원망하는 말을 한마디도 하지 않았다. 임금이 어떻고, 조정 간신들이 어떻고, 원균이 어떻고 하는 말이 일절 없다. 웬만하면 슬쩍 한마디라도 끼워넣을 법도 한데 말이다.

가만히 보면, 옥에 들어갈 때도 그랬다. 부산으로 출정하라고 했을 때 나라를 보존하기 위해서 결단하고 임금의 명령을 듣지 않았다. 그래서 죄수의 몸으로 갇히게 되었다. 얼마나 억울하겠는가? 무슨 죄가 있단 말인가? 그런데도 이순신은 단 한마디 원망이나 변명을 하지 않았다. 자신을 구구절절 합리화하지 않았다. 무엇을 보여주는 것일까? 이순신의 타고난 심성을 대변해주고 있다. 비록 억울한 일을 당했어도 그것을 드러내지 않았다. 속으로 삼켰다. 입 밖으로 내뱉는 순간, 다른 사람과 똑같아진다. 이순신은 이렇게 천성적으로 겸손하고 자신을 희생하는 사람이다.

이순신은 결코 먼저 자신을 내세우지 않았다. 기적과 같은 승리 뒤에 통상적으로 따라오는 찬사 앞에서도 그 자신을 힘써 숨겼다. 그 자신의 공적을 내세우지 않고 반드시 부하들의 공적을 전면에 세웠다. 심지어는 비천한 종까지도 빠짐없이 승전보고서에 포함하여 그의 공을 격려하였다. 이순신은 전투에서의 승리는 자신의 공이 아니라 부대 전체의 공인 것을 분명히 하였다.

이렇게 함으로써 그는 부대원 모두가 승리를 위해 최선을 다하도록 만들었다. 이것이 바로 『손자병법』 제5 병세 편에 나오는 "부대 전체에서 승리의 세를 구하되 개인 하나 하나에게 그 책임을 묻지 않는다(구지어세 불책지어인(求之於勢 不責之於人))."라는 것이다.

이순신은 모든 승리의 원인을 부대원 전체가 한마음으로 죽기를 각오하고 싸운 결과라 믿었다. 그렇기에 그 공을 비록 장수이지만 자신에게 돌리지 않았고 부대원 전체에게 돌렸다. 조직의 성공 없이는 개인의 성공이 없다.

『난중일기』 을미년(1595년) 5월 29일의 기록을 보자.

사직의 위엄과 영험에 힘입어 겨우 조그마한 공로를 세웠는데, 임금의 총애와 영광이 너무 커서 분에 넘쳤다. 장수의 자리에 있으면서 티끌만 한 공로도 바치지 못했으니, 입으로는 교서를 외고 있으나, 얼굴에는 군사들에 대한 부끄러움만이 있을 뿐이다.

이 글은 누구에게 보이려고 한 것은 아니다. 이순신 본인에게 하는 말이다. 겸손한 그의 마음을 읽을 수 있다.

『손자병법』 제4 군형 편에 나오는 말을 보자.
"잘 싸우는 자의 승리에는 기이한 승리도 없고, 지혜로운 명성도 없으며, 용맹스러운 공도 없다(선전자지승야 무기승 무지명 무용공(善戰者之勝也 無奇勝 無智名 無勇功))."이런 경지가 최고 수준의 경

하늘을 꿰매고 해를 씻기다

지이다. 이름도 없고 빛도 없다. 그러나 잘 싸웠다. 그리고 승리하였다. 이순신의 경지가 아닌가. 작은 승리에도 자랑이나 하고, 자기를 알아달라고 나발을 불어대는 자는 미천한 승부사이다.

이순신은 그 어려웠던 명량 해전을 마치고도 승리의 공을 그저 하늘에 돌렸다. 얼마나 아슬아슬하였던가! 그는 『난중일기』에 승리의 원인을 '차실천행(此實天幸)'으로 표현하였다. '죽을힘'을 다하여, '필사즉생'으로 나라를 지킨 영웅이 그저 '운(運)'이 좋아서 이길 수 있었다는 말이 아닌가. 물론 그 운은 하늘이 내린 것이라 '천행'이라 하였다. 인간의 공적이나 인간의 지혜나 인간의 노력은 어디에도 없다. 이것이 이순신의 겸손이다.

겸손은 강력한 힘이다. 겸손은 모든 높고 강한 것을 녹이는 힘이 있다. 겸손은 모든 것을 녹여 강력한 추진력을 가능하게 한다. 승리에 교만하고, 성공에 자만하면 반드시 패배와 실패가 따라온다.

『손자병법』제6 허실 편에 나오는 '전승불복(戰勝不復)'의 또 다른 의

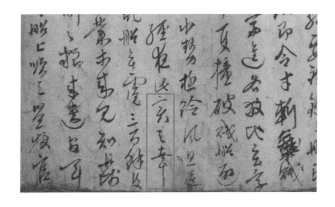

미는, 승리는 영원하지 않다는 것이다. 승리와 실패는 돌고 도는 것이다. 한 번 승리했다고 영원히 승리한다는 보장은 없다. 한 번 실패했다고 영원히 실패한다는 것은 아니다. 그러니 승리했다고 교만하거나, 실패했다고 좌절하지 말라는 것이다.

이순신이 그렇게 많이 싸우면서도 단 한 번도 패하지 않았던 데에는 이유가 있다. 그는 언제나 겸손한 마음으로 적을 헤아렸고, 빛나는 전공을 세운 뒤에도 모든 공을 위와 아랫사람들에게 돌렸다. 겸손하면 자연스럽게 자신을 희생하게 되어 있다. 교만한 사람이 자신을 희생하는 경우가 어디 있던가. 겸손과 희생은 함께 간다. 이순신은 겸손하고 희생하는 사람이었다.

지나치게 깨끗하고자 하면 가히 욕을 당할 수 있다_사람냄새

사람냄새

독일의 철학자 니체는 1878년에 『인간적인 너무나 인간적인 (Menschliches, Allzumenschliches)』이라는 유명한 책을 썼다. '인간적'이란 게 뭘까? 국어사전에 보면 '사람다운 성질이 있는'이라고 되어 있다. 사람냄새가 나는 것이 인간적인 것이다.

이순신을 떠올리는 순간 광화문 앞에 서 있는 근엄한 영웅의 모

하늘을 꿰매고 해를 씻기다

습이 금방 생각날 것이다. 도무지 사람냄새가 나지 않는 모습이다. 찔러도 피 한 방울 나지 않을 장엄한 모습이다. '인간적'이지 못하다. 완벽한 영웅이었기에 그 숱한 역경을 딛고 우뚝 일어섰지 않았는가? 완벽한 영웅이었기에 그 많은 전쟁을 승리로 이끌지 않았는가? 사람이 아니다. 사람이라 할지라도 신에 가깝다. 그런데 과연 그럴까?

당연히 그렇지 않다. 이순신은 그냥 사람이다. 사람냄새가 풀풀난다.

『손자병법』 제8 구변 편에 보면 장수가 조심해야 하는 다섯 가지 성격이 나온다. 그중 하나가 '염결가욕(廉潔可辱)'인데, '지나치게 깨끗하려고만 한다면 그로 인하여 가히 욕을 당할 수 있다'라는 말이다. 이 말의 깊은 의미를 잘 깨달아야 한다. 장수가 부정부패를 하지 않고 정직하게 처신해야 하는 것은 당연하지만, 그런 것 때문에 너무 주변과 거리를 두고 지나치게 자신만을 지키려고 하면 주변에 사람이 따르지 않는다는 의미이다. 물이 너무 맑으면 물고기가 없다는 말과 같다. 사람은 사람냄새가 나야 한다. 찔러도 피 한 방울 나지 않을 사람으로 인식되어 나하고는 전혀 다른 사람으로 여겨지면 그 사람 옆으로 가기가 쉽지 않다. 이순신은 광화문 앞에 서 있는 늠름한 영웅이지만 그에게는 사람냄새가 물씬 풍기는 인간적 면모가 많아서 그에게 다가가는 것은 어렵지 않았다.

그가 우리와 다름없는 한낱 사람인 것을 지금부터 살펴보자. 어쩌면 이순신에 대한 환상이 한순간에 확 깨질지도 모른다.

이순신이 왜 『난중일기』를 썼을까? 『난중일기』에는 임진왜란이 시작되는 해인 임진년 1월 1일부터 그가 순국하기 이틀 전인 1598년 11월 17일까지 1,593일간의 일기가 기록되어 있다. 『난중일기』는 그도 우리와 다름이 없는 사람이었다는 것을 잘 보여준다. 그날에 쌓인 스트레스를 일기를 적음으로써 해소하려 했고, 또한 훗날 혹시 있을지 모를 좋지 못한 상황에 대비하려고 일종의 자신을 변호하는 방패막이로 일기를 기록했다고 볼 수도 있다.

이순신이 이렇게 꼬박꼬박 일기를 썼다는 것은 자기관리에 철저했다는 반증이자 심리학적(心理學的)으로 볼 때는 마음이 약했다는 뜻이기도 하다. 프랑스의 철학자 앙리 프레데릭 아미앵은 이런 말을 하였다. "일기는 고독한 사람의 정신적인 친구요, 위로의 손길이며, 또한 의사이기도 하다."

이 말은 이순신이 꼬박꼬박 일기를 쓴 이유를 설명하기에 충분하다. 정치인들은 옥에 갇혔을 때 주로 편지를 많이 쓴다. 이른바 옥중서신이다. 그리고 나중에는 책으로 엮어 세상에 알린다. 편지나 일기를 쓴다는 것은 '언젠가'를 대비한 자기 방호의 기제라 할 수 있다. 이순신의 『난중일기』도 어쩌면 그렇지 않았을까? 오히려 이런 점이 이순신을 인간적으로 보이게 한다.

하늘을 꿰매고 해를 씻기다

이순신은 술을 자주 그리고 많이 마셨다. 『난중일기』에 보면 이순신이 술을 마셨다는 기록이 120회나 나온다.

맑다. 아침에 하천수에게 장계를 지니게 하여 내보낸다. 아침 식사를 하고서 충청 수사, 순천 부사 등과 함께 우수사에게로 가서 활 열 순을 쏘았다. 몹시 취해 돌아왔는데 밤새도록 토하였다.(1592년 7월 25일)

이 일기를 보면 아침부터 몹시 취할 정도로 술을 마셨던 것을 알 수 있다. 그래서 밤새도록 토하였다. 술을 많이 마셔 출근도 하지 못하고 공무에 빠진 날도 많았다. 술에 취해 밤새 토하고(1594년 7월 25일), 엎어지고(1596년 3월 5일), 다음 날까지 술이 깨지 않아서 방 밖을 나가지도 못했다(1594년 9월 13일). 상식적으로 이해가 되지 않지만, 이순신은 그렇게 술을 좋아하였고 실수도 하였으며, 완벽한 영웅과는 거리가 있어 보인다. 사람냄새가 풀풀 난다.

물론 이순신이 술을 많이 마셨을 때는 강화 협상 중에 전쟁이 소강상태에 있을 때였다. 이 시간에 부하들과 주로 활을 많이 쏘았고, 뒤풀이로 술을 마셨다. 술을 마시면서 소통도 하고 공감도 하였다. 술을 자주 그리고 많이 마셨다는 데서 그가 모든 것을 완벽하게 절제하고 금욕하는 사람이 아니었다는 것을, 그도 우리 같은 평범한 사람이었다는 것을 알 수 있다.

다시 『난중일기』를 보자.

맑다. 이른 아침에 몸이 무척 불편하여 위장약 네 알을 먹었다. 아침밥을 먹은 뒤에 우수사와 가리포 첨사가 와서 보다. 조금 있다가 시원하게 설사가 나오니 좀 편안해진다.(1592년 5월 18일).

시원하게 설사를 한 것까지 기록하고 있다. 특별히 가리지도 숨기지도 않는다. 그냥 있는 그대로 기록하고 있다. 이 또한 사람냄새가 나지 않는가?

맑다. 닭이 운 뒤에 머리가 가려워서 견딜 수 없었다. 사람을 불러 긁게 하였다.(1594년 8월 5일)

머리가 가려운데 직접 긁으면 시원하지 않아 사람을 불러서 긁었다고 한다. 우리와 다를 바가 없다.

이순신은 점도 잘 쳤다. 뭔가 불안했을 때는 어김없이 점을 쳤다. 이순신이 친 점은 '척자점 (擲字占)'인데 나무 막대인 윤목을 던져 괘를 만들고 길흉을 확인하는 점이다. 그는 주로 전투의 승패에 대한 점을 쳤다. 자신의 운명에 대한 점도 쳤다. 고향에 남겨둔 아내와 아들에 대한 점도 쳤다. 자신을 도와주는 류성룡이 아플 때도 점을 쳤다. 『난중일기』에 이순신이 척자점을 쳤다는 기록이 14번이나 나

하늘을 꿰매고 해를 씻기다

온다. 이렇게 점을 쳤다는 것은 그 역시 인간이었음을 말해주는 것 아닐까? 불안하고 걱정될 때 점에라도 의지하고 싶은 보통 사람 말이다.

참고로, 척자점이 우리의 전통적인 윷점이라고 말하는 주장도 있다. 윷이 단순한 민속놀이를 넘어서 한 해의 길흉을 점치던 우리 민족 고유의 점법이었다는 뜻이다. 이순신의 척자점에 대한 논문도 의외로 많다. 논문은 대체로 척자점과 주역을 연결하고 있다.

이순신은 종합병원이라 할 만큼 많이 아팠다. 『난중일기』 총 분량의 8.85%에 해당하는 141일의 일기에 그 자신이 몸이 아파 고통을 당한 상태를 기록하고 있다.

일본군이라는 외부의 적도 있었지만 그에겐 자신의 육체를 갉아 먹는 극심한 과로와 스트레스, 그리고 각종 질병이라는 내부의 적도 항상 따라다녔다. 극심한 스트레스와 과로에 잠을 자지 못해 눈병이 생겼고, 코피를 한 되나 흘리기도 했으며, 인사불성이 되어 몇 날을 새기도 했다. 멀미를 비롯해서 구토, 코피, 열, 곽란(癨亂, 급성위장병), 눈병, 두통, 인사불성 등 여러 가지 증상에 시달렸다.

청년 시절 기골이 장대했던 이순신의 몸이 급격히 나빠지기 시작한 것은 1592년 5월에 있었던 사천 해전에서 일본군의 조총에 맞고 난 뒤부터였다. 전란 중에 제대로 치료할 수가 없어서 정신력으로 버티다가 병세가 더욱 악화된 것이다.

1597년 8월 3일에 다시 삼도수군통제사로 재임명된 이후, 명량 해전을 코앞에 두고 얼마나 아팠는지 8월 20일부터 23일까지의 『난중일기』를 보면 잘 알 수 있다. 이순신은 이진으로 진을 옮긴 그날 새벽 2시에 곽란으로 고통을 받았다.

배를 차게 해서 그런가 생각해서 속을 데워줄 소주를 마셨는데, 그만 인사불성이 되어 거의 죽을 지경까지 갔다. 밤새 토하기를 10여 차례를 하였다.

곽란으로 인사불성이 되었다. 심지어 이날은 대변도 보지 못하였다.

무엇보다 땀을 많이 흘려 솜이불이 적셔진 기록을 수차례나 일기에 기록하였다. 1596년 3월 17일의 일기를 보자.

이날 밤에 식은땀이 등을 적셔서 옷 두 겹이 다 젖고 또 이불도 젖었

하늘을 꿰매고 해를 씻기다

다. 몸이 불편하였다.

이순신의 얼굴은 어떻게 생겼을까? 궁금하지 않은가? 과연 우리가 익히 보고 있는 그 모습일까? 늘 가까이서 이순신을 지켜보았던 유성룡은『징비록』에서 이순신의 용모를 이렇게 묘사하였다.

이순신은 말과 웃음이 적었고 용모는 단아했으며, 항상 몸과 마음을 닦아 선비와 같았다.

유성룡은 이순신의 용모가 '단아'하고 '선비'같다고 하였다. 그래서인지 이순신을 그린 영정을 보면 전쟁하는 장군이 아니라 마치 선비 같다. 앞 페이지의 왼쪽 영정은 현충사 본전에 있는 표준영정이고, 오른쪽 영정은 한산도 제승당 충무사에 있는 영정이다.

그런데 과연 이런 모습이었을까? 이순신을 직접 보고 그에 대해 인물평을 한 또 다른 한 사람은 삼가현감 고상안(高尙顏)이다. 그는 노량 대첩 약 4년 8개월 전인 1594년 3월 한산도에서 이순신과 며칠을 같이 보냈는데 이순신에 대해 이렇게 표현하고 있다. 참고로 이때 이순신의 나이는 만 49세였다.

통제사와 며칠을 같이 지냈는데 그 언론과 지모는 과연 난리를 평정할 만한 재주였으나 얼굴이 풍만하지도 후덕하지도 못하고 상(相)도 입술이 뒤집혀서 복장(福將)은 아니로구나 생각했다.(봉촌선생문집 권1)

어쩌면 이순신의 인물에 대해 가장 정확하게 표현한 것인지도 모른다. 분명히 우리가 늘 보던 그런 이순신은 아니다. 입술도 뒤집혔다니! 또 다른 기록을 보자.

1919년 3·1운동 직후에 한국에 처음 들어왔던 영국의 화가 엘리자베스 키스는 일제강점기에 〈청포를 입은 무관〉을 그렸는데 이 초상화에 있는 사람이 이순신이라는 주장이 있다.

엘리자베스 키스가 당시까지 존재하였던 이순신 초상화를 보고 난 뒤에 그렸다는 것인데, 물론 그 근거가 되는 자료는 일제강점기에 사라져서 확증할 길이 없다. 그러나 어쩌면 이순신은 그렇게 생겼을지도 모른다. 우리가 흔히 상상하는 그런 얼굴이 아니라 아주 평범한, 우리 이웃인 아저씨들처럼 말이다.

혹자는 류성룡이 『징비록』에서 표현한 이순신의 '단아한 용모'와 결이 다르다며 놀랄지도 모른다. 본래는 단아한 모습이었을 것이다. 그러나 전쟁 와중에 스트레스와 불면증 그리고 격무와 부상으로 인하여 얼굴이나 몸이 다 망가졌을 것이다. 부산 출정을 거부하고 옥에 갇히면서는 머리카락이 백발로 변해버렸지 않은가? 이 또한 인간적인 면모가 아닐 수 없다.

마지막으로, 이순신도 사사건건 자신을 괴롭혔던 원균에 대해 몹시도 고통을 받았음을 『난중일기』를 통해 알 수 있다. 대범하게 훌훌 털고, 아무 일도 없었던 것처럼 할 수는 없었다. 감정을 억누르고 멋진 모습을 보여주고 싶었지만, 간간이 솟아오르는 억한 감정은 숨길 수 없었던 모양이다. 역시 사람냄새가 나는 대목이다.

이순신과 원균은 서로 다른 점이 많았다. 그 출신과 성격의 차이점은 갈등의 원인이 되었다. 나이로 보면 원균이 5살이나 많았고 무과급제도 11년이나 빠른 대선배였다. 원균은 이순신의 『난중일기』에 120여 차례나 언급되는 인물이다. 연도별로 보면 계사년(1593년)에 49회, 갑오년(1594년)에 46차례로 집중되어 있다. 이때는 임진왜란 초기 3년 연간이다. 대부분 원균의 비겁하고 치졸한 모습에 대한 비난과 분노가 주를 이루고 있다.

원균의 술주정에 배 안의 모든 장병이 놀라고 분개하니 고약스러움은 이루 다 말할 수 없다.(1593년 5월 14일)

원균이 잔뜩 취해서 흉악하고 도리에 어긋나는 말을 함부로 했다. 해괴하였다.(1593년 8월 26일)

도원수 권율의 질책 앞에서 머리도 들지 못하는 원균의 모습을 두고 우습다고 비웃기도 하였다. 심지어 어머니의 상을 당했을 때 문상을 보낸 것과 관련하여 "음흉한 원균이 편지를 보내 조문한다만 이는 도원수의 명이다."라고 표현할 정도로 원균에 대한 감정의 골은 깊었다.

1597년 5월 8일의 일기에 보면 "元(원균)이 온갖 계략을 다 써서 나를 모함하려 하니 이 역시 운수인가. 뇌물 짐이 서울로 가는 길을 연잇고 있으며, 그러면서 날이 갈수록 나를 헐뜯으니, 그저 때를 못 만난 것이 한스러울 따름이다."라고 기록하였다.

이순신과 원균의 갈등은 옥포 해전(1592년 5월) 이후 공을 제대로 인정받지 못한 원균의 불만에서 시작되었다고 한다.

『선조수정실록』1592년 6월 1일의 기록을 보자.

원균이 이순신에게 구원병을 청하여 적을 물리치고 연명으로 장계를 올리려 하였다. 그러나 이순신이 '천천히 하자'고 말해놓고는 밤에 장계를 올리면서 '원균이 군사를 잃어 의지할 데가 없었던 것과 적을 공격함에 있어 공로가 없다'는 상황을 모두 진술하였다. 원균이 이 소식을 듣고 대단히 유감스러워하였다.

『선조수정실록』은 "이때 두 사람이 각각 장계를 올려 공을 다투었는데, 두 사람의 틈이 그로부터 생겼다."라고 밝혔다. 정치적인 의도로 다시 제작된『선조수정실록』의 신뢰는 떨어진다. 이순신과 원균의 갈등이 어디서부터 시작되었는지는 중요하지 않다. 정말 중요한 것은 이순신에게 원균은 불편한 존재였다는 점이다. 이순신은 그의 감정을 가감 없이『난중일기』에 적었다. 역시 인간적인 면모라 할수 있다.

이순신이 여러 사람의 의견을 골고루 들으며 왜적을 무찌를 전략을 짰던 제승당(운주당)을 원균은 어떻게 사용했는지 보자. 류성룡의『징비록』에 나오는 대목이다.

> 원균은 좋아하는 첩을 데려다가 그 집(운주당)에서 살며, 이중으로 울
> 타리를 하여 안팎을 막아놓아서 여러 장수도 그의 얼굴을 보는 일이
> 드물었다. 그는 술 마시기를 좋아하여 날마다 술주정과 성내는 것을
> 일삼았고, 형벌에 법도가 없었으므로 군중에서 수군거리기를, '만일
> 왜적을 만난다면 오직 도망가는 수가 있을 뿐이다'라고 여러 장수는
> 몰래 그를 비웃었고, 또한 다시 품의하거나 두려워하지도 않았으므로
> 호령(號令)이 행해지지 않았다.

장수는 결과로 평가받을 수밖에 없다. 아무리 평소에 실력이 있고
대단하게 보여도 전쟁에 나가서 패해버리면 평소의 어떤 명성도 물
거품이 된다. 왜냐하면 장수는 전쟁을 위해서 존재하기 때문이다.
나라의 안위가 장수에게 달려 있기 때문이다. 패하면 그 어떤 말도
변명일 뿐이다. 그래서 패장은 말이 없다고 하는 것이다.

이순신은 다 이겼다. 아니 적어도 지지는 않았다.
"조선군은 날씨가 나쁘면 전투를 하지 않는다. 바람이 불고 비
가 내리니 오늘 밤은 푹 쉬도록 해라." 일본 장수들이 이렇게 방심
하고 있을 때 이순신은 새벽같이 일어나 이들을 향해 포격을 퍼부었
다. 일본의 장수는 당시의 상황을 다음과 같이 기록하고 있다. "이순
신이 이끄는 조선군은 날씨와 조류와 지형을 철저히 이용하였다. 우

리는 화력에서 진 것이 아니라 그의 전략과 전술에 진 것이다."

그런데 원균은 어떠했는가? 때는 1597년 7월 15일이었다. 비가 추적추적 내리는 어두운 밤이었다. 이순신을 대신하여 삼도수군통제사가 된 원균의 조선 수군은 아예 보초도 없이 깊은 잠에 빠져들었다. 이미 몇 차례 이어진 후퇴로 지칠 대로 지친 조선 수군이었다. 날이 밝기도 전 아직도 어두운데, 물샐틈없이 칠천량을 포위한 일본군은 화공을 앞세워 기습 공격을 감행하였다.

판옥선 134척에 거북선 3척, 수군 병력 17,000여 명 등 역사상 가장 강력한 선단으로 구성된 조선 함대는 500여 척의 일본 함대의 집중 공격을 맞아 최후를 맞이하였다. 수군 역사상 가장 처참한 패배를 불러온 장본인인 원균은 부하들은 다 죽어가고 있는데 혼자 살려고 춘원포의 육지로 도망갔다. 조경남이 지은 『난중잡록』 1597년 7월 16일의 기록에 보면 원균의 마지막은 이렇다.

원균은 체구가 비대하고 건장하여 한 끼에 밥 한 말, 생선 50마리, 닭과 꿩 3~4마리를 먹어치웠다. 평상시에도 배가 무거워 행보를 잘하지 못하였는데, 이때 이르러 싸움에 지고는 앉은 채 죽임을 당하였다.

원균의 행적에 대한 첫 보고는 칠천량에서 살아서 돌아온 선전관 김식이 올린 것이다. 1597년 선조는 선전관 김식이 올린 칠천량 패전 보고서를 받았다. 여기서 김식은 자신과 원균의 도주를 알리면서 "원균은 늙어서 행보하지 못하여 맨몸으로 칼을 잡고 소나무 밑에 앉아 있었습니다. 신이 달아나면서 일면 돌아보니 왜노 6~7명이 이미 칼을 휘두르며 원균에게 달려들었는데 그 뒤로 원균의 생사를 자세히 알 수 없었습니다."라고 보고서에 썼다. 이 보고서의 끝에 원균이 죽었다는 말이 없어서 그 후에도 원균이 살아 있을지도 모른다는 소문이 떠돌기도 하였다.

똑같은 판옥선, 똑같은 총포, 똑같은 조선 수군으로 이순신은 전부 이겼고, 원균은 단 한 번에 완전히 패하여 조선을 벼랑 끝에 세웠다. 리더가 얼마나 중요한가를 잘 보여준다.

7월 18일 (정미) 맑음
새벽에 이덕필과 변홍달이 와서 전하기를 '16일 새벽에 수군이 기습을 받아 통제사 원균, 전라우수사 이억기, 충청수사 최호 및 여러 장수가 다수의 피해를 입고 수군이 크게 패했다'라고 하였다. 들자 하니 통곡을 금할 길이 없었다.

이순신은 통곡하였다. 이순신은 수시로 잘 운다. 어머니 걱정에, 나라 걱정에, 자식 걱정에 울었다. 칠천량에서 조선의 수군이 거의 전멸되었다는 소식에 이순신은 억장이 무너졌다. 자기를 믿고 그동안 열심히 싸워준 부하들이 머릿속을 스쳐 지나갔을 것이다. 손바닥에 피를 줄줄 흘리며 목숨 걸고 노를 저어준 격군들이 생각났을 것이다. 매콤한 화약 연기를 직접 마셔가며 죽어라 총포를 쏘아대던 부하들이 떠올랐을 것이다. 충직하게 자신을 따랐던 젊은 이억기가 생각났을 것이다. 그리고 늘 불편했던 원균 또한 생각났을 것이다.

『난중일기』 1597년 7월 21일에 보면 기가 막힌 이야기가 나온다. 칠천량 해전에서 원균이 어떻게 행동했는가를 적은 부분이다.

> **사람들은 모두 울며 말하기를, '대장 원균이 적을 보고 먼저 달아나 육지로 올라가자 여러 장수도 모두 그를 따라 육지로 올라가서 이 지경에 이르렀다'라고 하였다. 그들은 '대장의 잘못을 입으로 표현할 수 없고 그의 살점이라도 뜯어먹고 싶다'고 하였다.**

도망쳐 나와 겨우 살아남은 사람들이 얼마나 기가 막혔으면 원균의 살점이라도 뜯어먹고 싶다고 말하였을까!

이순신은 여러 생각으로 심란했을 것이다. 그러나 원균을 포함한 조선의 수군 모두는 나라를 위해 싸웠던 사람들이 아니었던가!

이순신은 칠천량에서 원균을 죽이고, 조선 함대를 궤멸시켰던 도도(藤堂高虎)·와키사카(脇坂安治)·가토(加藤嘉明)의 일본 수군을 명량으로 끌어들여 단 12척으로 모조리 박살내버렸다. 결과적으로 보면, 인간적으로 그토록 속을 썩였던 원균의 복수를 이순신이 통쾌하게 해준 셈이다. 원수를 사랑하라고 하였던가. 역사의 아이러니이다.

　비록 실수도 있었고, 술도 많이 마셨고, 수시로 아팠고, 자주 울기도 하였고, 누구를 향해 조금은 미워하기도 하였지만, 인간적인, 너무나 인간적인 이순신이기에 부하들이, 백성이 그토록 따랐다. 스스로 너무 완벽하려고 하거나, 자신은 다른 사람과는 다르다는 식으로 거리를 두면, 그런 사람에게는 사람이 다가갈 수가 없다. 사람에게서는 사람냄새가 나야 한다.

지(智)·신(信)·인(仁)·용(勇)·엄(嚴)의
다섯 가지 자질을 고루 갖추다_실력인품

실력인품

사람들은 어떤 리더에게 영향을 받을까? 어렵거나 위기에 처했을 때 어떤 리더를 따를까? 심지어 전쟁해야 할 때 누구에게 의탁할까? 답은 정해져 있다. 자신을 성공시켜줄 수 있는 사람을 따른다. 전쟁에서는 목숨을 보장해줄 사람을 따른다. 이기는 사람을 따른다. 그러기 위해서는 리더가 실력이 있어야 한다. 당연히 평소의 인품도 중요하다. 인품이 훌륭한 사람을 따르지, 자신만을 알고 교만한 사람을 누가 따르겠는가? 이순신의 인품에 대해서는 더 이상 논할 필요가 없다. 지금부터는 이순신의 실력에 대하여 알아보자.

절박한 위기 시에는 실력이 더 중요시된다. 그를 따르면 살 수 있다는 믿음, 그와 함께하면 이길 수 있다는 믿음, 바로 이것이다.『손자병법』제2 작전 편에는 '병귀승(兵貴勝)'이라는 말이 나온다. "전쟁은 승리를 귀하게 여긴다."라는 뜻이다. 당연하다. 전쟁을 하지 않으면 가장 좋지만 일단 전쟁을 하게 된다면 승리 말고는 그 어떤 것도 의미가 없다. 일단 이겨야 한다. 그래서 이기는 장수가 가장 귀한 장수라할 수 있다. 이기기 위해서는 실력이 있어야 한다. 부하들도 실력 있는 리더를 따를 수밖에 없다. 이순신은 이런 면에서 부하들에게 절대적인 신뢰를 받았다. 실력자였기 때문이다. 임진왜란 중에 34회의 해전을 치르면서 단 한 번도 지지 않았다. 보다 세분화하면 52회의 해전을 치르면서 모두 이겼다. 정말 놀라운 일이다.

『손자병법』제1 시계 편에는 장수의 자질 다섯 가지가 나온다.
"장수는 지혜롭고, 신뢰가 있고, 자비롭고, 용감하고, 엄격해야한다(장자 지신인용엄야 將者 智信仁勇嚴也)."라는 것인데, 이순신은 손자가 말하는 다섯 가지 자질을 골고루 갖춘 사람이다. 어느 한 요소도 부족함이 없다.

그러나 여기서는 지혜를 말하자. 다섯 가지 자질에서 맨 처음 나오는 것이 '지(智)'라는 데 주목해야 한다. 장수가 지혜롭지 못하면 부대를 망치게 되고, 나아가 소중한 생명까지 빼앗기게 된다. 지혜가 없는 장수가 용감하다고 하면 이것은 그야말로 최악이다. 이 지혜는 지식으로부터 나온다. 지식이 인풋이라면 지혜는 아웃풋이다. 충분한 지식이 없이는 절묘한 지혜가 나올 수 없다. 지식을 얻는 방법은 여러 가지가 있다. 여행을 가거나 여러 강연을 듣는 것도 좋다. 그러나 가장 효과적인 방법은 독서이다. 책을 많이 읽으면 분명히 많은 지식을 얻을 수 있다. 독서의 힘은 말로 다 할 수 없다.

이순신은 당시 학문의 기본인 유학뿐 아니라 병법서에도 통달하였다. 폭넓은 그의 독서는 조선시대 무과 시험과목인『무경칠서(武經七書)』는 기본이고, 유학서인『자치통감』『사기』『사서삼경』, 그리고 전쟁을 위한 책인『동국병감』『역대병요』를 읽었다. 또한 류성룡이 남긴 군사 교본인『전수기의십조』등 여러 분야를 섭렵하였다. 별도로 독후감까지 남긴『송사(宋史)』와『삼국지연의』도 읽었다.

1592년 3월 5일의『난중일기』를 보면 류성룡이 이순신에게 매우 귀한 책을 보내온 것을 알 수 있다. 앞에서도 언급하였다.

맑다. 동헌에 나가 공무를 보았다. 군관들은 활을 쏘았다. 서울에 갔던 진무가 저녁에 돌아왔는데 좌의정 류성룡이『증손전수방략(增損戰守方略)』이란 책을 보내왔다. 그것을 보니, 수륙전에서의 화공(火攻) 등에 관한 것을 일일이 설명하고 있는데 참으로 만고에 기이한 책이다.

이렇게 이순신은 한눈에 그 책의 진가를 파악할 정도로 학문에
조예가 깊었다.

이순신이 무과에서 구술시험을 치를 때는 유학과 역사에 통달
하여 면접관의 감탄을 자아냈다는 기록이 『행록』에 있다.

> 무경(武經)을 외우는 것은 다 통과하였는데, 황석공 부분을 언급하다
> 가 시험관이 "장량이 적송자를 따라가 놀았다고 했으니 장량이 과연
> 죽지 않았을까?"라고 묻자, 이순신은 "사람이 나면 반드시 죽는 것이
> 요, 『강목』에도 '임자 6년에 유후 장량이 죽었다'라고 했으니 어찌 신
> 선을 따라가 죽지 않았을 리가 있겠습니까? 그것은 다만 가탁해서
> 한 말이었을 따름입니다"라고 대답하니, 시험관들이 서로 돌아보며
> "이것은 무사로서는 알 수 없는 것이다"라고 하면서 탄복하였다.(이충
> 무공전서 권9, 행록)

이순신은 독서광이었다. 이순신의 독서 습관은 전쟁 중에도 지
속되었다. 『이충무공행록(李忠武公行錄)』이 있다. 줄여서 『행록(行
錄)』이라 한다. 『행록』은 이순신의 맏형인 이희신의 아들, 즉 이순신
에게는 조카인 이분(李芬)이 이순신이 죽은 후에 그의 일대기를 기
록한 책이다. 이분은 평소에 본가와 수군 진영을 오가며 이순신을

가까이에서 도왔다. 그러니까 누구보다도 이순신을 잘 알고 친밀한 관계였다. 『행록』에 보면 이순신이 얼마나 책을 많이 읽었는지 알 수 있다.

> 겨우 한두 잠을 잔 뒤 부하 장수들을 불러들여 날이 샐 때까지 전략을 토론하였다. 정신력이 보통 사람보다 배나 더 강했다. 때때로 손님과 한밤중까지 술을 마셨지만, 닭이 울면 반드시 일어나 촛불을 밝히고 앉아 책과 서류를 보았다.

이순신은 언제나 책을 가까이하고 사색함으로써 이를 통해 얻은 지식과 깨달음, 창의적 사고로 모든 해전에서 승리를 거두고, 나라의 위기를 극복할 수 있었다.

이순신의 깊은 독서 내공은 곧 『난중일기』로 나타났다. 『난중일기(亂中日記)』라는 제목은 '전란 중에 쓴 일기'라는 뜻으로 원래 이순신이 쓴 초본에는 『난중일기』가 아니라 해당 연도의 이름을 붙인 임진일기, 을미일기 등의 제목이 붙어 있다. 『난중일기』란 이름은 이순신 사후 200년이 지난 조선 제22대 임금인 정조 때에 『이충무공전서(李忠武公全書)』를 편집할 때 거기에 수록하면서 붙여진 이름이다. 잘 알려진 대로 정조 이산은 이순신 마니아였다.

『난중일기』는 이순신이 임진왜란 중인 1592년~1598년 동안에 썼다. 정확히 보면, 임진왜란은 1592년 음력 4월 13일부터 1598년 음력 11월 19일까지 6년 6개월 23일(2,696일) 동안 진행된 전쟁이었는데, 이순신은 2,696일 중에서 1,657일의 일기를 썼다. 정유년의 일기 중에 64일이 중복되기 때문에 여기서 64일을 빼면 1,593일이다. 전체적으로 보면 59%이다.

이순신은 전사하기 이틀 전인 1598년(선조 31년) 11월 17일(양력 1598년 12월 14일)까지 일기를 썼다. 전체 2,696일 중 1,103일은 일기를 쓰지 않았다. 41%는 쓰지 않았다는 것인데, 여러 이유가 있을 것이다.

현재 이순신이 직접 쓴 일기 초고본 8권 중 7권이 남아서 현충사에 있고 1962년 12월 20일에 국보 제76호로 지정되었다. 2013년 6월에는 마침내 유네스코 세계기록유산에 등재되었다.

『난중일기』의 마지막은 어떻게 끝이 날까? 이 또한 궁금하다. 마지막 일기는 1598년 11월 17일의 일기이다.

> 어제 복병장 발포만호 소계남과 당진포만호 조효열 등이 왜의 중선 1 척이 군량을 가득 싣고 남해에서 바다를 건너올 때 한산 앞바다까지 쫓아갔다. 왜적은 언덕을 따라 육지로 올라가 도망갔고, 포획한 왜선 과 군량은 명나라 군사에게 빼앗기고 빈손으로 와서 보고하였다.

이 일기를 쓰고 이틀 후에 전사하였다. 이 일기가 마지막 일기가 될 줄을 어찌 알 수 있었으랴.

마지막 줄에 '빈손'이라는 말이 뭔가 마음에 꽂히지 않는가? 우리의 인생도 '빈손'으로 왔다가 '빈손'으로 돌아가지 않는가.

『난중일기』와 이순신이 남긴 여러 시를 보면 이순신이 얼마나 깊은 학식을 가졌는지 알 수 있다. 모두 독서의 힘이다. 이순신을 이순신으로 만든 기반을 세 글자로 표현하면 "활, 책, 붓"이다.

이순신의 해박한 전략 전술 지식과 천재적인 군사적 안목은 어떠한 전투에서도 싸우면 반드시 이길 수 있다는 자신감을 심어주기에 충분하였다. 부하들은 벼랑 끝에 몰리더라도 이순신만 바라보면 반드시 어떤 길이 열린다는 것을 믿고 있었다.

전시에 가장 따를 만한 지휘관이 누구이겠는가? 그것은 자신의 목숨을 확실하게 지켜줄 수 있는 지휘관일 것이다. 평시에는 사람이 좋아서 아무리 잘해주어도 전시에 이길 수 있다는 믿음을 주지 못하면 결코 좋은 지휘관이라 할 수 없다. 실력과 인품은 성공하는 리더가 갖추어야 할 중요한 두 기둥이다. 실력도 좋아야 하고, 인품도 훌륭해야 한다.

완전한 하나가 되어 반드시 승리하는 솔연

이제 이순신 리더십의 열매를 맺을 시간이다. 그 열매는 바로 '솔연 (率然)'을 만드는 것이다. 『손자병법』 제11 구지 편에는 '솔연'이라는 아주 특이한 뱀이 나온다. "그러므로 용병을 잘하는 자는, 비유하건대 용병하기를 솔연과 같이 하니, 솔연은 항산에 사는 뱀으로, 그 머리를 치면 꼬리가 덤비고, 그 꼬리를 치면 머리가 덤비며, 그 허리를 치면 머리와 꼬리가 함께 덤빈다(고선용병자 비여솔연 솔연자항산지사야 격기수즉미지 격기미즉수지 격기중신즉수미구지 故善用兵者 譬

솔연(率然)
(한마음, 최대 성과달성)

如率然 率然者恒山之蛇也 擊其首則尾至 擊其尾則首至 擊其中身則首尾
俱至)."

솔연은 이상적인 부대를 상징한다. 두 가지로 접근이 가능하다.

첫째, 리더십 측면이다. 마치 솔연이 머리와 허리 그리고 꼬리가
한 몸처럼 하나가 되는 것과 같이 부대가 완전히 하나가 되는 것을
말한다. 머리는 장수와 같은 최고위 리더를 말한다. 허리는 그 중간
계층의 리더를 말한다. 꼬리는 현장에서 싸우는 군사를 말한다. 장
수와 중간 리더와 부하가 한마음이 되면 어떤 위기에도 '저절로' 힘
을 합하여 극복이 가능하다는 것이다. 리더십의 목표이자 정점이다.

둘째, 전략 측면이다. 평소부터 지휘관의 의도를 잘 알아서 '임
무'에 맞게 스스로 움직여 기어이 임무를 완수한다는 것이다. 반드
시 싸워 이긴다는 것이다. 오늘날 '임무형 지휘'라는 말이 여기에서
나왔다고 할 수 있다. 임무형 지휘란 불확실성이 뚜렷한 전장에서
일선 지휘관에게 수단을 위임하고 행동에 대한 자율권을 부여하며
달성이 가능한 임무를 제시함으로써 자유롭고 창의적인 전술 행동
을 보장하는 지휘통제 접근법 또는 지휘 철학을 말한다. 솔연이 되
면 바로 이런 임무형 지휘가 가능하다. 싸움에 임했을 때는 누가 시
키지 않아도 저절로 자기 할 일을 찾아서 열심히 싸운다. 머리인 장
수가 할 일이 있고, 명령을 전달하는 중간 장수가 할 일이 있고, 싸

우는 군사가 할 일이 있다. 임무에 맞게 자발적으로 움직이는 것이다. 각자의 자율성과 창의성이 요구된다.

솔연이 된다면 이 모든 것이 가능하다. 한마음이 되어, 최대의 성과를 달성하는 것, 이것이 이순신 리더십의 최종상태(最終狀態, End State)이다.

실제로 이순신은 솔연과 같은 태세를 만들어 모든 해전에서 한 번도 지지 않고 완전하고 온전한 승리를 달성하였다. 결과로 자신을 증명하였다. 성과를 내지 못하는 리더는 리더로서의 자격이 없다. 리더는 결과로 평가받는다. 특히 전쟁을 책임지고 있는 장수는 '승리' 아니고는 어떤 것도 대신 보여줄 수 없다. 아무리 인격적으로 훌륭하고 덕을 많이 베풀어도 전쟁에서 진다면 그 장수는 끝난 것이다. 이겨야 베풀 수 있다. 이겨야 용서할 수도 있다. 지면 모든 것이 끝이다. 노예가 되기도 하고, 천문학적인 전쟁 복구 비용도 대야 한다. 이렇게 이기고 지는 것은 너무나 큰 차이가 있다. 그러니 전쟁을 안 하는 것이 가장 좋지만, 어쩔 수 없이 전쟁해야 한다면 반드시 이겨야 하는 것이다. 이순신과 원균의 근본적인 차이가 무엇인가? 다른 것은 몰라도 장수는 전쟁에서의 결과를 보면 안다. 원균은 단 한 번도 이겨보지 못했던 사람이다. 이순신 없이 단독으로 지휘하였던 칠천량 해전에서는 일본군에게 져서 조선을 끝장날 위기로까지 몰고 갔다. 지면 그렇게 되는 것이다.

이순신은 그에게 주어진 모든 전쟁을 완벽하게 이겼다. 그래서 나라를 구했고, 백성을 살렸다. 이순신의 위대함은 그 무엇보다도 그의 모든 전쟁을 승리로 이끌었다는 점에 있다.

사랑과 정의로 뿌리를 내리고, 10개의 가지를 뻗쳐 절망과 두려움에 떠는 백성과 부하의 마음을 씻겼으니 이것이 흐린 해를 씻는 이순신의 '욕일(浴日)'이다.

닫는 말_이순신의 마지막, 그리고

이순신은 마지막 해전을 앞두고 명나라 제독 진린에게 함께 출정할 것을 요구하였다. 그런데 일본군의 뇌물을 받아먹은 진린은 좀처럼 움직이려 하지 않았다. 이때 이순신은 눈물을 흘리며 간곡하게 부탁하였다. 『선조실록』106권, 선조 31년 11월 27일의 기록을 보면 이렇다.

> 진린이 처음에는 허락하지 않다가 순신이 눈물을 흘리며 굳이 청하자 진린이 허락하였다.

원문을 보면 '순신체읍고청(舜臣涕泣固請)'이다. 여기서 다시 주목할 것은 이순신이 울었다는 것이다. 울면서 청하고 또 청했다는 것이다. 자존심도 없는가? 그렇다. 그까짓 자존심이 뭐가 그리 중요한가. 왜 울었을까? 오직 하나다. 진린의 마음을 움직여 나라의 욕됨을 씻고 싶어서였다.

『행록』에는 노량 해전을 떠나기 하루 전에 이순신이 갑판 위에 올라 드린 마지막 기도의 장면이 나온다.

도독과 약속하고 밤 10시쯤 같이 떠났다. 자정에 배 위에 올라가 손을 씻고 무릎을 꿇어 '이 원수를 없앨 수 있다면 지금 죽어도 한이 없겠나이다(차수약제 사즉무감 此讐若除 死則無憾)'라고 기도하였다.

명량 해전 하루 전날 밤에 나타났던 그 신인(神人)에게 기도하였을까? 바로 이때 하늘에서 커다란 별똥이 바다로 떨어졌다. 예로부터 큰 별똥이 떨어지면 그와 같은 큰 인물이 세상을 떠나는 징조가 아닌가! 떨어진 큰 별똥에 대한 기록은 『행록』과 『행장』 등 여러 곳에 나타나 있다.

하늘이 이순신의 죽음을 미리 보여준 것이다. 그리고 마침내, 마지막 전장에서 마지막 임무를 다하며, 한 발의 총탄에 의하여 파란

만장한 삶을 마감하였다. 54세.

그는 늘 그러했듯이 자신이 말한 대로 행동하였다. 사람은 죽음으로서 평가받는다. 삶의 과정도 중요하지만, 무엇을 위하여, 어떻게 죽느냐가 그 사람이 어떤 사람인가를 보여준다.

이순신이 마지막으로 남긴 말은 무엇인가? 우리가 잘 아는 대로 "지금 싸움이 급하다. 내가 죽었다는 말을 하지 마라(전방급 신물언아사 戰方急 愼勿言我死)"이다. 이 글은 류성룡의 『징비록』 제2권과 『서애집』에 나온다. 누구에게 말하지 말라는 것인가? 적이 아니다. 부하들이다. 이순신은 마지막 순간까지 부하를 걱정한 것이다.

이항복이 지은 『백사집』에 보면 "내가 죽었다는 말을 하지 마라. 군사를 놀라게 해서는 안 된다(휘언아사 물령경군, 諱言我死 勿令驚軍)."라고 기록되어 있다.

다시 말하지만, 일본군에게 말하지 말라가 아니라 조선군에게 알리지 말라고 한 것이다. 죽으면서도 부하를 걱정했던 이순신이다. 부하들의 사기가 떨어지면 전쟁에서 지기 때문이다. 죽으면서도 전쟁의 완전한 승리, 완전한 마무리를 생각했던 이순신이다. 죽으면서도 앞으로 있을지 모르는 또 다른 일본의 재침을 걱정했던 것인가.

하늘을 꿰매고 해를 씻기다

이순신의 죽음에 대해서는 여러 잘못된 설(說)이 있다. 제일 많은 것이 이순신의 자살설이다. 살아남아도 결국에는 역적 누명을 쓰고 죽을 것이니 자손을 위해서 마지막 전장에서 스스로 죽었다는 것이다. 그리고 자연사설이 있다. 죽은 척하다가 몰래 빠져나와서 16년을 숨어 살다가 자연사했다는 설이다. 그리고 암살설이다. 선조가 보낸 자객에 의해서 배에서 암살되었다는 것이다. 이 모든 설은 그야말로 설이다. 분명한 것은 이순신은 노량 해전의 격전 중에 장렬하게 전사하였다는 것이다. "지금 싸움이 급하다."라고 하였다. 아직 전쟁이 끝나지 않았고, 계속되는 중이라는 것이다. 그 급박한 상황에서 나 몰라라 하고 자살하는 지휘관이 어디 있겠는가. 더구나 이순신인데 말이다.

이순신이 전사했다는 소식이 선조 임금에게 전해진 것은 그가 죽은 지 닷새 뒤인 1598년 11월 24일 밤이었다. 명나라 군대로부터 정보를 얻은 승정원이 급하게 임금에게 보고하였다. 이때 선조는 이렇게 반응하였다.

"알겠다."

별로 놀라는 기색도 없이 그냥 툭 하고 내뱉었다. 조금 있다가 이렇게 덧붙였다.

"오늘은 밤이 깊었다. 내일 승정원이 알아서 하라."

이게 도대체 무슨 말인가.

며칠 뒤에 명나라 병부상서(兵部尙書) 형개(荊芥)가 직접 와서 선조에게 이순신의 죽음을 말했을 때도 선조는 특별한 반응을 하지 않았다.

어쩌면 이순신은 마지막 전장에서 전사한 것이 다행인지도 모른다. 어쩌다 살아남았다면 전쟁이 끝난 평화의 조선에서 그의 운명이 어찌 되었을지 장담할 수 없기 때문이다. **군인은 마지막 전장에서 마지막 총탄을 맞고 죽는 것이 가장 영광스럽다.** 그런 면에서 보면 이순신은 가장 행복한 죽음을 맞이했던 것 아닐까?

그는 죽었지만, 영원히 살아 있다.

온몸을 던져 나라를 구했던 이순신은 그의 군 생활을 통해서 한 번의 투옥, 세 번의 파직, 두 번의 백의종군, 두 번의 죽을 고비를 넘긴 부상을 당하였다. 그러면서도 그는 단 한 번도 그를 질시했던 임금이나 그를 몰아쳤던 조정 대신들을 원망하지 않았다. 그리고 나라가 썩었다고 해서 나라가 썩었다고 말하지 않았다. 그렇게 말하는 순간 그 자신 썩은 나라의 백성이 되기 때문이다. 대신에 그 스스로 몸을 살라 절망과 어둠 가운데 한 줄기 빛이 되었고, 그 스스로 몸을 녹여 썩은 땅에 소금이 되었다. 그렇게 그는 자신이 옳다고 믿는 바

하늘을 꿰매고 해를 씻기다

를 묵묵히 행동으로 실천하였다. 누가 알아주든 몰라주든 상관하지 않았다. 그는 나라와 민족을 뜨거운 가슴으로 부여안고, 사명자로서 그저 자신에게 맡겨진 사명을 묵묵히 감당하였다.

이순신은 흠잡을 데가 없는 완벽한 인간은 아니었다. 술도 좋아했고, 실수도 하였다. 가끔 누구를 흠잡기도 했고, 버럭 화를 내기도 하였다. 혼자 상념에 사로잡혀 울기도 하였고, 감정 기복이 심할 때도 있었다. 알게 모르게 두려움에 몸을 떨기도 하였다. 대담한 듯 보였지만 의외로 아주 소심한 면도 있었다. 그런데 이순신에게는 한 가지 분명한 원칙이 있었다. 자신이 옳다고 생각하는 것, 해야만 한다고 생각하는 것은 절대로 양보하거나 중도에 포기하지 않고, 반드시 행동으로 보여줬다.

많은 사람이 궁금해하는 것이 있다. 이순신은 과연 혁명을 꿈꾸었을까? 그가 왕이 되기를 꿈꾸었을까, 하는 점이다. 『난중일기』에는 나오지 않지만, 이순신의 집안에서 소장하고 있는 『충무공유사(忠武公遺事)』에 나오는 매우 독특한 꿈 하나를 보자.

1595년 2월 9일. 꿈을 꾸었다. 서남쪽 사이에 붉고 푸른 용(龍)이 한쪽에 걸려 있었는데, 그 모습이 굴곡져 있었다. 나는 홀로 지켜보고 있었다. 이를 가리키며 다른 사람들도 보게 했지만, 다른 사람들은 볼 수 없었다. 머리를 돌린 틈에 벽 사이로 들어와 화룡(畵龍)이 되어 있었다. 내가 한참 동안 어루만지며 완상(撫玩: 즐겨 구경함)했는데 그 색깔과 움직이는 모습이 기이하고 웅장했다. 기이한 징조가 많을 듯했기에 기록해놓았다.

이른바 용꿈이다. 용은 황제나 왕을 상징한다. 과연 이순신은 왕이 되기를 꿈꾸었을까? 글쎄다. 이순신은 그가 서 있어야 할 자리를 누구보다도 잘 알고 있었던 사람이다. 그리고 죽는 순간까지 그 선을 넘어가지 않았다. 만약 그가 선을 넘었더라면 오늘날 우리가 알고 있는 이순신은 되지 못했을 것이다.

이순신은 궁극적으로 무엇을 꿈꾸었을까?
틀림없이 전쟁이 없는 세상을 꿈꾸었을 것이다. 사랑이 있고 정의가 살아 있는 나라를 꿈꾸었을 것이다.

'죽을힘'을 다하여 묵묵히 사명을 감당하였던 그가 당신에게 세가지의 질문을 던진다면 어떤 대답을 할 수 있을까?

"더 좋은 세상을 위하여 그동안 무엇을 했는가?"
"더 좋은 세상을 위하여 지금 무엇을 하고 있는가?"
"더 좋은 세상을 위하여 앞으로 무엇을 할 것인가?"

하늘을 꿰매고 해를 씻기다

이순신의 일대기

연도	나이	이순신의 행적
1545	1	3월 8일(양 4월 28일) 새벽, 서울 건천동에서 이정의 셋째 아들로 태어나다.
1557	10전후	어머니의 고향 아산 백암리로 이사하다.
1566	21	8월, 보성군수 방진의 외동딸과 결혼하다.
1567	22	10월, 방진의 집에서 무과를 준비하다.
1571	23	장남 회가 태어나다.
1571	27	차남 울(뒷날 열로 고침)이 태어나다.
1572	28	8월, 훈련원 별과에 응시하나 불합격하다.
1576	32	2월, 식년무과에 병과로 합격하다. 12월, 함경도 동구비보의 권관(종9품)이 되다.
1577	33	2월, 삼남 염(뒷날 면으로 고침)이 태어나다.
1579	35	2월, 훈련원 봉사(종8품)가 되다. 10월, 충청병사의 군관이 되다.
1580	36	7월, 전라도 흥양 발포의 수군만호(종4품)가 되다.
1582	38	1월, 군기경차관 서익의 허위 보고로 파면되다. 5월, 복직되어 훈련원 봉사(종8푸)가 되다.
1583	39	7월, 함경도 남병사 이용의 군관(종8품)이 되다. 9월, 건원보 권관이 되어 울지내를 포획하다. 11월, 건원보 참군으로 승진하다. *부친 별세
1584	40	1월, 아산에서 부친의 3년상을 치르다.
1586	42	1월, 사복시 주부(종6품)가 되다. 16일 후에 함경도 조산보만호(종4품)로 승진하다.
1587	43	8월, 조산보 만호와 녹둔도 둔전관을 겸직하다. 9월, 녹둔도에 침입한 여진족을 물리쳤으나, 북병사 이일의 무고로 파직되어 백의종군하다(1차).
1588	44	2월, 시전부락 전투에서 공을 세우다. 윤 6월에 특사되어 아산으로 돌아오다.
1589	45	1월 21일, 조정의 불차채용에 3위로 천거되다. 2월, 전라도 감사 이광의 군관(조방장)이 되다. 11월, 선전관을 겸직하다. 12월, 정읍현감(종6품)이 되다.

1590	46	7월, 고사리진 병마첨절제사가 되다. 8월, 만포진 첨사로 발령되었으나, 대간의 반대로 다시 정읍현감에 유임되다.
1591	47	2월, 진도군수, 가리포첨사로 발령되었다가 13일에 전라좌수사(정3품)가 되다.
1592	48	4월, 임진왜란이 나자 경상도 출정을 고민하다. 5월 4일, 경상도로 출정하다. 5월 7일, 옥포 해전(적선 26척 분멸), 합포 해전(적선 5척 분멸) 5월 8일, 적진포 해전(적선 13척 분멸) 5월 29일, 사천 해전(거북선 처음 등장, 적선 15척 분멸) 6월 2일, 당포 해전(적선 21척 분멸) 6월 5일, 당항포 해전(적선 27척 분멸) 6월 6일, 당항포 해전(적선 1척 분멸) 6월 7일, 율포 해전(적선 7척 분멸) 7월 8일, 한산도 해전(적선 59척 분멸) 7월 10일, 안골포 해전(적선 20여척 분멸) ※정헌대부(정2품 상계)로 승진하다. 8월 29일, 장림포 해전(적선 6척 분멸) 9월 1일, 화준구미 해전(적선 5척 분멸) 　　　　다대포 해전(적선 8척 분멸) 　　　　서평포 해전(적선 9척 분멸) 　　　　절영도 해전(적선 2척 분멸) 　　　　초량목 해전(적선 4척 분멸) 　　　　부산포 해전(적선 100여 척 분멸) 　　　　※ 정운 전사
1593	49	2월 10일~3월 6일, 웅천 왜성 공격(적선 51척 분멸) 5월 12일, 일본총보다 좋은 정철총통 제조 성공 7월 15일, 한산도로 본영을 옮기다. 7월, 고사리진 병마첨절제사가 되다. 8월, 만포진 첨사로 발령되었으나, 대간의 반대로 다시 정읍현감에 유임되다.
1594	50	1월 21일, 본영 격군 742명에게 잔치를 베풀다. 3월 4일~5일, 제2차 당항포 해전(적선 31척 분멸) 　　7일, 명나라 선유도사 담종인의 금토패문에 답하는 글을 보내다. 4월 6일~8일, 한산도에서 무과별시를 보다 　　9일, 어영담 병들어 죽다. 9월 12일, 삼도수군통제사로 임명되다. 10월 1일, 곽재우, 김덕령과 함께 장문포 왜성을 수륙합동으로 공격하다(적선 2척 침몰). 조선 사후선 3척 실종, 사도 전선 1척 분멸됨
1595	51	2월, 둔전을 돌아보고 우수영을 시찰하다. 5월, 소금을 굽다. 8월, 체찰사 이원익과 각 처를 순시하고 군사 5,480명에게 잔치를 베풀다. 9월, 충청수사 선이와 작별하다.

하늘을 꿰매고 해를 씻기다

1596	52	1월, 청어를 잡아서 군량 500여 석을 마련하다. 3월, 병을 심하게 앓다(4월까지). 5월, 진중에서 전염병으로 죽은 군사를 위해 여제를 지내다. 8월(윤) 10일, 한산도에서 무과 초시를 보다. 　　　11일부터 10월 초까지 도체찰사 이원익과 함께 전라도 내의 의 　　　각 진영을 순시하고 돌아오다. 10월 7일, 어머니 변씨를 위해 수연을 베풀다.
1597	53	1월, 삼도수군통제사 직에서 파직되다. 2월, 서울로 압송되다. 3월, 투옥되어 고문 당하다. 4월 1일, 감옥에서 나와 백의종군(2차)하다. 　　　11일, 어머니 변씨가 별세하다. 7월 15일, 원균, 칠천량 해전에서 참패하다. 8월 3일, 삼도수군통제사로 재임명되다. 8월 27일, 어란진 해전(적선 8척 내쫓다) 9월 7일, 벽파진 해전(적선 13척 내쫓다) 9월 16일, 명량 해전(적선 31척 분멸) 10월 4일, 셋째 아들 면의 전사 소식을 듣다. 　　　29일, 목포 보화도(고하도)를 통제영 삼다. 　　　4달을 머무르며 판옥선 40여 척을 건조하다.
1598	54	2월 17일, 보화도(고하도)에서 완도의 고금도로 삼도수군 통제사영을 옮기다. 7월, 명나라 제독 진린이 고금도로 합류하다. 　　　19일, 절이도 해전(적선 50여 척 침몰) 9월 20일~10월 4일, 서로군과 합동으로 순천 왜성을 공략하다. 장도에 서 적선 30여 척을 전파하고 11척을 나포하다. 11월 19일, 남해 노량 관음포에서 이순신 전사하다.(적선 500척 중 200 여 척 침몰, 150여 척 반파, 100여 척 나포), 3일 후에 유해를 고금도로 옮기다. 11월 하순~12월 초, 유해를 고금도에서 아산 본가로 옮기다. 12월 4일, 우의정에 추증되다.
1599	55	2월 11일, 아산 본가에서 영구행렬이 출발하여 금성산 아래에 도착, 유 해를 안장하다.
1604		10월, 선무공신 1등에 녹훈되고 좌의정에 추증되다.
1614		전사한 지 16년 만에 아산시 음봉면 삼거리의 어라산 현재 위치로 이 장되다. ※정조 18년(1794년)에 영의정으로 추증되면서 정조가 어제신도비를 하사하였는데 임금이 신하에게 신도비를 직접 내린 경우는 이순신이 유일하다.

이순신 34전 34승 해전의 현장

1592년 17회

1. 옥포 해전	2. 합포 해전	3. 적진포 해전	4. 사천 해전
1592.5.7	1592.5.7	1592.5.8	1592.5.29~6.1
5. 당포 해전	6. 당항포 해전(1차)	7. 가덕북방 해전	8. 율포 해전
1592.6.2	1592.6.5~6.6	1592.6.7	1592.6.7
9. 한산도 해전	10. 안골포 해전	11. 장림포 해전	12. 화준구미 해전
1592.7.8	1592.7.10	1592.8.29	1592.9.1
13. 다대포 해전	14. 서평포 해전	15. 절영도 해전	16. 초량목 해전
1592.9.1	1592.9.1	1592.9.1	1592.9.1
17. 부산포 해전			
1592. 9.1			

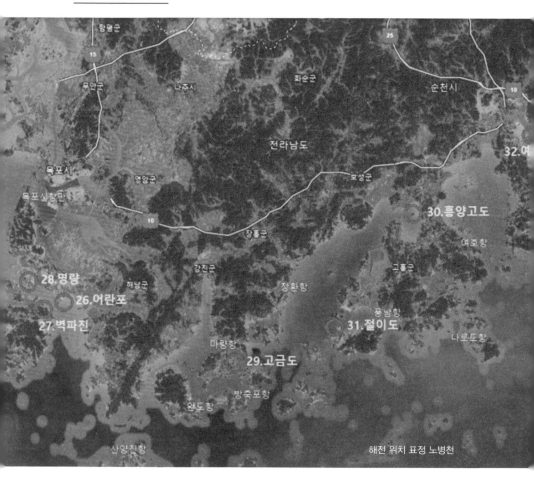

해전 위치 표정 노병천

하늘을 꿰매고 해를 씻기다

1593년 2회

18. 웅포해전	19. 견내량입구 해전
1593.2.10~3.6	1593.6.26

1594년 6회

20. 진해 앞 해상 해전	21. 당항포 해전(2차)	22. 춘원포 해전	23. 장문포 해전(1차)
1594.3.4	1594.3.5	1594. 8.14	1594.9.29
24. 영등포 해전	25. 장문포 해전(2차)		
1594.10.1	1594.10.4		

1595년 0회 · 1596년 0회

1597년 3회

26. 어란포 해전	27. 벽파진 해전	28. 명량 해전
1597.8.28	1597.9.7	1597.9.16

1598년 6회

29. 고금도 해전	30. 흥양고도 해전	31. 절이도 해전	32. 예교성 수륙합동전
1598.2.?	1598.3.18	1598.7.19	1598.9.20~10.4
33. 장도 해전	34. 노량 해전		
1598. 11.13	1598.11.19		

동영상으로 둘러보는 이순신의 발자취

관음포 현장

한산정 과녁

한산정

한산도 해전 현장

제승당 일대 수루

울돌목에 치는 파도

울돌목으로 배를 타고 진입하다

미륵산 정상에서

견내량 북단 와키자카 일본 함대

이순신의 노래

이순신 참가 해전 일람표(제장명)

대표 해전	세부 해전	세세부 해전	주 지휘관	교전 일자	참전세력(척) 조선 (전선:판옥선·거북선)	참전세력(척) 일본 (대·중·소선)	전과	승패	피해
1.옥포해전 (옥포파왜병장)	1.옥포	1.옥포	이순신, 원균	1592.5.7	28	30	26척 분멸	승	부상자 1명
	2.합포	2.합포	상동	5.7	상동	5(대)	5척 분멸	승	
	3.적진포	3.적진포	상동	5.8	상동	13	13척 분멸	승	
2. 당포해전 (당포파왜병장)	4.사천	4.곤양사천경계해상	상동	5.29	26	1척	1척 분멸	승	전사13, 부상37명 (전라좌수군)
		5.사천선창	상동(李純信, 기효근)	상동	상동	대선12척	12척 분멸	승	
		6.사천선창	상동(원균)	6.1	상동	소선2척	2척 분멸	승	
	5.당포	7.당포	상동	6.2	상동	21(대9)	21척 분멸	승	
	6.당항포	8.당항포	이순신,원균, 이억기	6.5	51	26(대9)	25척 분멸	승	
		9.당항포입구	상동(정운)	6.5	상동(4)	4	2척 분멸	승	
		10.당항포	상동(李純信)	6.6	상동(수척)	1	1척 분멸	승	
	7.가덕북방	11.가덕북방	상동 (이전)	6.7	상동(1척)	소선1척	1척 나포	승	
	8.율포	12.율포	상동	6.7	51	7(대5)	7척 분멸	승	
3.한산도 해전 (한산도승첩계본)	9.한산도	13.한산도	상동	7.8	58	73(대36)	59척 분멸	승	전사19, 부상115명 (전라좌수군)
	10.안골포	14.안골포	상동	7.10	상동	42(대21)	20여척분멸	승	
4.부산포 해전 (부산파왜병장)	11.장림포	15.장림포	이순신,원균, 이억기	8.29	74이상	6(대4)	6척 분멸	승	전사7, 부상25명(전라좌수군)
	12.화준구미	16.화준구미	상동	9.1	상동	5(대5)	5척 분멸	승	
	13.다대포	17.다대포	상동	9.1	상동	8(대8)	8척 분멸	승	
	14.서평포	18.서평포	상동	9.1	상동	9(대9)	9척 분멸	승	
	15.절영도	19.절영도	상동	9.1	상동	2(대2)	2척 분멸	승	
	16.초량목	20.초량목	상동	9.1	상동	4(대4)	4척 분멸	승	
	17.부산포	21.부산포	상동	9.1	상동	470	100여척 분멸	승	

		22.웅포1차	이순신,원균,이억기	1593년 2.10	89추정	100여(추정)	왜군다수 사살	승	
5.웅포해전 (토적장)	18.웅포	23.웅포2차	상동	2.12	상동	상동	상동	승	없음
		24.웅포3차	상동	2.18	상동	상동	왜군100여명 사살	승	
		25.웅포4차	상동	2.20	상동	상동	왜군다수 사살	승	
		26.웅포5차	상동	2.22	상동(상륙군)	상동	적선50여척 격파, 적군 다수 사살, 포로5명 구출		통선 1척 침몰(수군다수 사망)
		27.웅포6차	상동	2.28	88추정	50여(추정)	왜군다수 사살	승	없음
		28.웅포7차	상동	3.6	88추정	상동	왜군다수 사살	승	
6.견내량해전	19.견내량입구	29.견내량입구	이순신,원균,이억기	1593. 6.26	100여	10	격퇴	승	없음
7.당항포해전(당항포 파왜병장)	20.진해앞해상	30.읍전포	이순신(어영담)	1594.3.4	100여(30)	6	6척 분멸	승	
		31.어선포	상동	상동	상동	2	2척분멸	승	없음
		32.시굿포	상동	상동	상동	2	2척분멸	승	
	21.당항포	33.당항포	상동	3.5	상동	21	21척 분멸	승	
8.춘원포해전	22.춘원포	34.춘원포	이순신(사도첨사등)	8.14	수척	1	1척나포	승	없음
9.거제진공전	23.장문포(1차)	35.장문포(1차)	이순신	9.29	140여	100여(추정)	2척 분멸	무	전선1,사후선3
	24.영등포	36.영등포	이순신	10.1	70여(추정)	70~80	없음	무	없음
	25.장문포(2차)	37.장문포(2차)	이순신	10.4	140여,상륙군	왜성주둔병력	없음	무	없음
★1.기문포해전	★1.거제 기문포	★1.거제 기문포	원균	1597. 3.9	수십척	3	3척 분멸	승	조응도 사망, 10여명 사상
★2.안골포/가덕도해전	★2.안골포/가덕도	★2.안골포/가덕도	원균	6.19	100여	100여(추정)	수척 분멸	승	안홍국 전사,1명 부상
★3.절영도해전	★3.절영도외양	★3.절영도외양	원균(휘하 수사)	7.8~9	90여	1000여(추정)	10여척 분멸	무	7척표류
★4.칠천량해전	★4.칠천량	★4.칠천량	원균	7.16	160여	500~1000(추정)	10여척 분멸	패	140여척 분멸·실종,수군지휘부 전사
10.어란포해전	26.어란포	38.어란포	이순신	1597. 8.28	13	8	격퇴	승	없음
11.벽파진해전	27.벽파진	39.벽파진	상동	1597. 9.7	13	13	격퇴	승	없음
		40.벽파진2차	상동	9.7 22~24시	13	13(?)	격퇴	승	없음

대표해전	세부해전	세세부해전		날짜	조선전력	적전력	전과	승무	비고
12.명량해전	28.명량	41.명량	상동	9.16	13	130여(133)	31척 분멸	승	다수인명전사
13.고금도해전	29..고금도	42.고금도	상동	1598. 2.	40여	16	16	승	확인불가
14.흥양해전	30.흥양고도	43.흥양고도	상동	3.18	상동	5	5	승	확인불가
15.절이도해전	31.절이도	44.절이도	이순신,진린	7.19 (7.24)	60여	100	50척 분멸	승	확인불가
16.예교성 수륙합공전	32.예교성전투	45.예교성1차	상동	9.20	60여/명400	300(추정)	적의 기세를 꺾음	승	없음
		46.예교성2차	상동	9.21	상동	상동	1	승	없음
		47.예교성3차	상동	9.22	상동	상동	없음	무	조선장수2명부상,명장수1명부상,명수군11명사망
		48.예교성4차	상동	10.2	60여/명500	상동	적 인명다수 살상	승	조선장수급2명 사망,5명부상
		49.예교성5차	상동	10.3	상동	상동	없음	무	명전선39척침몰,조선장수1명 부상
		50.예교성6차	상동	10.4	60여/명400여	300(추정)	적 격퇴	승	없음
17.장도해전	33.장도	51.장도	상동	11.13	60여	10여	격퇴	승	없음
18.노량해전	34.노량(관음포)	52.노량(관음포)	상동	11.19	60여/400여	500여	200척 분멸	승	조선4척, 명2척침몰, 인명 다수사망

※ 제장명: 위 해전 일람표는 대표해전-세부해전-세세부해전으로 구분하여 정리한 것임. 해전의 정의를 어떻게 내리느냐에 따라 횟수가 달라질 수 있음. 아울러 아직 밝혀지지 않은 해전을 발굴할 경우 해전 횟수는 더욱 늘어날 수 있음. 위 표는 2020년 현재 정리한 자료임.

이순신의 전략과 리더십에 사용된 『손자병법』

이순신의 전략과 리더십에 나오는 『손자병법』 문장을 하나로 모았다. 과연 『손자병법』과 이순신이 어떻게 연관이 되어 있는지 알 수 있다. 보다 상세한 내용은 해당 쪽을 찾아보기 바란다. 여기에 나오는 『손자병법』만 제대로 이해해도 『손자병법』의 핵심은 거의 다 이해했다고 말할 수 있다. 중복되는 문장은 넣지 않았다.

쪽	『손자병법』 원문	편	한글해역
32	이정합(以正合) 이기승(以奇勝)	제5 병세편	정(正)으로 합하고, 기(奇)로 승리한다.
33	기정상생(奇正相生)	제5 병세편	기와 정이 서로에게 영향을 주어 새로운 것으로 만들어진다.
34	용병지법 무시기불래 시오유이대야 무시기불공 시오유소불가공야(用兵之法 無恃其不來 恃吾有以待也 無恃其不攻 恃吾有所不可攻也)	제8 구변편	용병의 법은, 적이 오지 않으리라는 것을 믿지 말고, 나에게 적이 올 것에 대한 대비가 되어 있음을 믿어야 하며, 적이 공격하지 않으리라는 것을 믿지 말고, 나에게 적이 감히 공격하지 못하게 할 만한 준비가 되어 있음을 믿을 수 있어야 한다.
48	선승이후구전(先勝而後求戰)	제4 군형편	먼저 이겨놓고 싸움을 구한다.
53	지피지기 백전불태 부지피지기 일승일부 부지피부지기매전필태(知彼知己 百戰不殆 不知彼知己 一勝一負 不知彼不知己 每戰必殆)	제3 모공편	적을 알고 나를 알면 백 번 싸워도 위태하지 않고, 적을 모르고 나를 알면 한 번은 이기고 한 번은 질 것이다. 적을 모르고 나도 모르면 매 번 싸울 때마다 반드시 위태할 것이다.
70	선수자 장어구지지하 선공자 동어구천지상 고능자보이전승야(善守者 藏於九地之下 善攻者 動於九天之上 故能自保而全勝也)	제4 군형편	잘 지키는 자는 깊은 땅 아래에 숨으며, 잘 공격하는 자는 높은 하늘 위에서 움직이니, 그러므로 스스로를 보존하여 온전히 승리를 거둘 수 있다.
71	위사유궐(圍師遺闕)	제7 군쟁편	적을 포위하더라도 도망할 구멍을 터주라.
82	전국위상 파국차지 전군위상 파군차지 전여위상 파여차지 전졸위상 파졸차지 전오위상 파오차지라(全國爲上 破國次之 全軍爲上 破軍次之 全旅爲上 破旅次之 全卒爲上 破卒次之 全伍爲上 破伍次之)	제3 모공편	나라를 온전하게 함을 가장 좋은 것으로 여기고, 나라를 파괴하는 것을 그 다음으로 여기며, 군(12,500명 규모)을 온전하게 함을 가장 좋은 것으로 여기고, 군을 파괴하는 것을 그 다음으로 여기며, 여(500명 규모)를 온전하게 함을 가장 좋은 것으로 여기고, 졸(100명 규모)을 온전하게 함을 가장 좋은 것으로 여기고, 졸을 파괴하는 것을 그 다음으로 여기며, 오(5명 규모)를 온전하게 함을 가장 좋은 것으로 여기고, 오를 파괴하는 것을 그 다음으로 여긴다.

하늘을 꿰매고 해를 씻기다

82	백전백승 비선지선자야 부전이굴인지병선지선자야(百戰百勝, 非善之善者也, 不戰而屈人之兵, 善之善者也)	제3 모공편	백 번 싸워 백 번 이기는 것이 가장 좋은 것은 아니고, 싸우지 않고도 적을 굴복시킨다면 가장 좋은 것이라고 하는 것이다.
85	인개지아소승지형이막지오소이제승지형(人皆知我所勝之形 而莫知吾所以制勝之形)	제6 허실편	대개 사람들은 내가 승리할 때 그 모양은 알 수 있지만 내가 사전에 승리할 수 있도록 한 여러 태세는 알지 못한다.
86	승적이익강(勝敵而益强)	제2 작전편	싸워 이길수록 더욱 강해진다.
87	전사후생(前死後生)	제9 행군편	앞에는 사지를 두고 뒤에는 생지를 두라.
87	적수중가사무투(敵雖衆可使無鬪)	제6 허실편	적이 비록 아무리 많더라도 가히 싸우지 못하게 할 수 있다.
90	승병선승이후구전 패병선전이후구승(勝兵先勝而後求戰 敗兵先戰而後求勝)	제4 군형편	이기는 군대는 먼저 이겨놓고 그 후에 싸움을 구하고, 지는 군대는 먼저 싸움부터 하고 그 후에 승리를 구한다.
92	이승(易勝)	제4 군형편	쉽게 이기는 승리
93	아전이적분 아전위일 적분위십 시이십공기일야(我專而敵分 我專爲一 敵分爲十 是以十攻其一也)	제6 허실편	내가 오로지 집중하고 적을 분산시키면, 나는 하나가 되어 열로 나누어진 적을 상대하게 되어, 나는 열로서 하나의 적과 싸운다.
105	솔연(率然)	제11 구지편	상산에 산다고 하는 전설적인 뱀
105	투중여투과 형명시야(鬪衆如鬪寡 形名是也)	제5 병세편	많은 사람을 싸우게 하기를 적은 사람을 싸우게 함과 같음은 지휘통제수단에 달려 있다.
106	군정왈 언불상문 고위금고 시불상견 고위정기 고야전다금고 주전다정기 부금고정기자 소이일민지이목야 민개전일 즉용자부득독진 겁자부득독퇴 차용중지법야(軍政曰 言不相聞 故爲金鼓 視不相見 故爲旌旗 故夜戰多金鼓 晝戰多旌旗 夫金鼓旌旗者 所以一民之耳目也 民旣專一 則勇者不得獨進 怯者不得獨退 此用衆之法也)	제5 병세편	옛 병서에 이르기를, 말소리가 서로 들리지 않기 때문에 징과 북을 사용하고, 신호가 서로 보이지 않기 때문에 깃발을 사용한다고 한다. 그러므로 밤에 싸울 때는 징과 북을 많이 쓰고, 낮에 싸울 때는 깃발을 많이 쓴다. 무릇 징과 북과 깃발은 사람의 눈과 귀를 하나로 모으기 때문에, 사람들이 하나가 되면, 용감한 자도 혼자 앞으로 나아갈 수 없고, 비겁한 자도 혼자 물러설 수 없으니, 이것이 많은 병력을 운용하는 법이다.
111	입어불패지지이불실적지패야(立於不敗之地 而不失敵之敗也)	제4 군형편	패하지 않을 땅에 서서, 적이 패할 기회를 놓치지 않는다.
117	선출기자 무궁여천지 불갈여강해 종이부시 일월시야 사이복생 사시시야(善出奇者 無窮如天地 不竭如江海 終而復始 日月是也 死而復生 四時是也)	제8 구변편	기를 잘 쓰는 자는 끝없음이 천지와 같고, 마르지 않음이 강과 바다와 같고, 끝나면 다시 시작하니 해와 달이 이것이고, 죽으면 다시 사니 사시가 이것이다.
117	병지형 피실이격허(兵之形 避實而擊虛)	제6 허실편	군대의 운용은 실을 피하고 허를 치는 것이다.

124	격수지질 지어표석자 세야 지조지 격 지어훼절자 절야 시고선전자 기 세험 기절단 세여확노 절여발기(激 水之疾 至於漂石者 勢也 鷙鳥之擊 至於毁折者 節也 是故善戰者 其勢 險 其節短 勢如彍弩 節如發機)	제5 병세편	세차게 흐르는 물이 돌을 떠내려가게 하는 데까지 이르 는 것이 기세요, 사나운 새가 공격을 해서 먹이의 뼈를 꺾는 것이 절도이다. 이러므로 잘 싸우는 자는 그 세가 험하고, 그 절이 짧으니, 세는 마치 꽉 잡아당긴 활과 같 고, 절은 그 활을 쏘는 것과 같다.
126	기질여풍(其疾如風)침략여화(侵掠 如火)	제7 군쟁편	그 빠르기가 바람같고, 침략함이 불과 같다.
127	불실적지패야(不失敵之敗也)	제6 허실편	적이 패할 기회를 놓치지 않는다.
127	병자궤도야(兵者 詭道也)	제1 시계편	전쟁은 속임수이다.
128	공기무비(攻其無備)	제1 시계편	준비되지 않은 곳을 치라.
132	공기소필구(攻其所必救)	제6 허실편	반드시 구해야 할 곳을 친다.
137	전승불복 이응형어무궁(戰勝不復 而應形於無窮)	제6 허실편	전투에서 이긴 방법은 두 번 사용하지 않고, 적과 나의 형세에 따라 무궁하게 응용해 나가는 것이다.
144	발화유시 기화유일 시자 천지조야 일자 월재 기벽익진야 범차사숙자 풍기지일야(發火有時 起火有日 時 者 天之燥也 日者 月在 箕 壁 翼 軫也 凡此四宿者 風起之日也)	제12 화공편	불을 놓을 때는 적당한 시기가 있고, 불을 일으킴에는 적 당한 날이 있는 것이다. 불 놓을 시기란 기후가 건조한 때요, 날이란 달이 기, 벽, 익, 진이라는 별자리에 있을 때 니, 무릇 이 네 별자리는 바람이 일어나는 날이다.
147	삼군가탈기 장군가탈심(三軍可奪氣 將軍可奪心)	제7 군쟁편	부대에 있어서는 가히 '사기'를 빼앗아야 하고, 장군에 있 어서는 가히 '마음'을 빼앗아야 한다.
160	범선처전지이대적자일 후처전지이 추전자노 고선전자 치인이불치어인 (凡先處戰地而待敵者佚 後處戰地 而趨戰者勞 故善戰者 致人而不致 於人)	제6 허실편	무릇 먼저 싸움터에 가서 적을 기다리는 자는 편안하고, 뒤늦게 싸움터로 달려가서 급하게 싸움을 하는 자는 피 곤하다. 그러므로 잘 싸우는 자는 적을 내 의지대로 이끌 되 내가 적에 의해 이끌림을 당하지 않는다.
165	적수중가사무투(敵雖衆可使無鬪)	제6 허실편	적이 비록 아무리 많더라도 가히 싸우지 못하게 할 수 있 다.
169	살적자 노야 취적지리자 화야(殺敵 者 怒也 取敵之利者 貨也)	제2 작전편	적을 죽이려고 하면 사기를 높여야 하고, 적에게 이득을 취하면 재물로 포상을 해야 한다.
179	병문졸속 미도교지구야 부병구이국 리자 미지유야 고부진지용병지해자 즉불능진지용병지리야(兵聞拙速 未 睹巧之久也 夫兵久而國利者 未之 有也 故不盡知用兵之害者 則不能 盡知用兵之利也)	제2 작전편	전쟁에 그 솜씨가 매끄럽지 못하더라도 빨리 끝내야 함 은 들었어도, 솜씨 있게 하면서 오래 끄는 것은 보지 못 하였다. 무릇 전쟁을 오래 끌어서 나라에 이로울 것이 없 나니, 그러므로 전쟁을 할 때의 해로움을 다 알지 못하면 전쟁을 할 때의 이로움을 다 알 수 없다.
231	전도필승 주왈무전 필전가야 전도 불승 주왈필전 무전가야(戰道必勝 主曰無戰 必戰可也 戰道不勝 主曰 必戰 無戰可也)	제10 지형편	싸움의 법칙에 비추어 볼 때 반드시 이길 수 있다면 비록 군주가 싸우지 말라고 해도 반드시 싸우는 것이 가하고, 싸움의 법칙에 비추어 볼 때 이기지 못하면 군주가 반드 시 싸우라고 해도 싸우지 않는 것이 가하다.

하늘을 꿰매고 해를 씻기다

231	고진불구명 퇴불피죄 유민시보이리어주 국지보야(故進不求名 退不避罪 唯民是保而利於主 國之寶也)	제10 지형편	그러므로 나아감에 사사로운 명예를 구하지 아니하고, 물러남에 죄를 피하지 않으며, 오직 백성을 위하고 군주에게 이롭게 한다면 이는 나라의 보배이다.
242	도자영민여상동의(道者令民與上同意) 가여지사(可與之死) 가여지생(可與之生) 이민불궤야(而民不詭)	제1 시계편	도(道)라는 것은 윗사람과 아랫사람이 하나가 되어, 가히 함께 죽고 살 수 있는 경지에 이르러 민중이 의심하지 않는 것이다.
307	선전자지승야 무기승 무지명 무용공(善戰者之勝也 無奇勝 無智名 無勇功)	제4 군형편	잘 싸우는 자의 승리에는 기이한 승리도 없고, 지혜로운 명성도 없으며, 용맹스러운 공도 없다.
309	염결가욕(廉潔可辱)	제8 구변편	지나치게 깨끗하려고만 한다면 그로 인하여 가히 욕을 당할 수 있다.
325	장자 지신인용엄야(將者 智信仁勇嚴也)	제1 시계편	장수는 지혜롭고, 신뢰가 있고, 자비롭고, 용감하고, 엄격해야 한다.
332	고선용병자 비여솔연 솔연자항산지사야 격기수즉미지 격기미즉수지 격기중신즉수미구지(故善用兵者 譬如率然 率然者恒山之蛇也 擊其首則尾至 擊其尾則首至 擊其中身則首尾俱至)	제11 구지편	그러므로 용병을 잘하는 자는, 비유하건데 용병하기를 솔연과 같이 하니, 솔연은 항산에 사는 뱀으로, 그 머리를 치면 꼬리가 덤비고, 그 꼬리를 치면 머리가 덤비며, 그 허리를 치면 머리와 꼬리가 함께 덤빈다.

　이 밖에 이순신은 『손자병법』의 여러 명구를 적절하게 활용한 것을 볼 수 있다. 정유년에 이순신은 임금이 무리하게 부산으로의 출정을 명령하자 이를 거부하였다. 이는 제8 구변 편의 '임금의 명령이라도 받지 않을 수 있다.'라고 하는 '군명유소불수(君命有所不受)'와 맥을 같이한다. 이순신은 신상필벌에 철저하였다. 이는 제9 행군 편의 '군졸과 이미 친해졌는데도 벌을 주지 않으면 그 군졸은 쓸 수가 없다.'라고 하는 '졸이친부이벌불행즉불가용야(卒已親附而罰不行則不可用也)'와 맥을 같이한다. 이순신은 누구보다도 부하들을 사랑하였다. 마치 자식처럼 대하였다. 이는 제10 지형 편의 '사랑하는 자식같이 보면, 함께 죽기까지 한다.'라고 하는 '시졸여애자고

가여지구사(視卒如愛子故可與之俱死)'와 맥을 같이한다. 배에 수학을 하는 도훈도를 태워 '망해도술'로 거리를 측정한 것은 제4 군형편의 '저울질을 하여 승리를 만든다.'라고 하는 '칭생승(稱生勝)'과 맥을 같이한다. 이렇게 이순신은 승리를 우선으로 하였다. 제2 작전편의 '전쟁은 승리가 귀하다.'라는 '병귀승(兵貴勝)'이 그것이다. 승리는 만드는 것이다. 제6 허실 편의 '승가위야(勝可爲也)'가 바로 그것이다. 평소에는 전쟁이 나지 않도록 준비를 철저히 하고, 전쟁이 나면 반드시 이겨 백성을 지키고 나라를 구하는 사람을 일러 제2 작전 편에서는 '백성의 생명을 지키고, 나라의 안위를 주재하는 사람' 즉 '민지사명 국가안위지주(民之司命國家安危之主)'라 한다. 바로 이순신을 일컫는 말이다.

하늘을 꿰매고 해를 씻기다